Gisela H. Hackstein-Schneider

Mein weiter Weg

Ein Flüchtlingsschicksal zwischen Brandenburg und Kalifornien

Autobiografie

Mauer Verlag
Wilfried Kriese
72108 Rottenburg a/N
Buchgestaltung: Wilfried Kriese
2009
ISBN 978-3-86812-76-6

www.mauerverlag.de

Inhalt

Ich widme dieses Buch meinen Kindern
Hans, Sigfried, Gisela, Erika und Walter
mit ihren Familien
sowie allen meinen lieben Verwandten in Deutschland
mit meiner ganzen Liebe.

Danksagungen

Dieses Vorhaben wäre nie zum Abschluß gekommen ohne die unschätzbare Unterstützung und Einfühlung von Naomi Feyer und John Lew als Herausgeber bzw. Lektor. Diesen teuren Freunden bin ich zutiefst dankbar.
Ein ganz großes Dankeschön auch meiner Familie, meinen Verwandten und anderen nahen Freunden möchte ich danken, die sich von Anfang an für das Vorhaben erwärmt und mich ständig ermutigt haben, indem sie immer wieder fragten: „Wann wird der nächste Teil fertig?“
Wenn ich niemanden namentlich erwähne, so deshalb, weil ich sonst vielleicht jemanden vergessen würde. Ihr wißt es ja selbst, und ich danke euch allen von ganzem Herzen.

G.H.-S.
Juli 2000
Walnut Creek, California

Vorbemerkung der Autorin

Die Namen einiger in diesem Buch vorkommender Personen wurden aus Gründen der Diskretion verändert.

Erster Teil
DEUTSCHLAND

1. Kapitel
Von Berlin in die Neumark

Advent! Es ist die Zeit des Jahres, wenn die Menschen sich auf Weihnachten vorbereiten. Frieden und Harmonie sollen in die Herzen der Menschen einziehen und sie auf das Christfest vorbereiten.
Ich wurde an einem kalten, regnerischen Freitagmorgen im Dezember im Virchow-Krankenhaus in Berlin geboren. Meine beiden Eltern stammten vom Lande im Osten Deutschlands. Sie beide waren die erste Generation, die den Schoß ihrer Familie verließ, um sich in einer Großstadt wie Berlin ein neues Leben, eine neue Existenz aufzubauen.
An meine ersten Lebensjahre erinnere ich mich nur wenig. Ich muß aber ein liebevolles und sicheres Zuhause gehabt haben mit Eltern, die überglücklich waren, daß ihr größter Wunsch, nach einem kleinen Mädchen, in Erfüllung gegangen war. Ich wuchs wohlbehütet und geliebt auf, und ein bißchen wurde ich auch verwöhnt.
Das Leben war schön. Mein Vater hatte eine gute Stellung bei der Stadt Berlin. Meine Mutter hatte immer Zeit für mich, wir konnten spielen und lernen, und sie las mir Geschichten vor. Kurz gesagt, sie war einfach der wichtigste Faktor in meinem jungen Leben.
Meine Erinnerung geht zurück an Reisen mit der Eisenbahn. Wollten wir die Familien und andere Verwandte in den jeweiligen Wohnorten im Osten besuchen, so fuhren wir mit dem Schnellzug und der Kleinbahn. Es war immer sehr aufregend für mich, und ich freute mich riesig darauf. Meine Großeltern, Tanten und Onkel, Cousinen und Vettern gehörten einfach zu meinem Leben.
Mit sechs Jahren wurde ich in die zu unserem Bezirk in Berlin gehörende Volksschule eingeschult. Ich kann mich noch gut, nach so vielen Jahren, auf dieses wichtige Ereignis und die dazu gehörende bunte Schultüte mit all den süßen Sachen erinnern.

Unsere Schule war etwa 10 Minuten von unserer Wohnung entfernt und war dem Rudolfplatz nahe. Jetzt begann ein neuer Lebensabschnitt für mich. Als Einzelkind musste ich mich daran gewöhnen, mit anderen Kindern zusammen zu sein. Kleine Kameradschaften und Freundschaften wurden geboren. Was das Lernen anbelangte, hatten wir von Anfang an ein volles Programm. Unsere Schulstunden gingen von 8-13 Uhr an den Wochentagen. Unsere Klassenlehrerin hieß Fräulein Fuchs. Mädchen und Jungen waren getrennt.
Dann kam der Tag, an dem meine Mutti mir erzählte, dass wir ein Geschwisterchen erwarteten. Oh, das war eine Überraschung, und ich musste mich erst mit dem Gedanken vertraut machen. Wir glaubten ja noch an den Klapperstorch, so war mir keine Veränderung an meiner Mutter aufgefallen. Jedenfalls würde ich also entweder ein kleines Schwesterchen oder ein kleines Brüderchen bekommen. Das war schon aufregend!
Dann kam der Tag, und meine Eltern brachten ein kleines Brüderchen nach Hause. Welche Freude - das würde mir ganz allein gehören! Endlich hatte ich auch einen Bruder. Ich hatte oft andere Kinder beneidet, die Geschwister hatten.
Etwa zwei Jahre später geschah die erste Katastrophe in meinem Leben. Als ich eines Tages aus der Schule nach Hause kam, hatte das Schicksal zugeschlagen. Meine Mutter lag in der Klinik mit einem schweren Schlaganfall, dem später noch einige leichtere folgten. Wie furchtbar war das, und ich durfte sie nicht einmal besuchen, da sie in einem tiefen Koma lag. Meine Tante Liesbeth, die Schwester meines Vaters, kam sofort nach Berlin, um Gerd, meinen kleinen Bruder, zu sich zu holen.
Nun begann eine total veränderte Situation. Unser Heim war mit einem Male kalt und unfreundlich. Mein Vater teilte seine Zeit zwischen seiner Arbeit und den Besuchen bei unserer Mutti. Schnell musste ich nun lernen, den Haushalt zu übernehmen. Also musste ich mich mit dem Kochen vertraut machen. Am Anfang gab es viele Pannen, bis dann langsam einfache Mahlzeiten zustande kamen.

Nach einer gewissen Weile traute ich mir sogar zu, einen Kuchen zu backen. Mein Vater aß so gerne Bienenstich, also versuchte ich mich damit. Instinktiv fühlte ich die Leere in seinem Leben, und ich wollte ihm auf meine Art Mut und Hoffnung machen.

Neben all diesem neuen Erlernen musste ich mich nun auch damit vertraut machen, was Geld für eine Bedeutung hatte. Ich musste einkaufen gehen, ich musste lernen, wie man gutes Gemüse oder Fleisch fand, wie man ein altes von einem frischen Brot unterscheiden konnte usw. usw. Es gab kein Ende. Was für eine Unmenge neuer Einzelheiten auf mich zukamen! Zum großen Glück gab es nie Geldmangel für mich. Mein Vater gab mir den Geldbeutel, und wenn er leer war, gab es neues. Doch das bedeutete nicht, dass ich nicht lernte, vorsichtig zu sein, und sehr aufpaßte, wie ich im Geschäft bedient wurde. Doch möchte ich hervorheben, dass ich mit den Geschäftsleuten gut zurechtkam und nicht betrogen wurde. Im Gegenteil, ich hatte manches Mal etwas Gutes in meiner Einkaufstasche, das mir geschenkt wurde.

Langsam ging es meiner Mutter besser. Sie machte langsam Fortschritte, doch die linksseitige Lähmung würde sie nie mehr verlieren. Mir wurde nun erlaubt, sie von Zeit zu Zeit zu besuchen. Ihre Sprache war unverständlich, und sie hatte wenig Möglichkeiten, etwas für sich selber zu tun. Sie brauchte volle und totale Pflege.

Nach einem halben Jahr im Krankenhaus konnte sie endlich nach Hause kommen. Neue Probleme kamen auf uns zu. Da sie, wie gesagt, bettlägerig war und totale Hilfe brauchte, mussten neue Wege gefunden werden, durch wen und wie für sie gesorgt werden konnte. Mein Vater konnte nicht von der Arbeit wegbleiben, und ich war zu jung, um von großer Hilfe zu sein.

Hier nun kam uns große Hilfe entgegen von den Verwandten in Woltersdorf, Kr. Greifenhagen. Die hatten dort eine große Fleischerei mit Schlachthaus und Geschäft. Tante Elise war die Schwester von Mutti. Sie und ihr Mann, Onkel Emil, kamen nun zu uns, und es wurde arrangiert, dass sie Mutti zu sich aufs Land mitneh-

men würden. Dort wäre sie dann im Kreise ihrer Verwandten und würde alle Hilfe und körperliche Pflege finden, die sie brauchte. Es war wohl die beste, aber nicht unbedingt eine erwünschte Lösung.
Inzwischen war Krieg, und vieles wurde anders. Mein Vater mußte häufig an Versammlungen der Hitlerpartei teilnehmen; als Angestellter der Stadt Berlin hatte man ihn gezwungen, Parteimitglied zu werden.
Was Krieg bedeutete, darüber wußten wir zunächst herzlich wenig. Es gab weniger Lebensmittel, und es wurden Lebensmittelkarten ausgegeben. Wir mussten Erste Hilfe lernen. Die Keller wurden ausgebaut und abgestützt, und Luftschutzbunker und Unterstände entstanden.
Wir Kinder mußten alles und jedes sammeln, was wiederverwertbar war. Die Fenster mußten völlig verdunkelt werden. Es gab keine Straßenbeleuchtung mehr, und wir gewöhnten uns an Taschenlampen. Wir hatten aber keine Angst vor Überfällen, wir standen ja unter dem Schutz des Rechts. Wir machten einfach weiter wie bisher. Die Schulstunden nahmen zu, und man mußte sehr viel mehr lernen.
Alle Kinder mußten in die Hitlerjugend oder Jungmädelschaft. Wir lernten viel Nützliches in den sogenannten Heimabenden durch gemeinsamer Arbeit, Singen und Basteln. Es wurde viel Sport getrieben. Vor allem aber lernten wir Disziplin und Kameradschaft. Es hieß: Einer für alle, alle für einen! Verantwortung also.
Jetzt begann eine turbulente Zeit. Unsere Familie war zerrissen. Mein kleiner Bruder, den ich sehr vermißte, war von den Eltern meines Vaters in Obhut genommen. Für meine Mutter sorgten ihre Verwandten. Für mich - hieß es, weiter lernen und lernen und mit all meinen Anforderungen fertig werden.
Dann kam die nächste große Veränderung in meinem Leben. Mein Vater wurde eingezogen. Er wurde zur Flakartillerie eingeteilt. Sein Fortgehen wurde mir unheimlich schwer. Ich hatte Angst und fühlte mich sehr verlassen.

Was sollte nun aus mir werden? Allein zu Hause konnte ich nicht bleiben, das erlaubte das Gesetz nicht. Ausserdem begannen jetzt die Luftangriffe. Die Engländer bombardierten unsere Städte, und so lernten wir sehr schnell bei Fliegeralarm schleunigst die nächsten Luftschutzräume und Keller aufzusuchen. Nach jedem Angriff gab es neue Zerstörungen. Das schreckte uns aber nicht besonders; wir fingen immer wieder neu an und taten das Nötige. Unsere Soldaten kämpften großartig; ein Sieg nach dem anderen wurde in den Zeitungen und im Rundfunk gemeldet. Natürlich war alles zensiert (wovon wir als Kinder keine Ahnung hatten). Wir erfuhren immer nur das, was man uns wissen lassen wollte. Wie stolz waren wir auf unsere Wehrmacht! Jeder Mann, jede Frau, jedes Kind stand hinter unseren Soldaten! Natürlich würden wir den Krieg gewinnen.

Da mein Vater eingezogen war, geschah nun, was ich befürchtet hatte: Man ging daran, unsere Wohnung in Berlin zuzumachen, und ich kam zu den Verwandten meiner Mutter nach Woltersdorf. Es fiel mir nicht leicht, mich an das neue Leben zu gewöhnen. Meine Verwandten hatten diese gut gehende Fleischerei mit Geschäft. Arbeit gab es dort immer und viel. Deshalb erwartete man von mir, daß ich überall mithalf, wo es nur ging. Das war ganz in Ordnung, ich wollte gerne weiterhin Verantwortung übernehmen.

Ich vermißte aber sehr die Berliner Schulen. Ich war gewohnt, gründlich, mit viel Energie und Interesse und ziemlich schnell zu lernen; in der Dorfschule schien mir ein Schneckentempo zu herrschen. Ich war gelangweilt. weil ich dem allem weit voraus war.

Mit tiefem Empfinden und Dankbarkeit aber denke ich an die Stunden mit meiner Cousine Dorchen zurück. Sie war mehrere Jahre älter als ich. Manchmal hatten wir ein wenig Zeit zum Spielen. Wir verstanden uns glänzend, und sie war für mich wie eine Schwester.

Da war ein großer sogenannter Taubenschlag unter einem Dach in einem Schuppen, in dem es einen riesigen alten Schrankkoffer gab, der voller altertümlicher Kostüme und Kleidung war. Wieviel Spaß hatten wir, wenn wir uns verkleideten und große Dame spielten oder mit unseren Puppen spielten. Ja, diese Stunden, in denen wir Kind sein durften - die bleiben in der Erinnerung.

Einige Monate nahm dieses Leben seinem Fortgang, dann sollte ich von anderen Verwandten meiner Mutter aufgenommen werden. Meine Mutter hatte bei diesen Entscheidungen keine Wahl. Ihre Geschwister glaubten, für sie handeln zu müssen. Niemand fragte danach, wie sehr sie das verletzen könne oder wie stark sie zu leiden hatte. Geistig war sie völlig intakt, und sie hätte bei vielem mitreden oder -entscheiden können. Doch darüber machte sich niemand Gedanken. Damals und dort waren die Männer völlig dominant, die Frauen hatten sich allen ihren Entscheidungen zu fügen.

Mein neues Zuhause war ein Bauernhof im Dorf Marienwerder in Pommern. Hier fühlte ich mich von Anfang an verloren. Landwirtschaft und grosse Tiere waren mir ungewohnt. Doch wiederum traten Veränderungen in mein Leben. Diese Situation war nicht von langer Dauer. Die Mutter meines Vaters, meine geliebte Oma, starb. Wieder mußte ich mit Trauer und Sorgen fertig werden. Mein Vater bekam zum Begräbnis Urlaub, aber nichts war mehr wie früher. Von meinem beschwingten, vielgeliebten Vater war nur noch wenig übrig. Der Krieg hatte ihn gezeichnet. Dazu bedrückte ihn die Situation, in der sich seine Frau und seine Kinder befanden. Ändern konnte er nichts. Als er fort mußte, kam seine alte Persönlichkeit einen Augenblick wieder zum Durchbruch, als wir am Bahnhof Abschied nahmen. Er gab mir sein von früher her so vertrautes Lächeln und sagte: „Gib nicht auf, meine kleine Tochter! Verliere nicht den Mut. Alles wird wieder besser werden. Ich werde zurückkommen, und dann werden wir wieder eine Familie sein.“

Für mich begann jetzt eine gute Zeit. Ich kam zu meinem Großvater nach Kerkow, Kr. Soldin. Da Großmutter gestorben war, führte ihm meine Tante Liesbeth den Haushalt. Ich war wieder mit meinem kleinen Bruder zusammen, was mich sehr glücklich machte, obwohl er sich zu einem sehr schwierigen Kind entwickelt hatte. Es fehlte ihm an Liebe, Führung und Verstehen, die leider unsere Tante weder ihm noch mir geben konnte.

Wir hatten ein Kolonialwarengeschäft im Ort, in dem es neben Lebensmitteln alles für den täglichen Bedarf der Dorfbewohner zu kaufen gab. Es war das größte in diesem ziemlich großen Dorf. Damals gab es für uns schon große Lagerräume und Vorratskeller und Einrichtungen, wie sie in der Zeit noch sehr selten waren. Unser Haus war eines der ersten mit fließendem Wasser und Telefon. Wir waren der Zeit weit voraus, denn fließendes Wasser und ein Abwassersystem gab es für gewöhnlich nur in den Städten.

Im Geschäft half ich nur zu gerne. Was die Kunden kauften, wurde abgemessen oder gewogen und in Behälter oder Tüten gepackt; fertig Verpacktes gab es nicht. Die Kunden waren von mir durchaus angetan. Man sagte mir, ich hätte die Fähigkeit meiner Großmutter geerbt, mit Menschen gut umzugehen.

Das Leben hatte also Gestalt angenommen - freilich nur für eine kurze Zeit. Die Schulen in diesem Dorf hatten ein höheres Niveau, und ich freute mich, wieder ordentlich lernen zu können und Lehrer zu finden, die meinen großen Wissensdurst stillen konnten. Ich war glücklich, bei meinem Bruder und meinem Großvater sein zu können. Für alle materiellen Bedürfnisse sorgte unsere Tante Liesbeth. Sie sorgte auch dafür, dass ich in dieser Zeit Theateraufführungen und Spiele sehen konnte und mit Musik vertraut gemacht wurde. Ich fand die Musik und die Darstellungen fantastisch. Es gab so vieles im Leben zu lernen.

Keine zehn Monate später traf ein neuer Schicksalsschlag unsere Familie. Wir erhielten die Nachricht, daß mein Vater gefallen war. Ich brauchte einige Zeit, um das ganz zu begreifen. Ich war so total erschüttert, daß ich nicht verstehen konnte noch wollte, daß Gott so etwas geschehen ließ. Auch für meine Mutter war es furchtbar.

Wir glaubten nicht, daß sie es noch einmal mit dem Leben würde aufnehmen können. Den beiden Brüdern meiner Mutter gelang es, den Leichnam meines Vaters in seine Heimat bringen zu lassen. Er wurde auf dem Friedhof neben meiner Großmutter begraben. Damals war ich elfeinhalb Jahre alt.

Die nächsten zweieinhalb Jahre mußten überlebt und durchgestanden werden. Der Krieg wurde schrecklicher. Fast täglich verlor jemand seinen Mann, Bruder, Onkel, Vetter, Freund und wen sonst. Das Essen war inzwischen sehr knapp geworden. Die Leute in den Städten litten Hunger. Die Luftangriffe wurden stärker. Unsere Berliner Wohnung war noch mit geringen Schäden davongekommen. Dann traten die Amerikaner auf der Seite der Engländer in den Krieg ein. Die Bombenangriffe wurden nun furchtbarer und viel intensiver. Erst jetzt begriff man, was der Luftkrieg tatsächlich wurde.

Zu der Zeit beschloss unsere Mutti, mit uns Kindern zurück in unser Heim in Berlin zu gehen. Sie wollte versuchen, doch noch einmal ihre eigenen Kinder um sich zu haben. Wir wollten wieder eine kleine Familie sein. Es war furchtbar schwierig für sie. Behindert, wie sie war, ständig auf ihre Verwandten angewiesen, den Mann verloren und von ihren Kindern getrennt - wieviel kann ein Mensch ertragen?

Wir hatten gute Vorsätze und viel guten Willen und Mut; trotz allem wurde Mutti sehr bald klar, dass es ein unmögliches Unternehmen war. Die größte Gefahr lag natürlich in den schlimmen und immer häufiger werdenden Luftangriffen. Sie konnte wegen ihrer Lähmung nicht schnell genug in den Luftschutzkeller oder gar in einen Bunker kommen. So etwas wurde nicht geduldet, und es gab große Schwierigkeiten, die am Ende dazu führten, dass wir zurück zu unseren Verwandten in Pommern und Umgebung evakuiert wurden.

Einige Zeit später wurde ich von Tante Liesbeth nach Berlin ge-

schickt, um das von uns dort gelassene und gut erhaltene Eigentum zu verpacken und zu unseren Verwandten zu schicken, um es vor der Vernichtung zu bewahren.
Als ich unsere Wohnungstür aufschließen wollte, wurde sie von innen geöffnet. Ich war natürlich ganz schön überrascht - genau wie die Frau, die die Tür öffnete. Während wir evakuiert waren, wurde jemand anderes in unsere Wohnung gesetzt, ohne daß wir etwas davon erfuhren. So geht es in einer Diktatur zu; man konnte nicht widersprechen. Ich war froh, wenigstens so viel wie möglich aus unserer Wohnung wegschicken zu können. Aber am Ende machte das alles auch keinen Unterschied mehr für uns.
Im März 1944 schloß ich die Schule ab. Ich wollte für zwei Jahre die Handelsschule in Frankfurt/Oder besuchen und dann weiterstudieren für meinen geheimen Wunsch, Journalismus als Beruf zu erreichen. Ohne Lesen und Schreiben konnte ich mir kein Leben vorstellen.
Ich möchte kurz erwähnen, dass in all diesen Jahren, Geld kein Begriff für mich war. Geld war einfach immer da, man sprach gar nicht darüber, es war selbstverständlich. Was einem gehörte, gehörte einem eben. Es gehörte einfach zum eigenen Leben, ohne Frage. Ich kam nie auf den Gedanken, daß meine Vorfahren einmal hart arbeiten mußten, damit wir heute so leben konnten.
Ich träumte davon, ins Ausland zu gehen und viel von der Welt zu sehen. Viele Jahre lang wurde aus diesen Träumen und Hoffnungen - nichts.
Nach dem Schulabschluß musste ich erst ins sogenannte Pflichtjahr. In diesem sollten die Stadtkinder am harten Bauernleben teilnehmen und am eigenen Leibe erfahren, wie man Getreide und Gemüse, Fleisch, Milch, Butter und Eier für die Menschen in den Städten erzeugte. Und die Bauernkinder mußten in einer Fabrik oder einem anderen städtischen Betrieb arbeiten. Jeder mußte genau das machen, wofür er eingeteilt war. Es war ein Austausch der Jugendlichen, der durch die Diktatur Hitlers erzwungen wurde.

Nach dem Pflichtjahr konnte man dann seine Ausbildung fortsetzen.

Ich wurde auf einen mittelgroßen Bauernhof geschickt mit Kühen, einem Pferd (mehr durfte der Bauer nicht behalten), Schweinen, Hühnern, Gänsen, Enten, Hunden und Katzen. Ich hatte mit solchen Tieren noch nie so nahe zu tun gehabt und war ziemlich ängstlich und besorgt; aber das war natürlich kein Grund, meine neuen Pflichten nicht so gut wie nur eben möglich zu erfüllen. Man mußte eben lernen, die Kühe zu melken, das Pferd und die Schweine zu füttern, die Ställe zu säubern und auf dem Feld vom frühen Morgen bis zum Spätnachmittag zu arbeiten. Es musste gelernt werden, Butter zu machen, Brot zu backen, beim Schweineschlachten zu helfen und beim Wurstmachen, Obst und Gemüse einzuwecken, Zuckerrüben vorzubereiten, um daraus Sirup zu kochen, usw. usw. All diesem Neuen mußte ich mich nun anpassen und in harter Praxis lernen. Es war sehr schwere Arbeit. Aber man musste sich daran gewöhnen, schwache Menschen hatten hier keine Chance.

Durch soviel neues Lernen und Sich-Anpassen in der Bewältigung aller Anforderungen dieses neuen Lebens wurde ich stark und gesund. Wir pflanzten Kartoffeln, Rüben und Gemüse, machten Heu und brachten die Getreideernte ein. Wir plagten uns Tag für Tag, wie es eben sein mußte. Die wenigste Landarbeit konnte während des Krieges durch Maschinen bewältigt werden.

Unser Haushalt bestand aus der Bäuerin (der Mann war an der Front), ihrer kleinen Tochter (etwa fünf Jahre alt), einem polnischen Kriegsgefangenen und mir. Wir arbeiteten gut zusammen. Wir mußten sehr viel für die Menschen in den Städten erzeugen. Alles, was bei uns entstand, mußte gemeldet werden, und wir wurden häufig beaufsichtigt und kontrolliert. Doch wir selbst hatten immer noch genug, ich hatte nie unter Hunger zu leiden.

So vergingen die Monate, und die Nachrichten über den Kriegsverlauf wurden bedenklicher. Wir hatten die Schlacht um Stalingrad verloren, wir hatten schwere Verluste, und wir kämpften an vielen Fronten. Hier und da wurden erste Zweifel laut, ob der Krieg zu gewinnen wäre, aber natürlich wagte niemand, es laut zu sagen.

Von Zeit zu Zeit besuchte ich damals meine Mutti, zu der ich mit dem Zug fuhr. Zu meinem Großvater, Tante Liesbeth und Gerd fuhr ich mit dem Fahrrad. Großvater musste der Partei angehören, und so war es unmöglich, dass bei uns je über Kriegsverhältnisse oder Politik oder dergleichen gesprochen wurde. Was die Erwachsenen dachten, behielten sie für sich, man war sich bewusst: Feind hört mit.

Natürlich gab es auch Höhepunkte und schöne Erinnerungen in meinem Leben. Diese gingen zurück in die Jahre vor meinem Pflichtjahr. So mochte ich sehr die Tabakernte; unser Boden war geeignet. Die Blätter mußten sorgsam behandelt werden, sie waren empfindlich. Wir spannten lange dünne Drähte auf dem Dachboden und hängten die Blätter zum Trocknen auf. Der Geruch war angenehm, sehnsuchterregend und geheimnisvoll, und ich konnte ihn viele Jahre lang nicht vergessen.

Auch die Mohnernte machte Spaß, sie ging in die Arzneimittelindustrie. Vorher standen weit und breit die schönen roten Blüten. Dann bildeten sich kleine Kapseln, die wir dann, wenn sie trocken genug waren, schnitten.

Man fühlte sich wohl inmitten der anderen. Wir scherzten und lachten, und es ging uns gut. Niemand dachte daran, daß aus dem Mohn auch verbotene Drogen entstehen könnten. So etwas war unter dem Hitlerregime einfach undenkbar. Für diese Arbeiten wurden Gruppen gebildet, und wir Kinder halfen, so dass man schneller die Ernte einbringen konnte.

Ich denke auch gern an die Urlaube zweier meiner Onkel und eines Vetters, die beim Militär waren, zurück. Ich war immer sehr stolz, mit dem einen oder dem anderen gesehen zu werden, da sie ständig von Soldaten niedrigen Ranges gegrüßt werden mussten. Ich fand

das als Kind ganz toll, und außerdem brachten die Urlaube immer grosse Freude und Harmonie in den Familienkreis. Schon bei den Vorfahren gab es Berufssoldaten. Es war also nicht erstaunlich, wie wir Kinder aufgezogen wurden. Disziplin, Respekt, Achtung und Integrität war etwas Selbstverständliches für uns.
Ein weiteres großes Ereignis war die Heirat meines Vetters Kurt, die in einer schönen alten Kirche in Stettin stattfand. Kurt war Stabsoffizier der Luftwaffe. Links und rechts vor dem Eingang standen zwölf Offiziere, die mit ihren Säbeln ein Ehrenspalier bildeten. Mein Vetter und seine Braut Magda (übrigens eine der schönsten, die ich je gesehen habe, mit einem Strauß von 25 dunkelroten Rosen und einem traumhaften Kleid) gingen darunter durch, und ich durfte den Schleier tragen.
Der große Empfang mit Abendessen und allem möglichen Aufwand fand in einem der besten Hotels der Stadt Stettin statt. Ich war sehr beeindruckt und von all dem Neuen etwas eingeschüchtert. Dieses war ein für mich ungewohnter Luxus und in der damaligen vom Krieg zerrisenen Zeit und Wirtschaft selten möglich. Ich war allein, ohne meine Eltern, und fand es fast etwas peinlich, daß ich gleichzeitig von zwei oder drei Obern bedient wurde. Manche Speisen hatte ich noch nie gesehen oder gekostet. Niemand machte sich die Mühe, einem jungen Mädchen etwas über die Etikette, die aufwendigen Kleider, die formelle Ordnung und das Drum und Dran zu erklären oder ihm etwas Hilfestellung zu geben.
In meinem späteren Leben wurden diese Erinnerungen für mich sehr wichtig, umso mehr, als meine neue angeheiratete Cousine Magda einige Jahre später an der Zuckerkrankheit starb. Ich erwähne das, weil ich zeigen möchte, wie leicht sich im Leben das Blatt wenden kann. Nichts in diesem Leben ist von Sicherheit oder unbegrenzter Dauer.
Zurück zum Pflichtjahr. Es nahte der Winter, auf dem Bauernhof gab es draußen weniger und drinnen mehr Arbeit. Es war trotzdem eine schöne Zeit. Ich lernte spinnen und machte das gerne.

Wir hatten ein bißchen Zeit zum Lesen und für dies und jenes, das im Sommer keinen Platz finden konnte. Wir machten einen Federreiß-Abend. Einige Bäuerinnen aus dem Dorf mit einigen jungen Mädchen in meinem Alter kamen in unserem Haus zusammen. Wir saßen alle in einem Raum um einen großen Tisch und rupften, schnitten und sortierten Gänsefedern. Nur die ganz feinen Daunen taugten für Federbetten, die wir im kalten Osten nötig hatten. Es gab viel zu erzählen, ein bisschen Tratsch, ein bisschen Spaß und gute Kameradschaft war in unserer Mitte.

Weihnachten 1944 nahte, und am 6. Dezember wurde ich 15. Ich durfte Opa, Tante Liesbeth und Gerd besuchen. Als ich ankam, war die Atmosphäre bedrückt. Es war gerade die Nachricht angekommen, daß mein Onkel Werner, der einzige Bruder meines Vaters, schwer verwundet war und mein Großvater ihn besuchen sollte. Er lag in einem Feldlazarett in Litauen östlich der polnischen Grenze. Als Opa zurückkam, war deutlich, daß die Reise für ihn sehr beschwerlich gewesen war. Die Zugverbindungen waren unzulänglich und unzuverlässig und sehr anstrengend. Alles war für den Truppentransport bestimmt, Zivilisten waren in dem Durcheinander nur hinderlich. Opa sagte uns, es wäre ein Wunder, wenn mein Onkel mit dem Leben davonkommen würde.

Dieser Onkel war mir wie ein Bruder, er war nur sieben Jahre älter als ich, und wir hatten uns den ganzen Krieg über geschrieben. Die Situation war sehr traurig, und ich dachte so viel mehr daran, zu beten und Gott um Hilfe zu bitten.

Das einzige Mal, daß ich meinen Großvater in Tränen sah, war bei meinem Abschied zur Rückkehr auf den Bauernhof. Als ich ihm Lebewohl sagte, meinte er, ich solle immer an unser gemeinsames Leben denken, immer mutig sein, was das Leben mir auch bringen würde, nie die Hoffnung aufgeben und immer auf Gott vertrauen. Doch damals durfte man über Gott und die Kirche nicht sprechen, es war sehr gefährlich, und ich hatte das schreckliche Gefühl, daß mir Großvater für immer Lebewohl sagte. Würde ich ihn je wiedersehen?

2. Kapitel
Die Rote Armee marschiert ein

Wenige Wochen später brach das Chaos über uns herein. Eine ganz furchtbare Zeit für uns begann. Natürlich hatten wir alle die Gerüchte gehört, daß die Rote Armee unsere Frontlinien durchbrochen habe, doch es gab immer noch eine strenge Zensur, und wir wollten nur zu gerne glauben, daß unsere Truppen den Feind aufhalten könnten. Im schlimmsten Fall würden wir mit unseren Soldaten, die ja bestimmt wieder zu uns zurück kommen würden, mit in den Westen gehen. So etwa stellten wir uns das vor. Wir packten sogar das Nötigste, um schnellstens aufbrechen zu können. Etliche Wertgegenstände wurden an geeigneten Plätzen vergraben. So naiv waren wir, dass wir hofften, sie würden nie gefunden werden. Wie wenig hatten wir vorausgesehen, was wirklich kommen würde!

Donnerstag, 1. Februar 1945. Es war ein klarer, kalter Wintermorgen. Es ist gegen fünf Uhr. Wir drei - die Bäuerin, der polnische Kriegsgefangene und ich - hatten gerade die Morgenarbeit beendet, das Füttern, Stallmisten und Melken. Die Milch war für die Molkerei bereit, und wir wollten frühstücken.
Plötzlich gab es draußen einen furchtbaren Lärm. Wir machten die Haustür auf und sahen einen riesigen Panzer mit aufgesessenen Soldaten auf den Hof zurollen. Der Lärm war schreckenerregend, der Hund bellte wie verrückt, und wir waren wie vor den Kopf geschlagen. Was hatte das alles nur zu bedeuten?
Da fielen auch schon Schüsse. Der Hund und ein paar Hühner lagen in ihrem Blut. Dann sprangen die Soldaten von dem Panzer und kamen mit schußbereiten Maschinenpistolen auf uns zu. Unser erster Kontakt mir der Roten Armee!
Wir wurden in eine Ecke der Küche gedrängt, während die Russen nach deutschen Soldaten suchten. Wir verstanden nicht, was sie

uns zuschrien, und warum sie alles verwüsten wollten. Wir hatten doch nichts zu verbergen! Durch das Haus und den Hof schien ein Wirbelsturm zu fegen. Michael, unser Pole, riet uns, uns still zu verhalten und abzuwarten. Er verstand Russisch.

Wir hatten schreckliche Angst. Ein Zimmer im Haus war abgeschlossen, weil es der Schwiegermutter der Bäuerin gehörte. Einen Schlüssel hatten wir nicht. Ein russischer Offizier verlangte, daß geöffnet wurde. Als man ihm sagte, das ginge nicht, wurde er wütend und drohte, uns zu erschießen. Da griff Michael ein und sprach mit dem Offizier. Die Russen brachen die Tür auf, und schon wieder ein Schreckensmoment - in dem Zimmer hing ein großes Hitlerbild! Man schreit uns an, wir seien Nazis, und Nazis müßten liquidiert werden. Wieder gelang es Michael, die Russen zu beruhigen.

Inzwischen hatten einige Soldaten eingemachte Kirschen und Birnen gefunden. Plötzlich machte sich eine fröhliche und freundliche Atmosphäre breit. (Ich sollte später noch oft diese plötzlichen Stimmungsumschwünge bei diesen Menschen erleben.) Der Grund wurde uns schnell klar. Die Soldaten machten ihre Wodkaflaschen auf, und es begann eine fröhliche Runde mit dem erbeuteten Eingemachten. Es kam Essen auf den Tisch. Erst mußten wir davon probieren, damit es nicht vergiftet war, dann fingen die Soldaten an zu essen. Sie forderten von uns, mit ihnen zu essen und natürlich zu trinken. Unsere Weigerung aus Angst machte sie sofort wieder böse und aggressiv. Wir hätten keinen Bissen herunterschlucken können mit dieser schrecklichen Angst in uns.

Wir fragten uns, wie lange würde dieser Alptraum anhalten? Stunden waren vergangen voller Ungewissheit und Zweifel. Einige Soldaten gingen, neue kamen. Die kleine Tochter der Bäuerin weinte ständig. Wir waren wie gelähmt.

Der Abend kam, und wir versuchten, den russischen Soldaten klarzumachen, daß jetzt gefüttert und gemolken werden mußte. Nach vielem Hin und Her durften wir in den Stall gehen. Dort

bewachte man uns mit der Maschinenpistole im Anschlag. (Später erfuhren wir, daß man damit Salven von 100 Schuß ohne Unterbrechung abgeben konnte.)
Plötzlich schlug die Stimmung bei den bisher zufriedenen Soldaten um. Man treibt uns an, „dawei, dawei!“ (schnell, schnell) - wie oft in der folgenden Zeit mussten wir dieses Wort hören - mit der Arbeit fertig zu werden, und wir wissen nicht, warum. Die Soldaten wurden ärgerlich und stießen uns herum, mit Geschrei und Flüchen. Michael, der polnische Kriegsgefangene, versuchte, uns eine Nachricht zukommen zu lassen. Glücklicherweise gelang ihm das, und er riet uns, das Haus möglichst schnell zu verlassen. Er bedeutete uns: Fragt nicht, tut es einfach! Auch er ist in großer Gefahr.

Wir drei - die Bäuerin, ihre kleine Tochter und ich - versuchten uns zu verstecken. Bei der ersten Gelegenheit rannten wir los in Richtung auf unseren Nachbarhof zur Linken, einen guten halben Kilometer von uns entfernt. Wir hatten keine Ahnung, wie es dort aussah. Die Soldaten entdeckten unsere Flucht und folgten uns mit Geschrei und Schüssen - doch wir sind erst einmal außer Reichweite. Draußen auf dem Feld, wo Schnee und Eis lag, kamen wir nur mühsam vorwärts, doch die Angst trieb uns weiter.
Schließlich langten wir bei unserem Nachbarn an. Auch hier sah es wüst aus und ähnlich wie bei uns. Der einzige Unterschied war, dass man dort russische Kriegsgefangene als Arbeitskräfte hatte. Wir waren alle vertraut mit diesen Menschen, weil wir ja Tag für Tag mit ihnen zusammen arbeiteten, und sie waren nicht bösartig oder niederträchtig behandelt worden. Dies kam uns nun zugute. Jetzt wurden sie sogar unsere Helfer. Nach viel Palaver zwischen den dortigen russischen Soldaten und den Kriegsgefangenen durften wir über Nacht bleiben. Wir paar Deutsche wurden in einen Raum verwiesen. An essen und trinken oder gar schlafen war nicht zu denken. Wir waren nur von Furcht und Ungewißheit beherrscht.
Beim Morgengrauen hörten wir draußen viel Bewegung. Durch

das Fenster konnten wir drei deutsche Soldaten erkennen, die mit erhobenen Armen auf das Haus zukamen. Erst dachten wir, unsere Soldaten wollten uns helfen; so unglaublich das auch schien. Dann hörten wir Schüsse. Die drei wurden vor unseren Augen erschossen. Wie furchtbar! Mein Gott, das sind doch unsere Leute! Wir wollten hinausrennen und helfen. Wie können Menschen einfach so erschossen werden? Das kann doch nicht wahr sein! Doch schnell und nachdrücklich wurde uns klar gemacht, das sei eben der Krieg. Wir haben nicht mehr den geringsten Einfluß auf die Ereignisse. Wir sind der Feind, und diese russischen Soldaten sind hier, um Deutschland zu erobern, und können mit uns machen, was sie wollen.

Weitere Stunden voll Angst und Ungewißheit folgen. Wir wissen nicht, ob wir auf unseren Hof zurück können, ob wir es dürfen. Was ist mit dem Vieh? Würden auch wir erschossen werden?

Endlich beschlossen wir, es zu versuchen. Auf unserem Hof war Ruhe. Das Haus war verwüstet. Aber wir hatten erst einmal eine Atempause! Nach dem Füttern, Melken und den übrigen Arbeiten begannen wir aufzuräumen. Michael taucht auf; auch er hatte sich versteckt. Er berichtet uns, die Soldaten seien wütend gewesen, weil sie Frauen für die Nacht wollten und uns nicht fanden.

Wir machten uns etwas zu essen. Hoffentlich war jetzt daß Schlimmste vorbei - so unsere Gedanken. Sicher würde jetzt alles wieder normal. Wir hatten immer noch Strom und ein Dach über unseren Kopf, also zurück zum normalen Leben!

Eine Weile ermutigten wir uns gegenseitig. Dann kam ein anderer Nachbar vorbei, und wir tauschten Nachrichten aus. Der Nachbar war schon so alt, daß er nicht zum „Volkssturm" eingezogen wurde. Der alte Mann hatte viele schlimme Nachrichten. In den Nachbardörfern wurden noch mehr Menschen getötet. Einige Frauen wurden vergewaltigt. Manche Leute wurden geschlagen und sehr roh behandelt. Wir sind wieder von Angst eingefangen. Was kommt als nächstes? Wir beschlossen, die Nacht mit unseren

Nachbarn zu verbringen. Wenn man von Furcht geschüttelt ist, sucht man die Nähe des Nächsten.
Am Spätnachmittag hören wir russische Soldaten. Wir hören Schüsse - und stellen fest, daß ein Panzer die Transformatorenstation zerstört hat. Es gibt also keinen Strom mehr. Wieder kamen neue Russen und suchten weiter nach deutschen Soldaten und nach Essen. Wir ließen es nun nicht mehr darauf ankommen und verschwanden, sobald wir konnten, zu unserem Nachbar, wo wir eine ruhige Nacht verbringen konnten. Wieder ein bißchen Hoffnung.
Am Morgen wieder zurück zu unserem Hof. Wir fanden ein böses Durcheinander vor, aber keine größeren Schäden. Das meiste Vieh war noch da. Wieder schufen wir einige Ordnung. Wir aßen etwas, wuschen uns und harrten der kommenden Dinge.
Am nächsten Tag kamen wieder russische Soldaten. Ich muß einigen von ihnen folgen. Im Dorf, wohin man mich brachte, sah ich viele Grausamkeiten. Mit ein paar Frauen aus dem Dorf mussten wir ein Massengrab ausheben. 13 Leichen müssen beerdigt werden alles Soldaten. Sie kamen alle in dieses Massengrab. Es ist furchtbar. Der Boden ist gefroren, wir sind alle verängstigt und halb verzweifelt. Ich nahm einigen der Toten die Erkennungsmarken ab. Ich hoffte, irgendwann ihre Familien benachrichtigen zu können.
Alles um mich herum - die Grausamkeiten, das Chaos, die Angst - alles, alles heißt „Gefahr! Gefahr! Gefahr!“
Endlich kam ich wieder nach Hause. Als ich ankomme, kann ich kaum beschreiben, was geschehen war. Ich mußte erst versuchen, in meinem Innern die Gefühle von Todesangst, Schrecken und Abscheu in den Griff zu bekommen. Mir war noch schlecht vom Anblick der vielen Toten. Mein Verstand versuchte, die Dinge zu begreifen, und mein Herz war voller ANGST.
Einige Tage später wurden Michael, unser Pole, und die anderen sogenannten Kriegsgefangenen (ich meine die, die bei deutschen Bauern arbeiteten) gesammelt, um angeblich wieder in ihre Heimat nach Polen und Rußland zurückgeschickt zu werden. Später

erfuhren wir, daß nur ganz wenige wirklich nach Hause gelangten. Sie wurden gleich wieder in ihr heimisches Militär eingeschleust, um weiter zu kämpfen. Sie wurden dort und von ihren eigenen Leuten nicht gut behandelt und als Verräter betrachtet.
Für uns zeichnete sich neue Gefahr ab. Solange diese Arbeiter noch bei uns waren, waren wir etwas besser geschützt. Jedenfalls beherrschten sie die Sprache des Feindes. Aber nun fühlten wir uns völlig verlassen und verloren.
In den nächsten Tagen geschah noch viel Unglück. Wir suchten uns Verstecke. Wir hatten ständig Soldaten um uns herum. Sie kamen und gingen; einige sehr grausam, andere etwas menschlicher. Doch ihr Grundgedanke blieb: Zerstörung und nochmals Zerstörung!
Man nahm uns noch verbliebene Lebensmittel weg und zerstörte das Mobiliar. Unsere Federbetten, die wir in den bitterkalten Nächten brauchten, wurden aufgeschnitten. Standuhren, Wecker, Badinstallationen, jeder Apparat, Schreibmaschinen, Telefone - alles wurde zerschlagen.
Diese russischen Soldaten hatten vor allem Angst, das ein Geräusch machte oder bewegliche Teile hatte. Viele von ihnen hatten noch nie Gegenstände unseres täglichen Gebrauchs oder unserer Umgebung gesehen oder erfahren. Später erfuhren wir auch, daß die Rote Armee von unserem Land lebte. Es wurde in keiner Weise für sie gesorgt. Alles, was sie brauchten, mußte uns Deutschen abgenommen werden. Viele Lebensmittel wurden verschwendet oder vernichtet. Wir lernten auch die Versessenheit der Russen auf Armbanduhren kennen. Als erstes will jeder Soldat von uns: „Uri, Uri Uri“. Oft hatten sie schon mehrere Uhren am Arm. Sie waren völlig verrückt danach.
„Große Kapitalisten in Deutschland!“, sagen sie uns. Ihr Leitspruch: „Der Kapitalismus muß vernichtet werden!“ Wir lernen in kürzester Zeit eine Menge. Die größte Gefahr ist nach wie vor, gefunden und vergewaltigt zu werden. Ich hatte in dieser Bezie-

hung bisher Glück gehabt. Hier und dort hörte man Schreckliches. Die Angst ließ uns nie los. Wir wußten, daß es nur eine Frage der Zeit sein konnte, doch wir versuchten ständig, dem Schlimmsten zu entgehen.

In diesen ersten Tagen bemerkten wir auch, daß die russischen Offiziere eine gewisse Ordnung und Organisation aufrechterhielten. Später zeigte sich, daß das nur daran lag, daß wir es mit „Elitetruppen“ zu tun hatten.

Eines Tages waren wir drinnen und sahen im Augenblick keine Soldaten. Einer von uns hielt ständig Wache, ob sich jemand näherte, damit wir davonlaufen und uns verstecken konnten. An diesem Tage sahen wir einen einzelnen Russen, der ein Militärfahrzeug ähnlich einem Jeep fuhr. Wir dachten, wenn es nur einer ist, könnten wir vielleicht zu Hause bleiben. Dieser Russe, ein Offizier, kam nun ins Haus und fragte in recht gutem Deutsch, ob deutsche Soldaten im Hause seien (was, wie er natürlich wußte, zu dieser Zeit nicht mehr möglich war). Als wir verneinten, teilte er uns mit, daß er bei uns für einige Zeit einen Stab einrichten würde und daß wir uns nicht fürchten sollten. Dann verlangte er Waschgelegenheit und eine Mahlzeit und richtete sich so bei uns ein.

Bald kamen andere Soldaten. Der Offizier sagte uns, wir sollten uns nicht verstecken. Er sprach mit den Soldaten, und die zogen wohl oder übel wieder ab. Das wiederholte sich mehrmals an diesem Tag, und wir waren ihm überaus dankbar.

Es wurde Abend. Die Haustür wurde verschlossen, und wieder bedeutete man uns, unbesorgt zu sein. Plötzlich gab es draußen großen Lärm, es wurde gegen die Tür geschlagen, geschrien und geflucht. Der Offizier versuchte, mit den Leuten draußen zu sprechen, aber das führte zu nichts. Er wurde sehr ärgerlich und befahl ihnen, abzuziehen. Doch dann wurde die Haustür (die damals nicht mehr sehr widerstandsfähig war) aufgebrochen, und eine Gruppe russischer Soldaten drang in das Zimmer ein. Es gab viel Hin- und Hergerede, doch keine Seite wollte sich beruhigen.

Mit einem Mal trat völlige Stille ein, als ein einzelner Mann hereinkam. Er trug einen langen schwarzen Ledermantel und auf seiner Mütze weithin sichtbar Hammer und Sichel. Er sagte kein Wort, doch seinen Augen entging nichts. Das war unsere erste Begegnung mit einem Kommissar. Diese Leute gehörten, wie wir später erfuhren, zum KGB, und jedes Wort und jede Handlung von ihnen wurde von jedem Offizier und Soldaten widerspruchslos anerkannt und befolgt. Die Kommissare konnten Entscheidungen und Befehle jeder anderen Stelle aufheben.

Wenn wir glaubten, schon erfahren zu haben, was Angst heißt, dann lernten wir sie jetzt erst richtig kennen. Jedenfalls kam der Kommissar herein und stellte dem Offizier, der schon bei uns gewesen war, ein paar Fragen.

Und dann geschah etwas für uns Unglaubliches. Vor unseren Augen riß der Kommissar dem Offizier die Achselstücke herunter, schlug ihm hart ins Gesicht, nahm seine Waffe an sich und stieß ihn vor sich her. Der Offizier wurde degradiert und festgenommen, weil er menschlich war und ein paar deutschen Zivilisten mit Anstand und Fairness hatte helfen wollen. Er wurde abgeführt, und wir konnten nur noch für ihn beten. So geht es im Krieg zu.

Ein paar Tage später brach das Unvermeidliche über mich herein. Trotz aller Versuche, mich fernzuhalten und zu verstecken, wurde ich aufgespürt. Ich wurde ins Haus gezerrt, und zwei Offiziere „nahmen sich meiner an“. Ich, die noch nie körperlich mit einem Mann zu tun gehabt hatte und gar nicht richtig wußte, worum es zwischen Mann und Frau geht, wurde von diesen beiden Männern vergewaltigt. Welch schreckliche, furchtbare Erfahrung! Alles Bitten, Sich-Wehren, Sich-entziehen-Wollen - es nützte nicht im geringsten. Als es schließlich vorüber war, hätte ich sie, verletzt, erniedrigt und überwältigt von unbeschreiblichen Gefühlen, umbringen mögen. Ich griff nach der Pistole des einen. Natürlich wurde ich überwältigt, und ich bekam weitere Schläge.

Nach diesem schrecklichen Erlebnis dauerte der Alptraum fort. Wir hörten immer wieder Artilleriefeuer, es gab also immer noch Kämpfe. Truppeneinheiten kamen und gingen. Manchmal hatte man eben Glück und manchmal nicht. Das Leben hat seine Schrecken!

Eines Tages kam eine Gruppe weiblicher russischer Soldaten. In gewisser Beziehung waren sie schlimmer und grausamer als die Männer. Welchen Haß ließen sie uns spüren!

Nach einigen Wochen tauchten andersartige Soldaten auf. Sie hatten keine Panzer oder schwere Fahrzeuge, sondern Wägelchen, die von seltsamen Pferden gezogen wurden (es waren mongolische Ponies). Hatte es vorher unter den Soldaten noch eine gewisse Organisation gegeben, so war es nun damit vorbei. Das war die sogenannte Sowjetarmee! Von diesen Neuankömmlingen hatte kaum einer „Kultur". Sie hatten Kahlköpfe, waren schmutzig, hatten Läuse und verhielten sich grausam. Es waren zumeist Kalmüken, Tataren, Mongolen, Kirgisen u.ä. Wir nannten sie „Steppenvölker", sie kamen von jenseits des Kaukasus und des Ural. Die meisten waren höchst unzivilisiert und ohne Gnade. Wir lernten, die Kosaken zu erkennen, die früher freundlich zu den Deutschen gewesen waren. Jetzt waren sie es nicht mehr. Die meisten waren ausgezeichnete Reiter.

Eines Tages kam eine Gruppe Soldaten mit einem T-34-Panzer, einem der besten auf russischer Seite zu der Zeit. Die Soldaten sprangen herunter und begannen auf alles, was ihnen über den Weg lief, zu schießen. Was uns an Tieren geblieben war - ein paar Hühner, eine Gans, ein paar Enten und ein oder zwei Katzen - alles wurde getötet. Diesen Soldaten mußten wir eine Mahlzeit bereiten, und man gab uns dafür zwei Stunden. Das war aber so gut wie unmöglich; die toten Tiere mußten gesäubert und dann zubereitet werden. Das wollten diese Soldaten aber partout nicht einsehen, und wir mußten uns aufs äußerste beeilen. Sie aßen, was wir ihnen bieten konnten, obwohl es noch halb roh war.

Dann fingen sie an zu trinken, und das war so ungefähr das Schlimmste. Wodka gab es immer! Einige von ihnen wollten ein wenig Spaß haben. Für mich bedeutete das, daß ich in den Panzer gezerrt wurde, dann machten sie die Luke zu. Ich fühlte mich ganz schrecklich und hatte Angst, keine Luft zu bekommen. Nach ihrem Spaß ließen sie mich heraus. Bis heute verfolgt mich die Angst, irgendwo eingeschlossen zu sein.
Wir (die paar Deutschen im Hause) wurden dann in eine kleine Kammer eingeschlossen. Wir konnten nicht einmal sitzen. Was auch der Anlaß für das Fest gewesen sein mag, es nahm bald häßliche Formen an. Wir hörten Geschrei, und dann wurde wieder geschossen. Was war nur los? Die Antwort ließ nicht lange auf sich warten. Bald rochen wir Rauch. Irgend etwas brannte. Wir versuchten aus unserem Gefängnis herauszukommen. Vergebens - die Tür war solide. Ein Fenster gab es nicht. Wir verfielen in schreckliche Angst und stellten uns das Schlimmste vor. Wo war das Feuer? Laßt uns doch raus, bitte! Schließlich, als wir schon jede Hoffnung aufgegeben hatten, machte jemand auf.
Das Schießen in die Zimmerdecke hatte auf dem Dachboden ein Feuer ausgelöst. Wasser gab es nur draußen an einer Pumpe. Es gab schon sehr viel Rauch. Doch die Häuser in Deutschland waren meist aus Ziegelsteinen gebaut und brannten nicht so schnell wie ein Holzhaus. Wir versuchten, eine Eimerkette bis zum Dachboden zu bilden. Es gab keine Feuerwehr und keine Hilfe von außen. Wir waren völlig auf uns selbst angewiesen. Die Russen halfen beim Wasserholen. Keiner wollte sich zu nahe heranwagen, deshalb riskierte ich, noch etwas näher heranzukommen, und versuchte zu löschen. Schließlich, als ich vom Rauch schon halb tot war, schien es, als wäre die größte Gefahr unter Kontrolle. Wie wahr ist doch der Spruch: „Hilf dir selbst, so hilft dir Gott!“ Endlich war das Feuer ausgebrannt. Es war das Haus unseres Nachbarn, wo wir untergekommen waren, und ich war dankbar, daß ich helfen konnte, es vor dem Schlimmsten zu bewahren.

Welches Chaos am nächsten Morgen! Und wir - vielleicht am meisten ich - mußten uns noch von der Rauchschädigung und Brandwunden erholen. Andere Nachbarn stellten sich ein. Sie hatten den Rauch und das Feuer gesehen. Niemand war zu Hilfe gekommen. Alle hatten Angst! Doch wie auch immer - wir mussten weiter versuchen, mit unserem elenden Leben fertig zu werden.
Bald danach wurden wir vom KGB aus unserem Zuhause vertrieben. Raus, hieß es, und nichts wird mitgenommen. Raus, oder ihr seid tot. Also zogen wir los. Wir wussten nicht, wohin. Der Weg führte uns auf den Wald zu und weiter, bis wir völlig erschöpft waren. Wir trafen auf einen merkwürdigen Platz und machten Rast. Ich fand die Leiche eines deutschen Offiziers. Sein Kopf sah aus, als hätte er als Zielscheibe gedient. Arme Seele - vielleicht hatte er zu seiner Familie zurück gewollt.
In dem Wald, durch den die Panzer gewütet hatten, fanden wir viele Trümmer. Es sah wüst aus. Was war aus unserer schönen Gegend und aus unserem Land nur geworden? Dann stießen wir mit einer Gruppe russischer Soldaten zusammen, die uns anwiesen, umzukehren und wieder nach Hause zu gehen. Hier waren wir nun - und sollten uns wieder nach Hause durchschlagen. Was konnten, was sollten wir tun, was stand uns bevor? Gott allein wußte es. Doch wir schafften es nach Hause. Dort war alles leer! Warum nur hatte man uns rausgejagt? Zu essen gab es jetzt fast nichts mehr. Alle Tiere waren entweder getötet oder mitgenommen worden.

Wir hatten keine Verbindung mit der Außenwelt. Ich versuchte, möglichst viel Russisch zu lernen. Unser greiser Nachbar, dieser alte Mann, von dem ich schon sprach, war einmal fast getötet worden, weil er nicht verstand, als die Russen ihn nach seinem Alter fragten. Zum Glück konnte ich eingreifen und auf Russisch antworten. Ich hatte erfahren, daß man zum Überleben möglichst viel lernen mußte.
Die menschliche Natur ist manchmal schwer zu verstehen. Trotz

allen Unglücks, das um uns herum und uns selbst geschah, war unser Lebenswille ungebrochen. Man konnte sich kaum sauber halten. Es gab keine Seife mehr, weder für den Körper noch für die Kleider. Und von denen gab es auch kaum noch welche. Fast alles war im Laufe der Zeit gestohlen oder zerstört worden. Wenn man mit etwas Glück irgendein Stück Stoff fand, nahm man es einfach mit. Es gab kein Mein oder Dein mehr!

Dann gab es einen kleinen Lichtblick. Etwa 35-40 Personen kamen auf den Hof. Sie waren sauber, nett und aufgeweckt und machten einen viel besseren Eindruck. Auch sprachen sie ziemlich gutes Deutsch. Sie erklärten uns, sie beanspruchten das Haus, wir könnten aber in einem kleinen Teil bleiben. Wie sich herausstellte, waren sie eine fahrende Spielertruppe zur Unterhaltung der (russischen) Soldaten. (Es ähnelte dem „Fronttheater" für unsere Soldaten; oh Gott - wie lange schien das schon her zu sein!)

Es waren Männer und Frauen. Sie hatten ihre eigene Lebensmittelversorgung, und sie teilten sogar mit uns. Es waren gebildete Künstler mit guten Manieren. Wir empfanden uns fast ins normale Leben zurückversetzt. Niemand belästigte uns oder verletzte uns oder war bösartig zu uns. Was für ein Lichtblick!

Nie werde ich diese kurze schöne Zeit vergessen. Ich konnte ihren Proben beiwohnen und ihre Musik hören. Und wie mir die Musik nachging! Sie ließ mich tief in die russische Seele blicken. Die Lieder pflegten ganz verhalten anzuheben und dann allmählich lebhafter zu werden. Der Rhythmus war ansteckend, und man fing an zu tanzen. Ich fragte mich, wie diese Menschen einmal so traurig und im nächsten Augenblick so voller Leben sein konnten. Das Geheimnis der russischen Seele! Erst wollen sie dich beinahe umbringen, und im nächsten Augenblick teilen sie mit dir ihr letztes Stück Brot. Menschliche Natur, wer kennt sich mit dir aus - oder jedenfalls mit der russischen Seele.

Ich lernte etwas von ihren Kochkünsten. Auch lernte ich, wie man ohne Strom, Kerzen oder Petroleumlampen - die wir alle nicht mehr hatten - Licht machen konnte. Man tat etwas Fett in ein kleines Gefäß und verwendete ein Stück Stoff oder Strick als Docht. Das gab ein wenig Licht. Ich lernte auch ein Feuer hüten. Wenn man einmal eines durch Reiben zweier Steine entfacht hatte, wurde es am Schluß sorgfältig mit Asche bedeckt. Später konnte man es dann wieder anblasen.

Diese fahrenden Künstler waren wirklich sehr nett. Da ich ihnen viel Aufmerksamkeit zuwandte, ohne ihnen auf die Nerven zu gehen, redeten sie gern und erzählten mir von ihrem Zuhause in Rußland, ihrem Land und seinen Sitten, von ihren Familien. Manche sprachen gern von der weiten, weiten russischen Steppe. Wieviel Heimweh ließen sie erkennen!

Viel zu bald ging diese wunderbare Zeit zu Ende, und sie mußten weiterziehen. Ich trauerte ihnen nach.

Wieder mußten wir uns mit unserem elenden Überleben unter abweisenden und unvorhersehbaren Umständen vertraut machen. Ich sprach davon, daß wir uns versteckten, um der Vergewaltigung zu entgehen, doch wahrscheinlich kann sich kaum jemand vorstellen, was das bedeutete. Wenn man sich vor total unberechenbaren und verrückten Menschen verbergen will, taugt fast jedes Versteck: auf einem Baum, hinter einem Gebüsch, auf dem Heuboden, in der Rumpelkammer, hinter einem Misthaufen, in einem Futtertrog im Stall, in einem Kartoffelacker (wenn die Pflanzen groß genug sind).

Ganz schlimm war der Friedhof. Die russischen Soldaten hoben viele Grabsteine aus und wühlten in den Gräbern nach Wertsachen. Die offenen Löcher boten dann aber gute Deckung. Ich glaube, damals habe ich die Furcht vor den Toten abgelegt. Oft hatte ich das Gefühl, daß sie mich beschützten.

Wenn ich im Rückblick beschreiben soll, was wir durchmachten, vergleiche ich die russischen Soldaten mit einem Rudel Wölfe, die man ohne Nahrung und Wasser eingesperrt und dann plötzlich heraus- und auf die nächstbesten Menschen (das waren wir) losgelassen hat. Ihr Leitspruch hieß, ich wiederhole es: Zerstören! Vor allem die deutschen Frauen, damit sich Deutschland nicht wieder erheben könne. Die grausamsten waren die KGB-Kommissare, die aber selbst nicht vergewaltigten.

Eines Tages fuhr ein großer Lastwagen mit russischen Soldaten auf unseren Hof. Als man mich gefunden hatte, wurde ich auf den Lastwagen gezerrt. Es waren schon andere Mädchen und Frauen darauf, und wir wurden weggefahren. Wir hatten alle große Angst - was stand uns bevor? Weitere Frauen und Mädchen wurden aufgegriffen und bei uns aufgeladen. Später erfuhren wir, daß wir von eigenen Leuten an den Feind verraten worden waren, weil wir in der Hitlerjugend gewesen waren. Jetzt waren wir Gefangene und kamen in einen großen Keller ohne Nahrung und Wasser. Wir konnten kaum sitzen, nur stehen und warten. Schließlich wurden wir vom KGB mit Hilfe von Dolmetschern verhört. Man hatte sogenanntes Material über uns, und einige der Verhörer misshandelten uns. Sie wollten von uns hören, daß wir uns am Vernichtungsfeldzug gegen Rußland beteiligt hätten. Wir seien Kriegsverbrecher und sollten dafür bestraft werden. Wir versuchten ihnen klarzumachen, daß wir uns in keinem der Anklagepunkte schuldig gemacht hätten. Gott, wir waren doch noch Kinder!

So ging es einige Tage hin und her. Es gab Gerüchte, daß wir in ein Arbeitslager in Rußland kommen sollten. Plötzlich aber hieß es: „Macht, daß ihr fortkommt, deutsche Schweine!“ Später wurde uns klar, daß wir großes Glück gehabt hatten. Die Russen hatten nur nicht genug Gefangene beieinander, um einen Transport zusammenzustellen. Sonst wäre es auf nach Rußland gegangen. Das passierte mir ein weiteres Mal. Auch da hatte ich wieder Glück.

3. Kapitel
Anfänge der polnischen Verwaltung

Aber nach Hause? Wo war mein zu Hause? Auf dem Bauernhof, wo ich gelebt hatte, war ich ja nicht wirklich zu Hause. Ich fühlte mich diesen Menschen nicht zugehörig. Als ich wieder da war, spürte ich ihre Furcht. Unausgesprochen hieß es bereits: „Wir wollen dich eigentlich nicht mehr hier haben. Wir haben selber kaum etwas zum essen und wollen das Wenige nicht mehr teilen." Ausserdem war die Furcht da, wir würden wieder abgeholt werden.
Verständlich, aber für mich schlimm. Lieber Gott, warum bin ich so allein? Wie sehne ich mich nach den Meinigen, nach jemandem, der zu mir gehört, der meine Familie ist! Gott aber hört und wirkt auf Seine geheimnisvolle Weise.
Bald danach fügte es sich, daß eine junge Frau auf den Hof kam und nach meinem Namen fragte. Ich war völlig überrascht. Sie sagte mir, in den nächsten Tagen würde mich eine ehemalige Schulkameradin namens Irmgard Mattner aufsuchen. Mehr wollte sie nicht verraten.
Ich war natürlich gespannt. Irmgard kam tatsächlich. Aber wie sah sie aus! Ich hätte sie überhaupt nicht wiedererkannt. Sie war von einem Transport nach Sibirien wieder nach Deutschland gelangt. Sie litt stark an der Syphilis und war gerade Patientin in einem Notfallkrankenhaus in unserer Kreisstadt Soldin (östlich der Oder; wurde polnisch und erhielt einen polnischen Namen). Wie sie mir schilderte, was ihr alles widerfahren war, wollte es mir das Herz zerreißen.
Irmgard lebte in unserem Dorf Kerkow (das ebenfalls polnisch wurde), wo auch mein Großvater, Tante Liesbeth und mein kleiner Bruder Gerd wohnten. Nach der Besetzung durch russische Truppen lief dort vieles ganz ähnlich wie bei uns ab. Unser Geschäft

war von Anfang an ein Hauptziel. Sehr vieles wurde zerstört. Mein Großvater, der versuchte, seine Familie zu schützen, wurde zusammengeschlagen. Die Familie durfte nicht mehr in ihrem Haus mit dem Geschäft wohnen. Viele Leute aus dem Dorf wurden gequält oder getötet. Einer unserer Nachbarn, der fünf Kinder hatte, erhängte drei von ihnen und dann sich selbst. Die anderen beiden Kinder mussten mit dieser Grausamkeit weiter leben. Mein Großvater und mein kleiner Bruder (damals ungefähr sieben Jahre alt) mußte die Toten abschneiden. Eine andere Frau, deren Mann in der SS war, vergiftete zwei ihrer drei Kinder, brachte es aber nicht mehr fertig, das dritte und sich selbst zu vergiften. Sie verfiel in eine Art Irrsinn.

Eines Tages wurde mein Großvater von russischen Soldaten zu Tode geprügelt.

Dann kamen große Lastwagen in das Dorf und alle Frauen und Mädchen und was noch lebte - nur nicht die ganz Alten und die Kinder - wurden aufgeladen und weggefahren. Meine Tante Liesbeth sowie auch Irmgard waren dabei. Im Dorf blieben nur schreiende Säuglinge, Kinder und ein paar ganz Alte und Kranke zurück. Diese Übriggebliebenen wurden im Gutshaus einquartiert. Die Gutsbesitzer Krüger hatte mit seiner Familie noch rechtzeitig fliehen können. Gerd, mein kleiner Bruder, blieb mit den Kindern zurück. Irmgards kleine Schwester blieb bei ihrer sehr alten Großmutter. Das alles erzählte mir Irmgard fast ausdruckslos. Sie hatte gelernt, ihre Gedanken und Gefühle zu verbergen.

Die Menschen auf den Lastwagen wurden auf einen großen Bahnhof gefahren und, sobald ein Zug voll war, auf die Reise in ein sibirisches Arbeitslager geschickt. Im Zug gab es, wie anscheinend inzwischen auch sonst überall, kaum etwas zu essen. Die sanitären Verhältnisse waren katastrophal. Mütter schrien nach ihren Kindern, die sie hatten verlassen müssen. Viele der Frauen und Mädchen wurden bald krank. Als klar wurde, daß einige von ihnen zu gar nichts mehr zu gebrauchen waren, wurden sie aus dem Zug

geworfen und mußten sehen, ob und wie sie heimkamen - wenn sie nicht vorher starben.
Unter diesen Glücklichen war Irmgard. Sie wanderte viele Kilometer zurück und landete schließlich in dem Notfallkrankenhaus in Soldin. Dort erinnerte sie sich an mich und das Dorf, wo ich gearbeitet hatte. Sobald sie dazu fähig war, wollte sie irgendwie mit mir Verbindung aufnehmen, um mir alles zu erzählen. Sie hoffte, ich könnte nach meinem Bruder suchen, wie sie nach ihrer kleinen Schwester und Großmutter.
Ich war noch ganz erschüttert von all dem, was sie mir berichtete. Doch es stand für mich völlig fest, daß ich mit ihr sofort weggehen und in unser Dorf Kerkow zurückkehren wollte. Da ihre Krankheit hochansteckend war, trug sie ein Abzeichen aus dem Krankenhaus. Das erwies sich als große Hilfe. Schon bald waren wir auf dem Weg nach Soldin, wo sie sich wieder in dem Krankenhaus melden musste. Meist gingen wir neben der Straße, auf der Panzer, Lastwagen und andere Militärfahrzeuge unterwegs waren. Manchmal kam ein Truppentransport vorbei. Die Straße war in sehr schlechtem Zustand, hauptsächlich wegen der schweren Panzer.
Gelegentlich wurden wir angehalten; doch sobald Irmgard ihr Abzeichen zeigte, ließen uns die Soldaten weiterziehen. Bis zum Abend hatten wir ungefähr 20 Kilometer zurückgelegt. Wir erreichten das Krankenhaus, und ich kam dort für eine Nacht unter. Am nächsten Morgen verließ ich Irmgard.
Soldin war nicht wiederzuerkennen. Die Straßen waren fast leer, und die stehengebliebenen Häuser waren mit allem möglichen verbarrikadiert. So vieles war zerstört. Meine Familie hatte hier ein paar entfernte Verwandte, die ich zu finden hoffte, doch leider vergeblich. Das Haus war nicht mehr da. Ich wanderte weiter auf mein Heimatdorf zu, wo ich meinen kleinen Bruder noch lebend zu finden hoffte.
Kerkow liegt etwa 30 km nordöstlich von Soldin. Ich mußte mich

vorsichtig bewegen und Kontakte zu vermeiden suchen, jetzt gab es ja keine Krankenhauswarnung mehr. Außerhalb von Soldin spürte ich einen merkwürdigen Geruch in der Luft, der bei der Annäherung an die riesige Sandgrube neben der Straße immer stärker wurde. Ich verstand nicht, warum es hier so viele große, häßliche schwarze Vögel gab. Ich näherte mich vorsichtig, und der Gestank wurde fast unerträglich. Dann erkannte ich, warum. Hier war ein Massenmord geschehen. In der Grube legen lauter Tote. Viele Leichen waren von den Vögeln schon bis auf die Knochen abgefressen worden, alles übrige war am Verfaulen. Ich war wie vom Schlag getroffen und entsetzt und wollte so schnell wie möglich fortkommen. Begraben konnte man die Toten nicht mehr. Es waren viele hunderte, wer konnte ermessen wieviele - ?

Viel später erfuhr ich, daß während der Kämpfe in der Stadt ein deutscher Offizier, der auf Urlaub war, einen russischen Soldaten erschoß, der seine Frau vergewaltigte. Er wurde erschossen, und mit ihm viele Deutsche, die die Russen in den Straßen aufgriffen. Es sollte für die Deutschen eine Warnung sein, was ihnen bevorstand, wenn sie sich den Eroberern entgegenstellten.

Nach langer und mühsamer Wanderung, während der ich mich oft vor Soldaten verstecken mußte, gelangte ich endlich in unserem Heimatdorf an. Ich war erschöpft. Würde ich meinen kleinen Bruder noch am Leben finden? Um mich herum gab es kein Lebenszeichen. Alle Häuser in der Nähe waren zugesperrt. Das Dorf schien verlassen, wie eine Geisterstadt. Vorsichtig näherte ich mich unserem Haus. Fenster und Türen waren mit Brettern vernagelt. Es schien keine Möglichkeit zu geben, ins Innere zu gelangen. Die Außenseite war stark beschädigt und zerstört. Ein großes russisches Warnschild verbot Annäherung und Eintritt.

Ich dachte nur noch daran, wie ich meinen Bruder finden könnte. Ich lief herum und suchte eine menschliche Seele zu finden. Schließlich an einem Haus ein Lebenszeichen. Es war ein großes Schild über der Tür in einer mir unverständlichen Sprache. Als ich

auf den Eingang zuging, hielt mich ein Soldat in einer mir unbekannten Uniform an. Ich verstand ihn nicht, begriff aber, daß ich hereinkommen musste. Drinnen waren mehr Soldaten. Ehe ich irgend etwas sagen konnte, kam eine Frau in den Raum.
Sie war erstaunt, und dann plötzlich rief sie: „O liebe Güte, bist du das wirklich? Bist du es wirklich?“ Es war Hedwig, die Stiefmutter meiner Freundin Irmgard! Sie erkannte mich trotz meines Aussehens. Sie erklärte mir, daß ich mich in der Kommandantur einer polnischen Militäreinheit befand. In der polnischen Kommandantur! War das die Möglichkeit?
Die ganze Zeit hatte ich Feindkontakt zu vermeiden gesucht, und jetzt saß ich mitten in der Höhle des Löwen?! Na schön. Es gab nur eines: möglichst kühl und ruhig bleiben. Ich war völlig überrascht, Hedwig hier anzutreffen, ich wähnte sie auch auf dem Transport ins Arbeitslager.
Nach einem Gespräch auf Polnisch zwischen ihr und dem anwesenden Offizier bot sie mir etwas zu essen an und versicherte mir, daß ich hier bleiben könne. Für das Essen war ich sehr dankbar, ich hatte lange überhaupt nichts mehr gehabt. Am dringendsten aber wollte ich nach wie vor etwas über meinen Bruder erfahren. Hedwig war überzeugt, daß er am Leben und hier in der Gegend sei. Es war jetzt zu spät am Tag, um noch irgend etwas zu beginnen. Ich würde am nächsten Morgen weitersuchen.
Überraschenderweise wurde ich von keinem Soldaten belästigt. Es gab eine ganze Menge von ihnen. Hedwig sagte mir, daß alle russischen Truppen abgezogen und die polnischen eingerückt waren. Unser Land und alles darin war den Polen zugesprochen worden. Für jemanden in meinem Alter war es sehr schwierig, all das zu begreifen. Ich hatte immer nur gehört, dieses Land und das Eigentum darauf gehöre UNS. Nun sollte alles anders sein. Nichts gehörte mehr uns, alles war beschlagnahmt. Ein Schlag nach dem anderen! Die unbegreiflichen Verhältnisse schienen kein Ende zu nehmen.

Ich erfuhr auch, daß sich noch einige weitere Frauen in der polnischen Kommandantur aufhielten, und aus verschiedenen Gründen. Als es Nacht wurde, wurde mir klar warum diese Frauen hier bleiben durften. Sie schliefen mit dem FEIND!

Am nächsten Morgen suchte ich weiter nach Gerd. Schließlich, nach vielen Enttäuschungen und Befürchtungen, fand ich ein kleines Geschöpf, das mein Bruder sein mußte. Mich erkannte er nicht. Er glich einem kleinen wilden Tier, das vor allem und jedem davonlaufen wollte. Er war völlig mit Schmutz verklebt und zum Skelett abgemagert. Seine viel zu alten Augen blickten verängstigt und schreckgelähmt drein. Aber er lebte! Er glaubte mir nicht, als ich ihn versicherte, daß ich von nun an bei ihm bleiben und für ihn sorgen würde. Ich umarmte und küßte ihn wieder und wieder. Gütiger Gott, welches Wunder!
Ich weiß nicht, wie lange wir zusammen weinten. Ich war voll des Dankes an den gütigen Herrgott. Schließlich zog Friede in mein Herz ein. Ich hatte keine Ahnung, wie es weitergehen sollte, wie wir uns überhaupt über Wasser halten könnten. Aber wenigstens hatten wir einander!
Nach und nach begann ich mich zu orientieren und einen Plan zu fassen. Was war jetzt zu tun? Ich fragte Gerd, ob man irgendwie in unser Haus gelangen könne. Er bejahte und wollte es mir zeigen.
Wir schlichen uns durch Gärten und äußere Gebäude und zwischen Häusern durch und gelangten schließlich an die Rückseite unseres Hauses. Dort gab es einen großen alten Kirschbaum, in dem wir Kinder uns vor langer, langer Zeit, wie es uns jetzt erschien, ein kleines Versteck gebaut hatten. Gerd und ich kletterten hinauf und krochen dann über ein niedriges Schuppendach auf das Dach des Haupthauses. Das war natürlich nicht ungefährlich, doch wir gelangten weiter bis zu einem kleinen Dachfenster. Durch dieses stiegen wir in unser Haus. Hätte uns jemand gesehen, so hätten wir ohne Warnung erschossen werden können.

Welche Erleichterung, drinnen und vor der Welt abgeschirmt zu sein! Ich glaubte fest, es müsse noch etwas zu essen geben, wenn nicht gleich hier, so irgendwo sonst. Doch als wir hinunter und schließlich in den Laden gingen, verließ mich alle Hoffnung. Wirklich alles war zerstört. Es war so schrecklich, daß ich meinen Augen nicht traute - und ich hatte weiß Gott Schreckliches gesehen. Trotzdem begannen wir zu suchen. Zwischen den zertrümmerten Regalen und Einrichtungsgegenständen lagen ungefähr zwei Meter hoch Lebensmittelreste und Müll. Alles war absichtlich von Grund auf zerstört und angezündet worden, mit Benzin, Spiritus und was der Feind noch hatte finden können. Kaum zu glauben, daß das Haus nicht völlig abgebrannt war. Gerd und ich suchten jedenfalls weiter. Wir hätten um etwas Genießbares alles hergegeben. Nach langer Zeit gaben wir auf, es war einfach hoffnungslos.

Langsam gingen wir durch unser übriges einst so geliebtes Heim. Die Dielenbretter waren aufgerissen. Das Telefon war aus der Wand gerissen. Die Decke hatte Löcher. Jegliches Mobiliar war zertrümmert. Die Türen, die Fenster waren zerbrochen. Die einzigen Lebewesen in diesem Chaos waren Mäuse oder Ratten.

Wir mußten weg, ja, das war gewiss; aber ich wußte auch, dass wir unbedingt wieder kommen würden. Wir fanden ein zerbrochenes Fenster, durch das wir nach außen gelangten. Wir verbarrikadierten es wieder, bis wir das nächste Mal kommen würden.

Jetzt wollte ich herausfinden, wo sich Gerd versteckt hatte und wie er es geschafft hatte, zu überleben. Wir gingen zum Gutshaus, wo ich ein paar Bekannte fand - in besseren Zeiten Freunde der Familie und Nachbarn. Wie hatten sie sich verändert! Um sich warm zu halten, drängten sie sich Nachts in den Zimmern zusammen und schliefen wie Sardinen auf dem Boden. Draußen im Park hatten sie kleine Kochgelegenheiten geschaffen.

Diese Menschen waren nicht mehr freundlich und hilfsbereit. Sie hegten Groll und waren verbittert; von dem Wenigen, das sie zum

Leben hatten, wollten sie nichts abgeben. Zu essen würden sie uns auf keinen Fall etwas geben! Man konnte sich kaum vorstellen, daß diese selben Menschen einmal freundlich und wohlgesinnt waren, immer zu einem Schwätzchen aufgelegt und ganz vertraulich, wenn ich sie im Laden bediente. Jetzt kam ich nicht nach Hause, sondern stieß auf Abweisung.
In den letzten Wochen, ehe ich nach Kerkow zurückkam, und in den vielen darauffolgenden mußte ich immer wieder erleben, wie sich Menschen in Zeiten der Gefahr und des Schreckens verändern. Dann ist sich jeder selbst der Nächste. Güte und Mildtätigkeit sind aus der Seele verbannt. Stirbt jetzt einer, dann bedeutet es nur, daß es die Übrigen ein bißchen besser haben.
Es war für mich nicht leicht, das alles zu erfahren und wirklich zu verstehen, denn ich glaubte noch immer an Rechtschaffenheit, positive Einstellung und gegenseitige Hilfe, um allen das Leben zu erleichtern. Wie naiv war ich trotz allem noch!
Ich versuchte einige zu überreden, Gerd und mich bei sich aufzunehmen. Ich versicherte ihnen, daß wir nicht zur Last fallen würden. Ich mußte einfach für uns einen Weg finden, um zu überleben; ich wollte nur irgendwo dazugehören und, vielleicht, ein wenig Schutz finden. Doch meine früheren Freunde und Nachbarn wiesen uns einfach zurück.
Ich ging mit Gerd zur polnischen Kommandantur zurück. Vielleicht konnten Hedwig und die anderen Frauen helfen. Hedwig war zuversichtlich. „Natürlich helfen wir dir“, sagte sie. „Aber du mußt verstehen, daß es für deinen Bruder hier keinen Platz gibt.“
Natürlich verstand ich. Schlaf mit dem Feind, und derweilen lebt dein Bruder oder stirbt - wen kümmert es? Gerd und ich gingen also. Hedwigs Angebot war für mich völlig inakzeptabel.
Ich fand eine alte Scheune, wo wir ein Weilchen blieben. Ich räumte einen kleinen Schlafplatz frei. Wir fanden auch ein paar Pfefferminzblätter, die wir kauten. Ich machte Gerd sauber, so gut es ging, und betete um ein Wunder, das uns durchkommen lassen

würde. Wir brachten die Nacht hinter uns. Der neue Tag weckte etwas neue Hoffnung.

Irgendwie mußte etwas zu essen gefunden werden. Wir sahen uns um. Wir gingen wieder zum Gutshaus, wo etwas Tätigkeit herrschte. Ich ging durch die Ställe und fand zu meiner Überraschung Vieh, darunter Kühe und junge Ochsen. Ich fand die Leute, die mit den Tieren zu tun hatten, und stellte bald fest, wie gut es war, daß ich etwas Russisch konnte.

Ich näherte mich diesen Leuten vorsichtig und fand, daß es Deutsche waren, die noch vor kurzem an der Wolga in der Nähe des Schwarzen Meeres gelebt hatten. Sie mußten das, was sie als ihre Heimat betrachteten, verlassen und nach Deutschland, das Land ihrer Vorfahren, zurückkehren um ein neues Leben beginnen.

Welche Ironie in alledem! Diese Menschen wollten ihre Heimat nicht verlassen, wurden aber durch den Krieg dazu gezwungen. Nun waren sie Treibholz und wußten überhaupt nicht, wohin es sie verschlagen würde. Einst Auswanderer aus Deutschland nach Rußland, fanden sie sich nun in ihrer „Heimat" wieder und wußten nicht, wo sie bleiben sollten.

Halb auf Deutsch, das sie noch etwas konnten, und halb auf Russisch, das ich ein bißchen konnte, einigten wir uns. Ich würde beim Melken helfen und dafür jeden Tag etwas Milch für Gerd und mich bekommen. Ich sagte auch zu, bei der Reinigung der Tiere und Ställe mitzuhelfen.

Mein Bruder bekam die erste Tasse Milch - die erste seit wer weiß wie lange. Ich war von Dankbarkeit erfüllt. Das Wunder, um das ich gebetet hatte, war geschehen Doch wir mußten mit der Milch noch kurz treten. Unsere Mägen waren keine Milch mehr gewohnt und rebellierten, wenn wir sie trinken wollten.

Wir blieben in der alten Scheune, die wir gefunden hatten. Nach und nach führte Gerd mich herum und zeigte mir, wie er sich bis jetzt am Leben gehalten hatte. Er hatte hauptsächlich von rohen

Kartoffeln, Möhren und Beeren und ein paar halbreifen Trauben gelebt. Manchmal, wenn er Glück hatte, konnte er etwas Brot oder sonst etwas von den Kochstellen im Park stehlen. Das konnte er mit der Zeit recht gut, und er war flink, aber wenn er erwischt wurde, setzte es Prügel, und er wurde verjagt. Der Selbsterhaltungstrieb! Schon bei einem so kleinen Kind.

Nach ein paar Tagen gaben uns die Rußlanddeutschen etwas mehr zu essen. Welcher Segen! Gerd erzählte mir Stück für Stück noch mehr, was er durch Zuhören und Beobachtung erfahren hatte. Etwa, daß frühere Nachbarn auf unserem Grundstück nach Lebensmitteln und Wertsachen gegraben hatten, die unser Großvater vergraben hatte. Ich ging zu diesen Leuten und bat sie, uns ein paar Nahrungsmittel oder Kleidung oder sonst etwas zu geben, zu dem sie auf diese Weise gekommen waren. Natürlich wollten sie von nichts etwas wissen. Wie nicht anders zu erwarten.

Jedenfalls hatten Gerd und ich erst einmal etwas zu essen, und nichts anderes zählte im Augenblick. Gerd sah allmählich einem Menschen wieder ähnlicher. Wenn er eine Möglichkeit sah, suchte er immer noch die Felder nach Kartoffeln und Möhren ab; er mußte aber wegen der Ausgangssperre sehr vorsichtig sein. Nach einigen Wochen verloren wir diesen Rettungshafen. Die Rußlanddeutschen mußten weiter, und sie konnten uns nicht mitnehmen.

Inzwischen suchten die polnischen Soldaten Deutsche, die auf dem Feld arbeiten konnten; das konnten freilich nur sehr wenige. Die Polen versprachen ihnen Lebensmittel. Mit vier oder fünf anderen deutschen Frauen sollte ich so arbeiten. Wir wurden täglich auf die Felder gebracht und mußten den harten Boden mit einer Hacke in Reihen zum Stecken von Kartoffeln und Rüben vorbereiten.

Irgendwann in dieser Zeit sagte man uns der Krieg sei vorbei. Deutschland hatte den Krieg verloren. Wir wußten überhaupt nicht, was das für uns bedeuten würde. Bald zeigte sich, daß die Nachricht an unserem Leben kaum etwas änderte. Wir mußten weiter auf den Feldern arbeiten. Die Polen bewachten uns und

gaben den Arbeitsrhythmus an. Wenn es ihnen nicht schnell genug ging, griffen sie zu der Peitsche, die sie stets bei sich hatten.
Hier möchte ich erwähnen, daß ich sehr dankbar war für die harte Lehre der langen Stunden harter körperlicher Arbeit in meinem „Pflichtjahr". Sie hatten mich stark und sehr ausdauernd gemacht, was mir jetzt trotz der Schwäche meines Körpers sehr half. Jetzt konnte ich nicht selten einmal in den Kartoffel- und Rübenzeilen meiner Nachbarinnen etwas mithelfen, um sie vor neuen Schlägen zu bewahren, wenn sie nicht so gut Schritt halten konnten.
Wir arbeiteten immer nebeneinander an drei langen Reihen. Hin und wieder stießen wir auf kleine Erd- oder Sandhügel, die von Grün bedeckt waren. Schon bald wurde uns klar, daß hier Leichenteile von Gefallenen verschüttet waren. Nach einigen solchen Funden konnten wir es uns nicht mehr leisten, unseren Magen zur Raison bringen zu wollen, wir mußten einfach weiterarbeiten.
Wirklich schlimm für uns war, daß wir von der polnischen Kommandantur nie die versprochenen Lebensmittel bekamen. Wir durften nicht einmal einen Schluck Wasser trinken, während wir in der heißen Sonne arbeiteten. Ich lernte, einen kleinen Stein im Mund zu behalten, so daß dieser nie ganz austrocknete. Der Hunger war wieder unser ärgster Feind. Die Wachen aßen oft vor unseren Augen ihre dicken Schinkenbrote.
Wir mußten damals weiße Armbinden tragen, die uns als Deutsche erkennen ließen. Wenn ich je geglaubte habe, die Russen zu hassen - es war einfach nichts gegen meinen Haß auf die Polen. Und diesen Leuten hatte man unser Land gegeben - unsere Häuser und alles, was uns einmal gehört hatte!
Ich spürte, daß ich irgendwie aus dieser Lage herauskommen mußte. Keiner von uns konnte so weitermachen. Die Frauen, die neben mir arbeiteten, hatten Kinder. Wir mußten eine Fluchtmöglichkeit finden. Wenn wir miteinander reden konnten, redeten wir davon, daß sich etwas ändern müsse. Aber was?
Ich bereitete Gerd darauf vor, jederzeit aufbrechen zu können,

und ich wartete auf den geeigneten Augenblick. Vorerst gingen wir beide, wann immer wir konnten, zu unserem Haus. Wir hatten ein Zimmer aufgeräumt und uns mit Möbeltrümmern etwas eingerichtet. Wir brauchten eine Zuflucht, um in dem Wirrwarr um uns herum nicht verrückt zu werden.

Jetzt durften einige Leute in ihre nicht mehr ihnen gehörenden Häuser zurück, bis die polnischen Familien eintrafen, was jederzeit möglich war. Eine alte Dame, eine Freundin meiner Großeltern, hatte früher in der Försterei gewohnt, einem stattlichen Haus, das der ehemalige Gutsbesitzer für seinen Förster hatte bauen lassen. Sie wollte wieder dorthin, und ich fragte sie, ob mein Bruder und ich in einem kleinen Teil des Hauses unterkommen könnten. Sie willigte ein, und so kamen wir, Gerd und ich, jedenfalls aus der Scheune heraus. Offiziell konnten wir nicht wieder in unser Haus; doch in der Stille machten wir uns vor, daß wir wieder unseren Eigentumsanspruch erhoben hätten.

Diese Frau Noak (so hieß sie) war gut zu uns. Sie teilte ihr karges Essen mit uns. Doch es konnte so nicht bleiben. Wir waren schlicht am Verhungern. Fluchtgedanken gingen mir ständig durch den Kopf. Aber wohin? Am Ende nach Berlin? Ich war einfach sicher, daß unsere Mutter mit den Verwandten es dorthin geschafft haben müßte.

Während dieser Wochen im Forsthaus versuchten Gerd und ich, ein paar andere Verwandte aus dem Dorf Marienwerder (dem Geburtsort unserer Mutter) zu finden, das etwa 12-13 Kilometer entfernt lag. Wir gingen durch Wald und Feld und fanden tatsächlich eine Tante - die Schwester unserer Mutter - und ein paar Cousinen. Tante Anna begrüßte uns nicht gerade herzlich. Sie und ihre Tochter Ella hatten erheblich mehr zu essen als wir, doch sie wollte nichts abgeben und konnte es kaum erwarten, bis wir wieder weg waren. Wir gingen zu unserer Cousine Ilse, die uns trotz ihrer eigenen Not etwas zu essen gab. Wie groß war unsere Dankbarkeit! Sie gab uns sogar ein Weniges zum Mitnehmen,

Soviel also über die Verwandtschaft. Wir kamen nie wieder in dieses Dorf. Auch wenn wir es gewollt hätten, es wäre zu gefährlich gewesen, es nochmals zu wagen.
Wie man sieht, war unser ganzes Leben von der Suche nach Nahrung bestimmt. Nichts anderes war so wichtig. Auch gab es einfach keine brauchbaren sanitären Einrichtungen. Selbst gutes Trinkwasser war oft schwer zu ergattern, zu viele Brunnen waren zerstört. Doch irgendwie mußten wir weiter leben.
Eines Abends nach einem ganz schrecklichen Tag sagte ich meinem Bruder, daß wir die Flucht versuchen würden. Wir trafen die allernötigsten Vorbereitungen. In dieser dunklen Nacht brachen wir auf. Wir kannten die Gegend und die Fußwege und marschierten eine Weile.
Ich wollte eine größere Stadt erreichen, aus der man Gerüchten zufolge weiterkommen konnte. Wir gingen über die Felder und mußten dann wieder auf einen Weg. Das Glück blieb uns nicht hold. Wir wurden von einer polnischen Streife entdeckt. Wir wurden zurückgetrieben und dabei blutig geschlagen und mit vorgehaltener Waffe zurück in unser Dorf getrieben. Es war furchtbar. Wir wurden in einen Keller gesperrt. Es war finster, und wir hatten keine Ahnung, wo wir waren oder wie spät es war, und was auf uns zukommen würde. Würden wir erschossen, oder totgeschlagen, oder...?
In dem Keller blieben wir ohne Nahrung und Wasser vermutlich mehrere Tage. Es war schlimm in der ständigen Finsternis. Am meisten wurmte mich, daß ich dieses Grauen nicht von Gerd hatte abwenden können. Was einem selbst passiert, damit wird man gewöhnlich irgendwie fertig. Unerträglich aber ist es, wenn man zusehen muß, wie ein geliebter Mensch zu leiden hat.
Bald gewahrte ich, daß wir in dem Keller Gesellschaft hatten: Mäuse oder Ratten. Endlich wurden wir herausgelassen - und dem polnischen Kommandanten zum Verhör vorgeführt. Es schien fast unmöglich, doch schließlich ließ man sich überzeugen, daß wir die

andere Seite nicht hintergehen, sondern nur unsere Mutter finden wollten. Wir wurden freigelassen und konnten in unser sogenanntes Zuhause zurückkehren. Gott war uns gnädig gewesen. Ich war so dankbar.

Von jetzt an aber wurden die Arbeitsbedingungen auf den Feldern für mich unerträglich. Vielleicht sollte ich hier erwähnen, daß wir jedes Zeitgefühl verloren hatten. Wir wußten nicht das Datum und den Wochentag. Wenn ich doch einmal fragte, mochte ich die Wahrheit erfahren oder nicht - es war eigentlich gleichgültig. Wir mußten eben weiterexistieren.

Eines Morgens, als unsere Frauengruppe auf die Felder hinausgebracht wurde, bemerkten wir, daß in der „Feldscheune" etwas los war. Dort wurde das geschnittene Getreide aufbewahrt, Roggen, Weizen, Hafer und Gerste. Sie war sehr groß und hoch und bot viel Platz für Landmaschinen. Sie lag draußen auf dem Feld und abseits der Straße. Mir schien, die Leute, die wir dort sahen, seien russische Soldaten. Gerd beobachtete sie den Tag über aus sicherer Entfernung und bestätigte es. Da traf ich eine große Entscheidung.

Am nächsten Tag eröffnete ich den anderen Frauen meinen Plan. Ich wollte die Russen ansprechen und fragen, ob ich für sie arbeiten könne, weil es bei den Polen nicht mehr auszuhalten sei. Die anderen Frauen konnten wählen, sich anzuschließen oder auch nicht. Natürlich schlossen sie sich alle ohne Zögern an. Wir hatten nichts zu verlieren und vielleicht etwas zu gewinnen. Ihre Kinder waren genau so hungrig wie mein Bruder und ich. Doch der Plan war nicht ohne Risiko. Wie konnten wir von den polnischen Wachen weg und zu den Russen gelangen? Was konnten wir von diesen erwarten? Schaufelten wir vielleicht unser eigenes Grab?

Darauf konnte niemand eine Antwort geben. Doch wir mußten es versuchen. Die Gelegenheit bot sich schneller, als ich zu hoffen wagte. Unser Feld war nicht weit von dem Ort entfernt, wo sich die russischen Soldaten für die kommende Arbeit einrichteten. Ich beobachtete unsere Wache und versuchte abzuschätzen, welche Aussichten es auf eine Unterbrechung gäbe.

Die Sonne brannte, und nach einiger Zeit wandte sich der polnische Wächter einem schattigen Fleck zu, wo er etwas zu trinken versteckt hatte. Wir wußten auch, daß er sich wahrscheinlich erst einmal etwas ausruhen würde. Als er sich abwandte, kam meine Chance. Die anderen Frauen standen in Bereitschaft. Sie wollten den Wächter so stark wie möglich ablenken und durcheinanderbringen. Ich rannte über die Felder auf die Russen zu. Ehe der Pole etwas merkte, hatte ich schon einen kleinen Vorsprung. Jetzt fing er an zu schreien und hinter mir herzulaufen. Hoffentlich würde er nicht schießen. Er mußte jetzt mein Ziel erkannt haben; er zögerte, weil jetzt einige russische Soldaten aufmerksam geworden waren.

Als ich endlich nahe genug heran war, befahlen sie mir, stehenzubleiben. „STOI, STOI" hieß es. Oh mein Gott! was sollte ich tun? Als ich etwas Atem geschöpft hatte, bat ich einen russischen Soldaten, mich zu seinem Vorgesetzten zu bringen. Ich folgte ihm an einer Front russischer Gesichter vorbei. Mir klopfte das Herz, und ich musste meinen ganzen Mut aufbringen, um weiterzugehen.

Als wir uns dem, wie es schien, Vorgesetzten näherten, versuchte ich, mein bißchen Russisch zusammen zu bringen. Ich trug unsere mit den Polen zusammenhängende Not vor. Der Offizier hörte aufmerksam zu, und nach einigem Hin und Her erklärte er, man würde uns helfen. Wir sollten von jetzt an für die Russen arbeiten. Sie wußten, daß dieser Schritt für uns gefährlich war, doch sie mochten die Polen auch nicht, obwohl sie ihre Verbündeten waren. Ich war so erleichtert, daß mir die Tränen über das Gesicht liefen. Ich sandte ein stummes Dankgebet zu Gott.

Später erfuhren wir, daß diese russischen Soldaten so etwas wie Gefangene ihres eigenen Militärs waren. Aus irgendwelchen Gründen waren sie als Offiziere degradiert und zu Schwerarbeit verurteilt worden, und das war im Augenblick die Getreideernte auf

unseren Feldern. Sie hatten eine Feldküche und eine Köchin, aber nicht viel zu essen. Sie durften keine deutschen Frauen anrühren und sollten überhaupt keinen Kontakt mit Deutschen haben.
Ein paar Soldaten wurden losgeschickt, um die übrigen Frauen zu holen und dem polnischen Wächter zu erklären, daß wir jetzt unter russischem Schutz stünden. Man gab uns etwas Warmes zu essen, und dann sollten wir mit der Arbeit anfangen. Welch herrliches Gefühl - etwas Suppe! Vor allem aber waren wir dafür dankbar, daß sich unsere schreckliche Situation wie durch ein Wunder gewendet hatte. Wir wurden verschiedenen Arbeitsgruppen zugeteilt und bekamen gesagt, was wir machen sollten.
Die Russen waren hergeschickt worden, um das Getreide zu ernten und zu dreschen. Den Polen hatte man unser Land versprochen, doch die Russen schienen sich darüber hinwegzusetzen. Das gedroschene Getreide sollte dann nach Rußland oder sonst irgendwohin gebracht werden. Das erfuhren wir alles nach und nach, während wir mit den Russen zusammen arbeiteten. Wir erfuhren auch, daß es eine kleine Gruppe weiblicher Soldaten gab. Zunächst war ich nicht sicher, was ich davon halten sollte, doch auf die Dauer war die Situation in Ordnung.
Etwas möchte ich betonen: Es dauerte lange, aber dann begriff ich, daß im allgemeinen Russen, die in Gefahr sind oder Hilfe brauchen, immer bereit sind, anderen zu helfen, denen es noch schlechter geht.
Sehr wichtig für uns war, daß wir das Essen, das wir von den Russen bekamen, mit unseren Familien teilen durften. Es handelte sich um eine warme Mahlzeit am Tag, gewöhnlich eine Kohl- und Kartoffelsuppe und gelegentlich ein dicker gelber Maisbrei mit Sonnenblumenöl. Es war wenig, aber immer da, und es erhielt uns aufrecht. Gerd, (der in dieser Zeit irgend wann neun Jahre alt wurde) kam wann immer möglich zur Mittagszeit, und wir aßen zusammen, so wie einige andere Frauen und ihre Kinder.

Als wir den Russen um uns etwas näher gekommen waren, gab uns der eine oder andere hin und wieder einmal einen kleinen Teil seiner Brotration. Wir mußten immer daran denken, daß diese Leute selbst Gefangene waren. Die Russen begleiteten uns auch zu unseren Wohnstätten, da uns die Polen nur zu gern noch etwas angetan hätten.

In diesem Spätsommer 1945 zogen viele polnische Familien in unser Dorf und in die ehemals deutschen Wohnungen. In unser Haus war aber noch niemand gekommen. Da ich schwer und unermüdlich arbeitete und die jüngste und die einzige in unserer Gruppe mit etwas Erfahrung in der Landarbeit war, wurde ich bald oben auf die Dreschmaschine gestellt - eine wichtige Aufgabe. Ich mußte die Garben ganz gleichmäßig und ohne jede Unterbrechung in die Maschine geben. Das war sehr harte Arbeit, und ich weiß nicht recht, wie ich es fertig brachte, so schnell zu sein, daß die Maschine nicht leer lief. Nach einiger Zeit arbeitete mein Körper wohl automatisch, ohne daß ich noch denken mußte. Das gedroschene Getreide wurde in Säcke gefüllt und von den Russen abtransportiert. Ich mußte ungeheuer viel Staub schlucken, und die Hitze war stark. Trotzdem hatte ich meine Arbeit gern und fühlte mich wohl als wertvolle Arbeitskollegin.

Wir Deutsche gelangten zu einer schönen Kameradschaft mit diesen Leuten. Dafür war ich sehr dankbar, und ich erlebte wieder einmal, wie Gott seine eigenen geheimnisvollen Wege geht. Diese Wochen verfielen in eine willkommene Routine, und ich konnte mich innerlich ein wenig entspannen.

Allmählich dachte ich wieder mehr darüber nach, was aus unserer Mutti geworden sein mochte. Bisher hatte es nur den nackten Selbsterhaltungstrieb und die Verantwortung für Gerd gegeben. Jetzt begannen sich wieder größere Perspektiven einzustellen. Wie mochte es unserer Mutter die ganze Zeit ergangen sein? Lebte sie noch? Mußten sie und die Verwandten in Woltersdorf auch ihre Heimat verlassen? Versuchten sie dann, in unsere Wohnung in

Berlin zu gelangen? Soviel ich wußte, hatte diese die Luftangriffe überstanden.

Ich konnte nicht übersehen, daß sie behindert war. Nach den Schlaganfällen hatte sie sich nur wenig erholt, die linke Seite blieb gelähmt. Konnte sie unter solchen Umständen überhaupt nach Berlin gelangen? Gerd wußte darauf auch keine Antworten. In seinen acht Lebensjahren hatte er wenig Mutterliebe erfahren können. Er war zu jung, um sich an Mutti viel zu erinnern, und er hatte zuviel Schreckliches erlebt.

Ein anderer Gedanke stellt sich mir immer wieder ein. Gerd und ich hatten offenbar keine Eigentumsrecht mehr, auch wenn wir es geerbt hätten. Wir hatten gar nichts mehr. Was würden die Polen mit uns machen, wenn die Russen einmal nicht mehr da waren? Eine unbeantwortete Frage nach der anderen. Dann aber geschah wieder etwas Wichtiges.

Meine Freundin Irmgard wurde aus dem Krankenhaus entlassen und kam nach Hause. Sie war völlig ausgeheilt und konnte sich wieder dem Leben stellen. Doch zu Hause erwartete sie nichts Gutes. Ihre kleine Schwester Margot war noch bei der Großmutter, und der ging es sehr schlecht. Die Großmutter war sehr gebrechlich und sehr krank. Mir will scheinen, der liebe Gott habe Irmgard genau zur rechten Zeit nach Hause geschickt. Kurz darauf starb die Großmutter.

Das Schlimmste für Irmgard war, was sie über ihre Stiefmutter Hedwig erfahren mußte. Diese hatte die beiden Mädchen nie besonders gut behandelt oder lieb gehabt, besonders nachdem der Vater eingezogen wurde und die Großmutter mit auf dem Bauernhof leben musste. Nun bestätigten sich Irmgards Befürchtungen: Hedwig hatte ihren Mann verraten und eine Beziehung mit dem polnischen Kriegsgefangenen eingegangen, der auf dem Hof arbeitete. Als die Rote Armee da war und die ganze Bevölkerung in Arbeitslager geschickt wurde, wurde Hedwig von ihrem Geliebten gerettet und vor der Tragöde, die die anderen heimsuchte, be-

wahrt. Jetzt verstand ich ihr Verhalten und den Grund dafür, daß ich sie in unserem Heimatdorf in der polnischen Kommandantur angetroffen hatte. Von ihrer kleinen Stieftochter Margot wollte sie nichts wissen. Natürlich nahm sich Irmgard ihrer an.
Irmgard arbeitete mit uns bei den Russen, sobald sie konnte. Wie gut, wieder miteinander reden und Hoffnungen und Befürchtungen teilen zu können. Wir schmiedeten wieder Pläne. Irmgard wußte, daß in Soldin schon einige Züge fuhren. Sie hatte dort nicht wenige Flüchtlinge gesehen, die nach Westen wollten.
Sollten wir eine neue Flucht wagen? Ich dachte immer mehr darüber nach, und wir sprachen insgeheim darüber. Wenn sie, ihre kleine Schwester und Gerd und ich die Russen überreden könnten, uns aus dem Dorf hinauszuhelfen, wenn sie abkommandiert würden, dann hätten wir vielleicht eine Chance?
Wir wußten überhaupt nicht, wie wir es anstellen könnten, nach Berlin zu gelangen, was mir am naheliegendsten erschien. Wir wußten auch nicht, wie sich unsere deutschen Kameradinnen verhalten würden. Würden sie Mut fassen und mitgehen wollen, oder würden sie uns zurückhalten wollen? Woche um Woche verging, und wir arbeiteten schwerer denn je. Die angekommenen polnischen Familien begannen sich einzurichten. Überraschenderweise brachten sie Vorräte mit und fingen an zu kochen und zu backen.
Die Polen haßten die Deutschen, und das beruhte auf Gegenseitigkeit. Nahrungsmittel gab es für uns natürlich von ihnen überhaupt nicht. Ich dankte Gott für unsere Freunde, die russischen Strafsoldaten.
Schon immer bedeuteten mir Blumen sehr viel. Auf unserem Heimweg kamen wir meistens an einem Garten vorbei, der dem Bauern Reschke gehört hatte. Da das Klima bei uns nie ganz trocken war, gab es einige überlebende Blumen. So hungrig wir auch meistens waren, wir konnten unsere Blicke auf Gottes Segnungen richten und auf die Zukunft hoffen.
Ab und zu konnte ich einen oder den anderen von den russischen

Soldaten dazu bewegen, an unserem Friedhof vorbeizugehen. Es war sehr wichtig für mich, Zwiesprache mit meinen Lieben dort zu halten. Wer weiß, wo unser Opa seine letzte Ruhestätte gefunden hatte, nachdem man ihn ermordet hatte?
Mein Hingehen gab mir immer wieder Mut und etwas Hoffnung. Irgendwie fühlte ich die Nähe meines Vaters und meiner Großmutter als Schutz. Gerd waren solche Gefühle fremd. Ihm ging es immer nur darum, seinen Hunger zu stillen. Mein Gott, was konnte man auch erwarten bei den Schicksalsschlägen, die er in seinem jungen Leben schon erfahren mußte?

Mit der Zeit erkannten wir, daß sich unser Arbeitseinsatz seinem Ende näherte, Die Russen sprachen davon, daß sie bald abkommandiert würden. Die Felder waren ja jetzt abgeerntet, warum hätten sie bleiben sollen?
Wir mußten dringend über unser weiteres Vorgehen entscheiden. Unter uns Deutschen fingen ernsthafte Diskussionen an. Doch es gab eigentlich gar nicht viel zu entscheiden, wir hatten ja keine Wahl. Die Gruppe beauftragte Irmgard und mich, mit den Russen zu verhandeln, ob wir mit ihnen aufbrechen könnten. Wir wußten alle ganz genau, daß die Polen uns nie und nimmer gehen lassen würden. Wieder zeigte sich Gott uns gütig. Die Russen versprachen, daß sie uns mitnehmen würden.
Natürlich waren wir sehr glücklich, aber auch immer noch besorgt. Würden wir wirklich unsere Wege nach unserer Entscheidung nehmen dürfen, oder würden wir doch noch in einem Arbeitslager landen? Nur die Zeit konnte unsere Fragen beantworten.
Der Tag des Aufbruchs kam viel schneller, als wir dachten. Eines Morgens sagte man uns, es gehe AUF DER STELLE los, wenn wir uns den Russen anschließen wollten. Wir rafften die Kinder unserer Gruppe und unsere ärmlichen Habseligkeiten zusammen und waren bereit.
Inzwischen hatten die Polen von der Sache Wind bekommen. Der

polnische Kommandant kam mit Soldaten und verlangte unsere Herausgabe. Die russischen Offiziere weigerten sich. Es gab ein immer heftigeres Hin und Her, und wir hatten große Angst. Nach einer halben Ewigkeit, wie uns schien, packten uns die Russen in ihre Mitte und fingen an, die polnischen Soldaten beiseitezudrängen. Man war sich bitterböse.

So begann unsere Flucht. Sie war aber noch nicht in trockenen Tüchern. Nur die russischen Offiziere waren bewaffnet, die Strafsoldaten nicht. Die Russen deckten uns nach allen Seiten ab. Mir schien, die Polen sahen endlich ein, daß diese kleine Gruppe deutscher Frauen und Kinder das Risiko einer bewaffneten Auseinandersetzung mit ihren sogenannten Verbündeten nicht wert sei. Jedenfalls kamen wir heraus. In meinem Herzen war wieder großer Dank zu dem gütigen Gott.

Nach etlichen Kilometern Marsch wurden wir fröhlicher und schöpften Hoffnung. Wir spürten, daß die Russen ihren wenn auch ganz bescheidenen Sieg über die Polen genossen. Alle gingen zu Fuß, nur die Offiziere ritten. Unser Ziel schien Soldin zu sein. Für die Kinder war der Marsch nicht leicht, gelegentlich mußte eins getragen werden. Unterwegs wurde halt gemacht und gerastet. Für uns Deutsche war es leider eine der letzten Mahlzeiten, die wir mit diesen Russen, unseren Rettern, teilten. Spät am Abend kamen wir in Soldin an. Am Bahnhof sagten uns die Russen, daß wir uns nun trennen mußten. Wir waren jetzt auf uns selbst gestellt. Es war ein trauriger Abschied. Diese Menschen hatten sich uns so menschlich gezeigt, ihr Essen mit uns geteilt und uns beschützt; sie hatten uns in ihrer Mitte willkommen geheißen, und unser aller Leben war verflochten. Jetzt mußten sie ihr nächstes Kommando antreten.

4. Kapitel
In die russische Zone

Unsere kleine Gruppe versuchte, am Bahnhof Unterkunft zu finden. Andere Deutsche hatten sich dort schon eingefunden. Wir erfuhren bald, daß einige schon wochenlang auf einen Zug warteten. Jeder hatte nur einen Gedanken: weg von hier, weg von den Polen, auf nach Westen. Viele der Leute im Bahnhof waren von den Polen aus ihren Wohnungen vertrieben worden. Einige waren sehr lange unterwegs gewesen um einer Chance willen, in den Westen zu gelangen.

Wir hörten, dass hin und wieder Züge fuhren. Es gab natürlich keinen Fahrplan, und wenn einmal ein Zug ankam, wußte man nie, wohin er weiterfahren würde. Der Bahnhof war kaum als solcher zu erkennen. Er war großenteils zerstört oder beschädigt. Gleise waren herausgerissen und weggebracht worden. Es gab viel Militär um uns herum, zumeist Russen, aber auch polnische Miliz.

Unser Grüppchen fand eine Ecke, die etwas gegen Wetter, Schmutz und Lärm abgeschirmt war. Ich beobachtete die Soldaten vorsichtig, ehe ich mir den Mut nahm, welche nach von hier abgehenden Zügen zu fragen. Gerd war mit mir, und wir baten auch um Essen. Manchmal bekamen wir etwas, öfter aber nichts. Jeder war auf sich selbst angewiesen.

Das Warten begann. Ich war froh, Irmgard und ihre kleine Schwester Margot bei mir zu haben. Wir vier blieben diese ganze Zeit beisammen. Ein paarmal versuchten Russen, uns zu trennen und in Ecken zu manövrieren, um wieder einmal eine kleine Vergewaltigung zu versuchen. Doch wir waren sehr vorsichtig und blieben beisammen, und die Soldaten wollten immerhin nichts erzwingen. Wir waren dankbar, daß Irmgards alte Großmutter sich nicht mehr all dem aussetzen mußte. Sie hatte wenigstens Frieden in ihrer Heimat gefunden.

In den nächsten Tagen fuhren ein paar Züge, aber keiner wollte uns mitnehmen. Sie fuhren aber auch in die falsche Richtung. Nach ungefähr einer Woche am Bahnhof wendete sich unser Schicksal. Ein langer Güterzug fuhr ein, und in der richtigen Richtung. Irmgard und ich begannen so schnell wie möglich die Lage zu erkunden. Sie schien zunächst aussichtslos, niemand wußte etwas oder wollte uns etwas sagen. Doch nach mehreren Versuchen hatten wir Glück. Einer der Soldaten auf dem Zug bekam Mitleid mit uns und deutete an, daß der Zug wohl nach Berlin fahren sollte.

Nun wir das wußten, mußten wir überlegen, wie in aller Welt wir vier auf den Zug gelangen könnten. Als Gruppe hatten wir kaum bessere Aussichten. Jedermann wollte irgendwo hin. Keiner war jemandem behilflich, zuvorkommend oder höflich, keiner wartete, bis er dran wäre. Jeder mußte sich auf seine Ellbogen und seinen raschen Geist verlassen, den anderen ausstechen und ein bißchen rascher irgendeine Chance ergreifen können.

Der Zug stand zwei Tage lang da. Währenddessen erkundete jeder von uns die Verhältnisse und Möglichkeiten. Es gab nur die Hoffnung. Wir hatten nur ganz wenig Essen, das wir wie unseren Augapfel hüteten; und wieder beteten wir.

Ich muß hier unsere Lebensbedingungen etwas schildern, damit deutlich wird, wie ungeheuer schwierig die Situation für uns wirklich war. Inzwischen waren wir alle gesundheitlich stark angeschlagen. Wir hatten monatelang sehr wenig zu essen gehabt und außerdem so gut wie kein Salz, Zucker, Eiweiß oder Fett. Wir hatten also nichts gehabt, was dem Körper Stärke oder Widerstandskraft verliehen hätte. Wir waren völlig erschöpft und geschwächt. Nur Entschlossenheit hielt uns in Gang.

Ich wußte in meinem Inneren, daß wir nicht mehr lange so weitermachen konnten. Wir mußten ständig aufpassen, nach Essen fahnden und in jedem Augenblick zum Aufbruch bereit sein. Das klingt nicht gerade nach etwas Großem; aber diese Bedingungen zehrten an allen seelischen und körperlichen Reserven.

Am dritten Tag nach der Ankunft des Güterzuges erkundete ich zwischen den Wagen und stieß auf ein paar russische Soldaten, die sich ein Frühstück machten. Sie brieten so etwas wie Pfannkuchen über einem Feuer in einer etwas größeren Konservendose. Sie sprachen darüber, daß der Zug noch diesen Morgen abfahren sollte. Wieder war ich dankbar, daß ich ihre Sprache verstehen konnte. Ich wußte jetzt, unsere Chance war da, und wir mußten sie ergreifen.

Ich machte auf verschüchtert und hungrig - eigentlich brauchte ich ja gar nichts vorzuspielen - und bat um etwas Essen für meinen kleinen Bruder. Die meisten Russen sind kinderlieb, wenn sie nicht zu Haß oder Zerstörungswut angestachelt sind. Ich bekam etwas für Gerd und auch etwas für mich. Nach ein paar Bissen kam ich gleich zur Sache und fragte sie, ob sie uns mitnehmen könnten. Sie waren überrascht und etwas ungehalten und wollten nichts davon wissen. Ich bat sie weiter und versuchte sie zu überzeugen, daß wir ihnen nicht zur Last fallen und selbst für uns sorgen würden. Die Antwort war ein unerbittliches NJET (Nein) - der Zug war nicht für uns da. Ganz niedergeschlagen kam ich zu Gerd, Irmgard und Margot zurück.

Die Wagen des Zuges wurden neu zusammengestellt. Einige blieben hier, andere kamen hinzu. Wir paßten immer noch genau auf. Bald stellten wir wie viele andere wartende Deutsche fest, daß ein offener Güterwagen gleich hinter der Lokomotive leer gemacht wurde. Wieder hörte ich eine Unterhaltung zwischen russischen Soldaten, die mit dem Zug fahren sollten. Anscheinend war der betreffende Wagen schadhaft und wurde entladen, weil er die Ladung nicht tragen konnte.

Ich wußte, daß ich es wieder versuchen mußte. Ich suchte nach dem Verantwortlichen, fand ihn schließlich und bat ihn, uns mitzunehmen. Ich muß ziemlich bemitleidenswert ausgesehen haben, doch dieser, wie ich glaubte, verantwortlicher Soldat war ungeduldig und in Eile und wollte sich auf nichts einlassen. Doch irgend etwas muß in seinem Kopfe vorgegangen sein. Er blickte wieder auf mich und dann auf die vielen Wartenden auf dem Bahnsteig. Plötzlich, wie ein Wunder, verkündete er laut, wir könnten in dem schadhaften offenen Güterwagen mitfahren, wenn wir uns beeilten und keine Fragen mehr stellten. Welche Wendung für uns! Die Menschen begannen wie wild auf den Zug zuzustürmen. Gerd, Irmgard und Margot hatten mich beobachtet und rannten, so schnell sie konnten, auf mich zu. Wir wollten in den offenen Wagen klettern, doch das war sehr schwierig; er war so hoch, und die Menschen stießen uns herum. Doch wir gelangten schließlich hinauf. Wir fanden sogar für uns eine kleine Ecke. Wir konnten etwas aufatmen!

Alle Deutschen auf dem Bahnhof fanden in dem offenen Wagon Platz. Es war sehr eng, aber wir waren jedenfalls im Zug. Mit Gottes Hilfe würden wir in die richtige Richtung fahren. Traurig blickte ich auf Soldin zurück. Ich wußte, daß nun ein Lebensabschnitt endgültig abgeschlossen war. Unser deutsches Sprichwort sagt:

Schau vorwärts, nie zurück,
neuer Mut bringt Lebensglück!

Ich dachte oft an diese Worte und fragte mich in meinem Innern, ob das vielleicht auch für uns gelten könnte.

Nachdem wir den Zug bestiegen hatten, verging eine Stunde nach der anderen, und wir standen immer noch auf dem Bahnhof. Endlich schien die Abfahrt bevorzustehen. Vor uns lief der Tender der Lokomotive, der nun auch abfahrbereit gemacht war. Schwarze Rauchwolken kamen aus der Lokomotive, wir fühlten uns wie in einer Räucherkammer. Und dann setzte sich der Zug in Bewegung!

Von der Zugreise selbst gibt es nicht viel zu erzählen. Die russische Begleitmannschaft war uns nicht gerade freundlich gesinnt, aber sie taten uns auch nichts. Wir durchlitten einfach die Tage. Wir sahen bald alle wie Schornsteinfeger aus. Der Zug fuhr ein paar Stunden, hielt dann, und wir wußten nie, wie lange. Ein großes Problem war, vom Zug herunterzukommen und einen Platz für die Notdurft zu finden. Man mußte immer fürchten, zurückzubleiben, wenn der Zug ohne Vorankündigung anfuhr.

Ich erinnere mich an einen angstvollen Moment, als wir nach Küstrin an der Oder kamen. Die Oder ist hier ein breiter Fluß, der Zug mußte hinüber, doch die Brücke war zerstört. Es gab eine sehr wacklige Behelfsbrücke, und der Zug schlich über sie hinweg. Es gab keine Seele in unserem Wagen, die nicht betete. Endlich waren wir drüben. Unser Zug brauchte von Soldin nach Berlin zwei Wochen. Unter normalen Umständen hätte die Reise etwa 8 Stunden gedauert.

An einem frühen Morgen (wie wir anschließend feststellten, war es Sonntag) gelangten wir endlich in die Außenbezirke von Berlin. Es war ein ziemlich klarer und kalter Tag. Unser Zug mußte an einem Signal auf freie Fahrt warten. Plötzlich schoß mir ohne erkennbaren Grund der Gedanke durch den Kopf: JETZT mußt du vom Zug runter. Ich konnte es mir nicht erklären, aber ich erlebte später noch mehrfach, daß mich so eine Gefühl oder eine Vorahnung überfiel.

Auf jeden Fall war es ein Glück, daß Gerd, Irmgard und Margot darauf eingestellt waren, sofort und ohne Fragen zu handeln. Sie folgten mir auf der Stelle. Wir waren schon so an Katastrophen gewöhnt, daß unser Selbsterhaltungstrieb sofort in Aktion trat.

Wir hatten Mühe, vom Zug herunterzukommen. Es gab hier viele Gleise. Das Glück wollte es, daß sich der Zug, kaum daß wir auf dem Boden waren und über die Gleise wegzulaufen begannen, in Bewegung setzte. Die russischen Soldaten, die uns jetzt bemerkt hatten, eröffneten das Feuer. Später erfuhren wir, daß wir, wären wir im Zug geblieben, auf jeden Fall in einem Flüchtlingslager oder Arbeitslager gelandet wären. Aber nun waren wir endlich in Berlin! Ich wollte unserem guten Schicksal nicht recht trauen.

Über die Gleise gelangten wir auf einen Bahnhof der S-Bahn. Zu dieser Berliner Stadtbahn gehörte auch das U- und das Hochbahnnetz. Uns klopfte noch das Herz, und wir waren nach dem Lauf über die vielen Gleise außer Atem. Als ich mich umsah, wollte ich noch immer nicht glauben, daß wir so weit gekommen waren. Berlin, meine Heimatstadt! Wie tat es doch gut, die „Berliner Luft" zu atmen!

Ich hatte nur den einen Gedanken, daß nun alle unsere Not vorüber sei. Wir würden in unsere Wohnung zurückkehren und hoffentlich Mutti und die Verwandten dort antreffen. Endlich, endlich würde ich die Verantwortung, die ich trug, teilen können!

Ich sah mich um und sah auch hier viel Zerstörung, doch viele Menschen in den Straßen verhielten sich fast normal. Sie waren gar nicht so schlecht angezogen, und einige Frauen trugen sogar billiges Make-up. Das war ein bißchen viel für uns. Das gab uns ein Gefühl der Verachtung. Wir waren so verhungert und hatten nicht einmal das Mindeste an persönlicher Hygiene aufrechterhalten können. Im wesentlichen hatten wir Lumpen an. Wir waren in der Hölle gewesen und kämpften uns zurück. Und nun mussten wir erfahren, wie schnell sich die Leute den neuen Verhältnissen angepaßt hatten.

Auf dem S-Bahnhof stiegen wir in den nächsten Zug zum Zentrum. Nach einigem Kreuz und Quer schafften wir es bis zur nächstgelegenen Haltestelle (Warschauer Brücke) in unserer Gegend. Unsere Wohnung lag noch ein Stück weg, aber wir waren alle vier hochgemut. Wir kamen über eine lange Überführung und den Rudolfplatz in unser Viertel. In der Entfernung erblickte ich die Schulgebäude, in denen wir gewesen waren, unsere Kirche an der Ecke und ein kleines Osram-Umspannwerk. Mit diesen schönen, vertrauten Dingen vor Augen bogen wir in unsere Straße, die Caprivistraße ein. Ich glaube, ich kann heute noch nicht den Schrecken richtig beschreiben, der uns beim nächsten Anblick packte. Auf der einen Straßenseite standen noch einige Häuser. Doch auf der anderen, wo wir unsere Wohnung gehabt hatten, war alles, aber auch alles zerstört. Kein Stein mehr auf dem anderen. Die ganzen Häuser, Wohnungen, kleinen Läden - alles weg. Nichts als Trümmer.

Vergeblich suchte ich nach einem Lebenszeichen. Ich fand ein paar Hausnummern, die auf Ziegelsteine geschrieben waren, und ein paar Namen und Anschriften. Aber nichts von unserer Familie.

Wir saßen alle vier auf dem Randstein und starrten völlig entgeistert hinüber. Bis jetzt hatte ich immer gehofft und Gerd, Irmgard und Margot auf die eine oder andere Weise immer wieder etwas Mut machen können. Ich war immer diejenige, die fest entschlossen war, einen Ausweg zu finden und nicht aufzugeben; die nie bereit war, die Waffen zu strecken; auf die die anderen gebaut hatten - wie ausweglos auch alles erschien -, daß eine Möglichkeit gefunden würde. Jetzt war alles total zusammen gebrochen.

Zum ersten Mal hatte ich keine Hoffnung, keinen Mut mehr. Wir wußten nicht, wo wir bleiben sollten. Wir hatten keine Papiere für Berlin. Wir waren hundemüde und konnten nicht einmal eine Nacht auf dem Gehsteig bleiben, wegen der Ausgangssperre. Was tun?

Auf einmal spürte ich eine kleine Hand in der meinen. Gerd sah zu mir herauf und sagte: „DU mußt einen Weg finden, Gisela. Denk daran, Opa will es so, wir brauchen dich." Dieser kleine Kerl rückte die Dinge wieder einigermaßen zurecht. Ich dachte an die Worte, die vor so langer Zeit erst mein Vater und später mein Großvater zu mir gesagt hatte. „Gib nie die Hoffnung auf. Sei immer mutig. Und vor allem, vertraue immer auf Gott!" Wo war nun mein Vertrauen?

Schön, wir waren einen so weiten Weg gegangen, und wir würden weitergehen! Als erstes sprachen wir Leute an. Die wenigen, die sich überhaupt auf uns einließen, wußten keine Antwort oder wollten sie uns nicht geben. Ich sah, wie stark die Menschen immer noch von Angst und Mißtrauen beherrscht waren. Dann versuchte ich, mich an frühere Freunde und Verwandte unserer Eltern zu erinnern. Schließlich fiel mir eine Familie ein, die mit meiner Mutter entfernt verwandt war. Sie hatten einen Milch- und Bäckerladen gehabt Vielleicht konnten wir sie finden. Wir machten uns wieder auf den Weg. Es gab dorthin keine Bus- oder Bahnverbindung. Wir liefen durch viel Hin und Her etwa eine Stunde. Als wir ankamen, lebten dort Fremde. Keine Spur von denen, die ich gekannt hatte. Das Geschäft war jetzt eine Bäckerei, und der Geruch nach frischem Brot war unglaublich. Wir baten um ein bißchen Brot, doch das wurde uns verweigert. Man erklärte uns streng, das Brot würde ausschließlich für amerikanische Soldaten gebacken, wir könnten auf keinen Fall welches bekommen. Bis jetzt hatten wir nicht einmal gewußt, daß nicht nur russische Soldaten in der Stadt waren. Schweren Herzens verließen wir das Geschäft.

Jetzt erinnerte sich Irmgard an eine entfernte Verwandte ihrer Mutter, die in einem anderen Stadtteil gewohnt hatten. Wir machten uns auf den Weg. Diesmal konnten wir mit der S-Bahn fahren. Es war jetzt Spätnachmittag, und wir beteten darum, vor den Ausgangssperre eine Unterkunft zu finden. Nach einigem Suchen kreuz und quer fanden wir das Haus. Die Familie wohnte laut Telefonbuch noch hier. Wir mußten vier Treppen hoch. Nach vielem Klingeln machte immer noch niemand auf. Niedergeschlagen gingen wir wieder hinunter und blieben auf der letzten Treppenstufe sitzen. Wir wußten jetzt wirklich nicht mehr, was wir machen sollten.

Draußen wurde es dunkel, und auf der Straße wollten wir uns während der Ausgangssperre nicht erwischen lassen. Da ging die Haustür auf, und eine ältere Frau kam herein. Zuerst war sie sehr erschrocken, doch als sich Irmgard zu erkennen gab, hieß sie uns willkommen. Es war die gesuchte Verwandte! Sie hatte gerade ihren Mann im Krankenhaus besucht. Wir folgten ihr nach oben, und sie bat uns herein. Lieber Gott, Dank sei dir! Wieder einmal waren wir untergekommen, jedenfalls für den Augenblick.

Diese Frau, die wir „Tante Emma“ nennen sollten, war großartig.

Als erstes wärmte sie etwas Suppe auf, die sie für den nächsten Tag aufgehoben hatte, und wir bekamen alle endlich etwas Warmes in den Magen. Dann konnten wir uns sauber machen. Wir müssen ziemlich merkwürdig ausgesehen haben mit unserem verrußten Aussehen. Erst danach war Tante Emma bereit, unsere Geschichte anzuhören.

Die Wohnung war beschädigt. Die Decke hatte ein paar große Löcher, durch die man den Himmel sehen konnte, mit Gefäßen darunter für Regenwasser. Doch wir fühlten uns wie in Abrahams Schoß und im Paradies. Nach langem Gespräch richteten wir uns für die Nacht ein. Tante Emma legte ein paar Decken auf den Boden, Margot konnte bei ihr schlafen. Und sie wollte uns aufnehmen, bis wir etwas gefunden hätten! Wieder hatte uns Gott in unserer größten Not seine Hilfe geschickt. Lieber Gott, segne diese Frau für alles, was sie für uns getan hat!

Die nächsten Tage waren damit ausgefüllt, daß wir uns um Aufenthaltsgenehmigungen für Berlin bemühten. Das war nicht einfach, weil wir überhaupt keine Papiere hatten. Unsere Wohnung existierte nicht mehr, und ich kannte keine lebende Seele in Berlin, die für Gerd und mich bürgen konnte - und daß ich noch irgendwelche Verwandte finden würde, war ganz unwahrscheinlich. (Mit der Zeit erfuhr ich, daß unsere Wohnung noch bis in die letzten Kriegswochen gestanden hatte. Bei den Kämpfen um Berlin waren die Häuser auf unserer Straßenseite von den Deutschen verteidigt und von den Russen zusammengeschossen worden.)

Irmgard und Margot hatten es etwas leichter, weil sie mit Tante Emma verwandt waren, die Berliner Bürgerin war. Gerd konnte bei ihr bleiben, während ich von Pontius zu Pilatus lief, um für ihn und mich eine Aufenthaltsgenehmigung zu bekommen. Wir brauchten auch dringend Lebensmittelkarten. Ich weiß nicht, wie oft ich bei stundenlangem Schlangestehen vor Hunger und Erschöpfung zusammenklappte.

Die vielen, vielen Menschen in der Schlange hatten alle ganz ähnliche Probleme wie ich. Es war eine furchtbar anstrengende und frustrierende Zeit. Es gab zwar Notprogramme, doch in einem Polizeistaat gab es eben Vorschriften, um die man nicht herumkam. Man durfte nicht in der Stadt leben, weil man einfach da war; man brauchte dazu eine amtliche Genehmigung und amtliche Dokumente. Die Stadtverwaltung war den Russen untergeordnet.

Daß Deutschland eine Diktatur gewesen war, erwies sich für uns nun aber doch als Segen, weil jedermann registriert worden war. Trotz aller Zerstörungen in Berlin gab es noch viele Akten, die jetzt die Russen in der Hand hatten. Und so unwahrscheinlich es vielleicht klingt, Gerd und ich konnten uns auf diese Weise als Berliner ausweisen und das Wohnrecht erhalten. Wir gehörten also wieder dazu! Als wir endlich unsere ersten Lebensmittelkarten bekamen, fühlten wir uns wie Millionäre.

Für den Augenblick war es eine große Erleichterung, daß wir alle etwas mehr zu essen hatten. Was Tante Emma mit uns teilen konnte, war ja herzlich wenig gewesen. Sie bestand weiter darauf, daß wir bei ihr blieben. Sie war wie vom Himmel gesandt und unser Schutzengel.

Nachdem wir nun Lebensmittelkarten hatten, konnte ich daran gehen, nach unserer Mutter zu suchen und für Gerd und mich eine Dauerunterkunft zu finden. Leicht gesagt! Da saßen wir nun in der Riesenstadt Berlin, es gehörte uns gar nichts, wir hatten keine Ahnung, wie wir Mutti finden könnten, und wie in aller Welt sollte man Arbeit finden?

Ein großes Problem war für uns immer noch - was sich nicht leicht vermeiden ließ -, von den Russen aufgegriffen und vielleicht doch noch in ein russisches Arbeitslager geschickt zu werden. Die Unterkunft bei Tante Emma war ja nur eine Notlösung. Sie hatte selbst mit Irmgard und Margot und ihrem schwerkranken Mann im Krankenhaus mehr als genug Probleme. Gerd und ich mußten sehr bald etwas ändern!

Ein Problem war auch unsere schlechte körperliche Verfassung. Nach der langen Hungerzeit streikte unser Magen ständig. Aber ich stellte mich täglich meinen Pflichten und versuchte, das unmöglich Scheinende möglich zu machen.
Beim Roten Kreuz gab ich eine Suchmeldung nach unserer Mutter auf. Ich versuchte auch, in der Nähe unserer ehemaligen Wohnung von irgend jemandem etwas über sie zu erfahren. Ich ging zu jedem Amt, jeder Organisation, die mir nur einfiel, doch nie ergab sich etwas. Einfach nichts.
Alles schien ziemlich hoffnungslos. Gerd war die meiste Zeit bei Tante Emma und den Mädchen. Er war sehr schwach und schien seinen bisherigen unerschöpflichen Mut verloren zu haben. Damals schien mir, als hätte uns die vergangene Notzeit mit ihren Verlusten, schrecklichen Situationen, Gefahren und Leiden, die wir alle überstanden hatten, doch noch eingeholt.
Bisher hatte ich meistens irgendeine Hoffnung gehegt und für scheinbar unlösbare Probleme Lösung zustande gebracht. Doch jetzt kam mir der Mut mehr und mehr abhanden. Wieder richtete ich meine Gedanken auf den gütigen Gott und bat um weitere Hilfe und Leitung. Ich war so entmutigt, daß ich nicht wußte, wie ich die Zukunft bewältigen sollte. Aber ich mußte doch!
Ganz langsam schien dann vor mir eine Antwort aufzutauchen. Gott würde mir wiederum beistehen. Ich mußte nur meine Probleme und meine Verzweiflung in Seine Hände legen. Er würde mir einen Weg zeigen.
Mein Geist und mein Herz brauchten einige Zeit, um sich über meinen Gottesglauben wirklich klar zu werden. Wie schon erwähnt, hatte das Hitlerregime jede religiöse Diskussion und jedes Bekenntnis verboten. So blieben allfällige religiöse Inhalte oder Gebete, die Eltern ihren Kindern vermittelten, etwas ganz Persönliches, das nicht an die Öffentlichkeit dringen durfte. Erst als ich die ganze Not der letzten Jahre erfahren und überstanden hatte, konnte ich einen starken Glauben und ein Gottvertrauen in mir

erkennen, annehmen und festhalten. Und dieser Glaube würde mir nun auch wieder Mut geben.

Und dann geschah das Unglaubliche! Eines Tages fuhr ich mit der Straßenbahn zu Tante Emma, nachdem ich in den Außenbezirken auf einem abgeernteten Acker noch ein paar Kartoffeln zusammengestoppelt hatte.

Ich fand einen Sitzplatz und freute mich, daß ich mich ausruhen konnte. Nach einiger Zeit bemerkte ich, daß eine Frau mich mit einem merkwürdigem und ungewissen Ausdruck anstarrte. Plötzlich fragte sie mich, ob ich am Ende nicht die Tochter von Martha Bruckhoff sei. Ich war völlig überrascht und sagte, das sei der Mädchenname meiner Mutter. Es stellte sich heraus, daß meine Mutter auf der Suche nach Gerd und mir an entfernte Verwandte geschrieben hatte, die ich nicht kannte, darunter die Frau, der in der Straßenbahn eine Ähnlichkeit mit meiner Mutter aufgefallen war.

So sind Gottes geheimnisvolle Wege! Eine Fremde in dieser Millionenstadt gab mir den Schlüssel in die Zukunft. Ich erfuhr von ihr, daß unsere Mutter vor der Besetzung durch die Russen mit den Verwandten nach Alt-Negentin in Vorpommern nahe der Ostsee evakuiert worden war. Mehr wußte sie nicht.

Unsere Mutter lebte also! Neue Hoffnung keimte in mir auf, und ich konnte es kaum erwarten, die Neuigkeit nach Hause zu bringen. Der Ort mußte gefunden werden. Wir hatten keine Karte und wußten über ihn nichts. Wohin in aller Welt sollten wir uns aufmachen?

Schließlich erfuhr ich, daß vom Stettiner Bahnhof Züge nach Norden fuhren. Natürlich gab es keinen Fahrplan, die Situation war abschreckend und völlig ungewiß. Doch wir mußten es versuchen. Ich machte also Gerd fertig und packte unsere geringen Habseligkeiten und Lebensmittel zusammen. Dann hieß es Lebewohl sagen.

Der Abschied von Irmgard, Margot und Tante Emma stimmte

uns traurig. Wir hatten harte und gefährliche Zeiten miteinander durchgemacht, die uns unverbrüchlich zusammen geschmiedet hatten. Würden wir uns überhaupt jemals wiedersehen?
Unter vielen Segenswünschen machten sich Gerd und ich auf den Weg zum Bahnhof. Dort warteten Tausende. Jeder wollte von Berlin weg. Wir schafften es auf einen Bahnsteig und konnten dort nur den Himmel und eine dichtgedrängte Menschenmange sehen. Wir brauchten alle Kraft, um auf den Füßen zu bleiben. Es gab keine Ordnung, keine Disziplin. Ich dachte, auf dem Bahnhof von Soldin hätten wir schon eine Menschenmasse gesehen, doch das hier stellte alles in den Schatten.
Wir fanden schließlich in einem Winkel etwas Rückendeckung vor dem Gedränge. In der Menge erkannten wir die Flüchtlinge oder Vertriebenen aus dem Osten, zu denen wir bis vor kurzer Zeit noch gehört hatten. Es wurde Abend und bitterkalt. Der Bahnhof war stark beschädigt. Der Winter stand vor der Tür, und wir hatten keine geeignete Kleidung. Irgendwie überstanden wir die Nacht.
Am neuen Tag verging Stunde um Stunde, bis endlich ein Zug eingesetzt wurde. Als er gehalten hatte, ging sofort die Hölle los. Der Zug wurde gestürmt. Ehe wir‘s uns versahen, war er innen und außen gesteckt voll. Der Zug hatte kein heiles Fenster und keine Türen. Die Menschen standen auf den Puffern und kletterten sogar auf die Wagendächer. Jeder mögliche oder unmögliche Platz war sofort besetzt. Gerd und ich hatten wie viele andere keine Chance mehr. Wir waren froh, daß wir nicht zertrampelt waren.
Da saßen wir nun, hilflos und mutlos, auf einer Kiste, als eine Gruppe russischer Soldaten mit schußbereiten Maschinenpistolen suchend den Zug entlang ging. Der Wagen direkt neben uns schien es ihnen angetan zu haben: alle Deutschen wurden hinausbefohlen. So allmächtig waren die Russen überall und jederzeit. Die Soldaten stiegen ein und hatten reichlich Platz. Die Deutschen mußten raus und draußen weiter warten genau wie wir. Dann plötzlich stiegen

zwei von den Soldaten aus und kamen auf uns zu. Sie schätzten uns ab und fragten dann, ob wir mit dem Zug mitfahren wollten. Ich bejahte erschrocken und sagte, wir seien auf der Suche nach unserer Mutter. Pascholl, pascholl (geh, geh,) gaben sie uns zu verstehen, wir sollen mitkommen. Ich überlegte kurz, was wir wohl sonst für eine Chance hätten: keine.
Wieder diese grosse Ungewissheit - was wird, wenn wir mitfahren? Würde ich etwa wieder vergewaltigt werden? Wohin würden wir kommen? Doch wir mussten es wagen.
Im Zug mußte einer (ein Unterleutnant, wie ich an seinen Rangabzeichen erkannte) meine Angst gespürt haben. Er versuchte es mit ein paar deutschen Worten und freute sich dann sehr, als ich ihm sagte, daß ich seine Sprache verstehe. Er meinte, wir sollten uns keine Sorgen machen. Seine Leute würden uns nichts tun, sie hätten einfach Mitleid mit uns Kindern gehabt. Wir wurden in eine Ecke gewiesen, und ein Soldat hängte über uns seinen schweren Mantel auf, so daß wir uns verkriechen konnten und nicht erfroren. Dann begannen die Soldaten Karten zu spielen.
Nach langer Zeit, wie uns schien, setzte sich er Zug in Bewegung. Wieder einmal fuhren Gerd und ich ins Ungewisse. Nur Gott wußte, was kommen würde. Das Gerede und Gelächter der Soldaten drüben war vertrauenerweckend und einschläfernd, wir nickten ein und schliefen während der Nacht immer mal wieder. Ein längerer Halt irgendwo, dann ging es weiter. Einmal in der Nacht aßen die Russen etwas. Als sie sahen, daß wir wach waren, gaben sie uns etwas Brot und Speck. Wir waren sehr dankbar. Ich bin davon überzeugt, daß Gerd und ich ohne den Mantel erfroren wären, in dem Wagen ohne Fenster und Türen zog es fürchterlich. Wir waren den Russen so dankbar.
Es wurde Tag und wieder Nacht. Der Zug fuhr sehr langsam. Am nächsten Tag hielt er plötzlich. Alle raus, hieß es. Die Lokomotive war kaputt. Zum Glück kam nach ein paar Stunden eine andere, und es ging weiter. So kamen wir an einem kalten und windigen

Wintermorgen in Greifswald in Vorpommern an, dem Bestimmungsort des Zuges.

Jetzt erkundigten wir uns also nach Alt-Negentin. Die Einheimischen zeigten sich recht verschlossen. Schließlich war jemand bereit, uns zu sagen, etwa 20 Kilometer nördlich gebe es ein Neu- und ein Alt-Negentin. Man könne nur zu Fuß dorthin kommen, die Russen hätten die Bahngleise abgebaut und nach Rußland geschickt. Ob das wirklich der richtige Ort war, wußten wir natürlich nicht. Wir konnten aber nicht mehr erfahren, und so mußten wir uns eben auf den Weg machen.

Es ging lange durch Greifswald, und im Stillen fragte ich mich, ob wir die vielen Kilometer noch schaffen würden. Dann kamen wir an einer großen Kaserne mit russischen Soldaten vorbei, und wieder hatten wir ein mulmiges Gefühl, bis wir vorbei waren. Mehrere Militärfahrzeuge hielten und fragten, ob wir mitfahren wollten, aber das erschien mir als zu gefährlich, solange wir noch eine Wahl hatten. Die Straße war noch in gutem Zustand, und wir marschierten und marschierten und marschierten. Nach einer halben Ewigkeit kamen wir in ein Wäldchen. Dort rasteten wir und aßen unser letztes Proviant.

Als es weitergehen sollte, streckte mein kleiner Bruder alle viere von sich. Er konnte einfach nicht mehr, so sehr er es versuchte. Rundum gab es nichts und niemanden, nur weite Felder und Bäume und die Strom- und Telegrafenmasten entlang der Straße. Wir mußten einfach weiter. Was konnte ich tun? Ich nahm meinen Bruder auf den Rücken. Jetzt ging es langsamer, aber doch vorwärts. Mir ist heute noch rätselhaft, wie ich dazu die Kraft aufbringen konnte

Ich betete und wünschte, irgendein Fahrzeug käme vorbei, aber es kam keines. Wir mußten häufig innehalten. Dann plötzlich vor uns ein Wegweiser: nach Neu-Negentin. Vom Dorf sahen wir nichts. Also weiter - und dann der nächste Wegweiser: nach Alt-Negentin 2 km.

Irgendwie schafften wir diese letzten 2 Km auch noch und kamen in ein winziges Dorf. Ich fragte eine Frau auf der Straße nach meiner Mutter und den Verwandten. Wir hatten Glück: die Frau zeigte uns das Haus. Wir waren im richtigen Ort! Es gab hier drei größere Häuser, alle mit mehreren Wohnungen. Vor der letzten Tür im dritten Haus brach ich zusammen und wurde ohnmächtig. Total erschöpft.

Das nächste, woran ich mich erinnere, war, daß sich Gerd und ich in einem Haus befanden und es um uns herum viel Gerede und Getue gab. Unsere Mutti war da, unsere Tante Elise, unsere Cousine Dorchen und ein paar andere. Jeder wollte uns etwas fragen oder sagen. Wir hatten endlich unsere Mutter gefunden, und es war uns fast, als wären wir heimgekommen. Nach einer Verschnaufpause konnten wir selber reden und fragen. Ich dachte, eine völlig unglaubliche Reise ist ans Ziel gekommen. Wir haben es geschafft! Gerd und ich hatten Glück, daß sie jetzt zu Ende war. Wir waren am absoluten Ende unserer Kräfte und hätten nicht mehr lange überleben können.

Ein paar Wochen lang waren wir beide sehr krank: eine Hautkrankheit, und wir konnten kein Essen bei uns behalten. Wie ich später herausfand, hatten wir eine Art Typhus. Es gab keinen Arzt, aber eine alte Frau im Dorf kannte sich mit Heilkräutern und Naturheilkunde aus. Sie brachte uns wieder auf die Beine mit Kohle und einigen Heilkräutern. Das ganze Haus stand wochenlang unter Quarantäne. Schließlich waren wir einigermaßen wiederhergestellt.

Mein Onkel, Dorchens Vater, war äußerst ungehalten darüber, daß wir gekommen waren und die Krankheit mitgebracht hatten. Doch er war noch nie ein umgänglicher Mensch gewesen. Unsere Mutti aber war überglücklich und dankte Gott, daß wir lebten und sie gefunden hatten. Glücklicherweise wurde niemand sonst im Hause krank.

Dann konnten wir wieder essen; und unsere Verwandten hatten zu essen. Mein Onkel arbeitete als gelernter Metzger für die Russen und konnte der Familie etwas mitbringen. Im Augenblick konnten Gerd und ich aufatmen.

Leider war unsere Mutter völlig auf ihre Verwandten angewiesen, und so waren wir in keiner guten Lage. Unsere Verwandten waren sicherlich froh, daß wir noch lebten, aber Gerd und ich bildeten für sie eine zusätzliche Belastung. Sie waren mit der Situation nicht ganz glücklich, und es gab auch sehr wenig Platz.

Wieder mußte ich, hier in der Familie, einiges über die menschliche Natur lernen. Solange alles gut läuft und es keine Not gibt, ist ein Verwandter auf Besuch willkommen. Doch in schlechten Zeiten denkt jeder zuerst an sich und ist sich selbst der Nächste. Es tut sehr weh, das alles zu erfahren und zu verkraften.

Sobald ich kräftig genug war, begann ich zu arbeiten. Meine Tante Elise arbeitete für die Russen in deren Kantine. Sie vermittelte mich dorthin. Ich sollte mit ein paar anderen Frauen im Keller des Gutshauses arbeiten. Wir mußten stundenlang Kartoffeln schälen. In dem kleinen Dorf lebten zahlreiche Russen, für die gekocht werden mußte. Kartoffelschäler waren natürlich unbekannt, man mußte ein Küchenmesser nehmen. In dem Keller war es sehr kalt, und es war Winter, der in dieser Gegend Deutschlands besonders hart ist. Es war schwierig, die Kartoffeln auch nur zu waschen, das Wasser gefror fast. Doch irgendwie kam ich zurecht.

Nun versuchten wir - Mutti, Gerd und ich -, eine Wohnberechtigung zu bekommen. Nach einiger Zeit wies uns der russische Kommandant in eine Wohnung ein. Es war eine kleine Dachstube, zu der eine steile Treppe hinaufführte. Für unsere Mutter war das sehr schwierig, da sie ja so gehbehindert war.

Für uns wurde ein kleiner Lehmofen gebaut, und wir bekamen zwei Einzelbetten. Das eine war etwas breiter, so daß Gerd bei Mutti schlafen konnte. Meines war sehr schmal, eher eine Bank. Wir konnten Stroh verwenden und bekamen ein paar Decken. Das war unser Zuhause.

Ehe wir ein Feuer im Ofen hatten, gab es immer viel Rauch. Wir hatten nur eine Dachluke, durch die der Rauch abziehen konnte, doch wichtig war, dass wir zusammen waren, und irgendwie kamen wir zurecht.

Natürlich war es für uns sehr viel schwieriger als für Onkel Emil und seine Familie, Essen zu beschaffen. Die Menschen, die hier im Dorf lebten, hatten keine ganz so schrecklichen Zeiten durchgemacht wie wir, nicht so viel Not, Todesangst und Qualen. Zur Zeit der russischen Besetzung hatten sich die Verhältnisse hier schon etwas stabilisiert. Einige Dorfbewohner waren Landarbeiter auf dem Gut gewesen. Andere wurden von den deutschen Behörden eingewiesen. Natürlich gab es auch ein paar Flüchtlinge wie uns.

Dann bekam ich eine andere Arbeit. Wir mussten Dünger auf den Feldern ausbreiten. Die Russen fuhren in langen Loren den Dung hinaus, und wir mussten ihn dann streuen. Eigentlich keine schlechte Arbeit. Wir arbeiteten dauernd und konnten uns einigermaßen warm halten. Nur meine Füße froren sehr. Ich hatte nur handgemachte Holzpantinen und keine Socken oder Strümpfe.

Die Arbeit mit den Kolleginnen ging gut. Einige mochte ich mehr als andere, aber es gab eine angenehme Kameradschaft. Durch die Arbeit kamen wir zu ein paar Lebensmitteln.

Der Tageslauf war geregelt. Mutti kochte und machte sauber. Gerd sah sich in der Umgebung um und wandte wieder seine eigenen Methoden der Lebensmittelbeschaffung an. Ich arbeitete für den Lebensunterhalt der Familie.

Mutti war nicht unglücklich, vermißte aber ihre Verwandten. Sie war nach der langen Krankheit und Abhängigkeit nicht so recht gewohnt, auf eigenen Füßen zu stehen. Sehr lange hatte sie keinerlei Verantwortung für sich oder andere getragen, sie konnte sich nicht ohne weiteres auf die jetzigen Verhältnisse und die neue Familiensituation einstellen. Sie konnte sich auch nicht recht darein finden, daß Gerd und ich, so jung wir waren, wirklich keine Kinder mehr waren. Wir hatten so viel durchlitten, durchgemacht und bewältigt, und wir würden jederzeit versuchen, uns auf jede Weise durchzukämpfen. Wegen dieser so grundverschiedenen jahrelangen Erfahrungen fiel es unserer Mutter schwer, unsere Empfindungen zu verstehen. Ich glaube, sie hatte immer fast ein wenig Angst vor - und um uns.

Gerd und ich fragten uns, wie wir mit alledem fertig werden könnten. Mutti hätte dem Haushalt vorstehen sollen, aber das konnte sie einfach nicht. Wir konnten ihr nur immer wieder unsere Liebe versichern, und daß wir sie brauchten. Ich erkannte hier und da, daß unsere Mutter sich die Prüfungen, die Gerd und ich durchgemacht hatten, einfach nicht vorstellen konnte. So traurig ihre Behinderung war, sie hatte nicht wie wir unmittelbare Lebensgefahr und physische Qualen erlebt. Gott sei gedankt dafür!

Es wurde Weihnachten mit viel Schnee und Kälte. Wir saßen in unserer kleinen Stube und sprachen über die Vergangenheit. Tante Elise hatte uns etwas zu essen gebracht, was sie hin und wieder ohne Wissen unseres Onkels tat - er hätte es nie erlaubt. Er hatte immer Angst, selbst nicht genug zu essen zu haben. Unser kleiner Ofen tat, was er konnte, aber auf den Wänden glitzerte immer noch Eis. Welcher Unterschied zu Weihnachten vor einem Jahr! Doch das wichtigste war, daß wir lebten und beieinander waren. Mit der Zeit würde das Leben wieder erträglicher werden; wir würden wieder mehr zu essen und warme Kleider haben.

Was alles hatte uns dieses Jahr doch gebracht...

Nach den Feiertagen wollte ich mich in der Greifswalder Klinik auf Tuberkulose und andere Krankheiten untersuchen lassen. Meine Cousine Dorchen wollte mitkommen. Ich war ihr für das Angebot sehr dankbar. Zur Stadt war man lange und ziemlich einsam unterwegs, es gab die vielen Russen, und die Wetterverhältnisse waren nicht gerade einladend.

Auf einem der allwöchentlichen Märsche nach Greifswald gerieten wir in einen Schneesturm. Ich weiß bis heute nicht, wie wir davon-

gekommen sind. Die Strom- und Telefonmasten neben der Straße waren unsere Orientierung. Große Verwehungen gab es in kurzer Zeit. Die Masten waren nun so hoch wie niedrige Zaunpfähle. Ein Panjewagen mit ein paar russischen Soldaten kam vorbei, und wir nahmen dankbar ihre Hilfe an und fuhren ein Stück mit.
Ich möchte hier anmerken, daß vom Norden die Stürme aus der Arktis über Skandinavien und die Ostsee kamen. Und aus dem Osten kamen die unerbittlichen Stürme aus Rußland und Sibirien. Der Winter war in dieser Gegend sehr, sehr kalt. Oft holten uns die Russen zum Schneeschaufeln auf dem einzigen Zufahrtweg zum Dorf.
Dorchen und ich waren überglücklich, als die Kliniktests ein negatives Ergebnis hatten und wir nicht mehr jede Woche nach Greifswald mussten.
Im Januar, Februar und März des neuen Jahres (1946) führte der russische Kommandant neue Vorschriften für die Deutschen ein. Zunächst wurde ein Mann, der wie mehrere andere im Dorf mit seiner Familie aus Rußland gekommen war, zum Bürgermeister ernannt. Die Russen wollten einen Ansprechpartner haben, und dieser sprach fließend Russisch und Deutsch. Auf einer Versammlung, an der alle teilnehmen mußten, wurden alle zu „Siedlern“ erklärt, also zu Mitgliedern einer Kolchose. Damit erhielt jede Familie 20 Morgen Land. Man würde uns sagen, was angebaut werden soll. Drei Familien sollten sich in ein Pferd, eine Kuh und/oder Landmaschinen teilen. Die Russen würden alles regeln, uns unsere Anteile zuweisen und die zu erfüllenden Normen mitteilen. Unser Dorf sollte eine landwirtschaftliche Produktionsgenossenschaft, eine Kolchose werden. Damals gehörte schon etwas Vieh dazu und Ställe des ehemaligen Gutes. Nun sollten wir also wieder Tiere füttern, Kühe melken und ein neues Jahr mit Feldarbeit beginnen. Diese ganze verrückte Idee erweckte in mir sehr gemischte Gefühle. „Siedler“ mit einem Mann in der Familie würden die schwere Landarbeit bewältigen können, aber in unserer Familie war ich die

einzige, die dafür in Frage kam. Ich hatte zwar schon viel gelernt und viel Landarbeit verrichtet, aber ich wußte nicht, wie man mit einem Pferd pflügt, wie man sät oder den Boden bearbeitet. Ich war verängstigt und voller Zweifel.

Einmal ging ich über das Feld, das uns gehören sollte, und sah nur einen breiten schwarzen Streifen Land ohne Anfang und Ende. Wie in aller Welt sollte ich wissen, wo das unsere anfing und endete? Plötzlich stand eine anscheinend unlösbare Aufgabe vor mir. Ich richtete meine Gedanken wie schon so oft auf Gott und betete um Leitung und Hilfe.

Ich erinnere mich sehr deutlich an eine Begebenheit. Wir mussten einen Sack mit Saatgetreide vom Gutshof, wo er gewogen wurde, zur Zwischenlagerung in ein anderes Gebäude transportieren. Die Säcke wogen je einen Zentner (also 100 Pfund). Es regnete stark, und der mit Kopfstein gepflasterte Hof war glitschig und unsicher. Ich bat meinen Onkel, mir doch bitte den Sack tragen zu helfen. Er lehnte ab. Seine Antwort war: Mach das selber - bist du Gottes Sohn, so hilf dir selber! So war also der Schwager meiner Mutter, dem sie vertrauen wollte. Ich habe ihn nie wieder um Hilfe gebeten.

Ein anderer Mann half mir, den Sack auf die Schultern zu nehmen, und ich trug ihn über den Hof zum Lagergebäude. Erstaunlich, welche Kräfte man aufbringen kann, wenn man muß!

5. Kapitel
Erkundung im Westen

Langsam verging die Zeit unter den neuen Verhältnissen. Aus Wochen wurden Monate. Wir setzten uns alle nach Kräften ein. In dieser Zeit wurde mir immer klarer, daß unsere Familie nach Berlin zurück müßte. So wie hier ging es doch nicht auf die Dauer weiter. In Berlin konnten wir ein neues Leben für uns aufbauen. Vielleicht konnte man inzwischen eine Berufsausbildung bekommen. Ich hatte ja in Berlin das Bürger- und Wohnrecht bestätigt bekommen, und ich war sicher, daß wir früher oder später eine Unterkunft und ich eine Tätigkeit finden würden, mit der ich uns drei ernähren konnte. Und Gerd mußte in eine richtige Schule. In Alt-Negentin gab es nichts, was den Namen Schulunterricht einigermaßen verdiente. Einige der Dorfkinder gingen nach Neu-Negentin, aber dort war es auch nicht besser.
Obwohl ich noch sehr jung war, wurde ich von diesen Gedanken immer überzeugter. Die Hauptfrage war, was Mutti dazu sagen würde. Würde sie es vernünftig finden, oder würde sie aus Alt-Negentin nicht weggehen wollen? Mir war klar, daß ich ihr nicht viel Sicherheit versprechen konnte, jedenfalls nicht von Anfang an; doch wir mußten uns bemühen, im Leben weiterzukommen und nicht an diesem gottverlassenen Ort hängenzubleiben.
Die Zeit ging weiter. So oder so arbeiteten wir alle zusammen. Ich lernte weiter Neues über die Landwirtschaft. Gelegentlich erhielt ich auch Hilfe bei schwerer Arbeit, die ich nicht allein bewältigen konnte.
In diesen Wochen merkte ich auch, daß mich einer der jungen Männer des Dorfes besonders beachtete. Er war ein netter Kerl und ein paar Jahre älter als ich. Wir hatten inzwischen auch jemanden, der manchmal am Samstagabend im Gutshaus Ziehharmonika spielte. Wir jungen Leute tanzten dazu und hatten einen

netten Abend, aber von meiner Seite gab es nur gute Freundschaft und Kameradschaft.

Langsam wurden unsere Lebensmittelrationen etwas größer und besser. Und manchmal kamen Leute aus der Stadt zum Tauschen und boten uns Artikel an, die wir schon lange hatten entbehren müssen.

Dorchen hatte inzwischen erfahren, daß ihr Verlobter aus amerikanischer Kriegsgefangenschaft entlassen worden war. Bis dahin wußten wir sehr wenig darüber, was in den anderen Teilen Deutschlands los war; erstaunlicherweise gab es immer noch Mundpropaganda oder Untergrundparolen. Man sprach insgeheim darüber, daß es in Deutschland eine Ost-West-Grenze geben würde und daß die Menschen in den Westen flüchten wollten. Wir verstanden eigentlich nicht, was das alles bedeutete. Die Gerüchte waren rar und unzuverlässig. Die Eltern von Dorchens Verlobtem Hans lebten auch in Alt-Negentin. Dort waren überhaupt mehrere Familien, die aus Woltersdorf und Umgebung vor dem Einmarsch der Russen evakuiert worden waren.

Der erste richtige Brief aus dem Westen an Dorchen kam von Hans und forderte sie auf, zu ihm nach Westdeutschland zu kommen. Das erschien ihr als unmöglich; schon der Gedanke machte ihr Angst. Hansens alte und kränkliche Eltern waren natürlich glücklich über sein Lebenszeichen. Sie bedrängten Dorchen, in den Westen zu gehen. Dorchen konnte sich überhaupt nicht vorstellen, sich auf etwas so Gefährliches einzulassen. So sehr ich meine Cousine liebte, waren wir doch in unsrer Lebenseinstellung grundverschieden.

In den letzten Monaten hatte ich mehrmals versucht, mit Mutti über unsere Rückkehr nach Berlin zu reden. Wie ich schon befürchtet hatte, kam das für sie überhaupt nicht in Frage. Ohne ihre Verwandten in der Nähe hätte sie sich völlig verloren gefühlt. Ich glaube, sie hatte große Angst davor, der Welt nur an Gerds und meiner Seite selbst gegenüberzustehen.

Ihre Haltung war natürlich verständlich - jedenfalls bis zu einem gewissen Grade; aber ich konnte sie kaum akzeptieren. Schließlich hatten wir vor dem Krieg in Berlin gelebt und würden das auch wieder können. Vieles würde in der Großstadt leichter sein. Vor allem wollte ich einen anderen Beruf. Ich wollte nicht mein Leben lang an die Landarbeit gefesselt sein, bei der nichts herauskam und keinerlei Fortschritt möglich war. Auch Gerd wurde rebellischer und fühlte sich eingeengt. Keine gute Situation für unsere Familie.
Dorchen und Hans schrieben weiter einander. Er erklärte immer nachdrücklicher, daß sie zu ihm kommen solle. Sie hatte noch immer große Hemmungen, doch ich merkte, daß sie immer mehr an ihn dachte.
Vor einiger Zeit hatten sich alle Deutschen im Dorf bei der örtlichen Behörde melden müssen. Wir bekamen Kennkarten, die wir ständig bei uns zu tragen hatten, vor allem, wenn wir unterwegs waren. Das wurde häufig von den Russen und Deutschen kontrolliert. Wir lebten unter russischer Besatzung und hatten kaum Bürgerrechte.
In diesen Wochen reiften bei mir verwegene Gedanken. Ich vergaß nie, wie Dorchen mit mir in bitterer Kälte die langen Märsche in die Klinik machte. Jetzt hatte ich eine Gelegenheit, es ihr zu vergelten. Ich würde mit ihr zu ihrem Verlobten in den Westen gehen! Als ich das zum erstenmal erwähnte, wollte sie nichts davon hören. Doch nach einiger Zeit hörte sie zu, und schließlich zog sie es ernsthaft in Erwägung. Ich hatte nichts zu verlieren und keine Angst vor der langen Reise. Die meiste Feldarbeit war getan, und man würde sich einige Wochen krank melden können. Wir hatten jetzt Ausweispapiere, was mir von Wichtigkeit schien.
Nach vieler Erörterung zwischen beiden Familien machten wir nun Pläne. Mutti war über das ganze sehr unglücklich, aber sie wußte auch, daß sie ihrer Schwester und deren Familie sehr viel verdankte. So konnten unsere Pläne Gestalt annehmen.
Es gab noch die alte Reichsmark, bis sie 1948 von der D-Mark

abgelöst wurde. Die Familien verfügten über genug Geld, darüber brauchten wir uns jedenfalls keine Gedanken zu machen. Und das Geld hatte damals ohnehin wenig Wert. Gerüchteweise hatten wir gehört, daß es eine gute Idee wäre, etwas Wodka mitzunehmen und auf dem Schwarzen Markt in Westdeutschland zu verkaufen. Dorchen und ich machten insgeheim unsere Reisepläne und -vorbereitungen. Mein Hauptproblem waren Schuhe. Ich hatte ein Paar von Städtern erhandelt, aber sie waren gebraucht und in ziemlich schlechtem Zustand. Doch ich hatte nichts anderes, sie mußten also genug sein.

Gerd war ganz aufgeregt und wollte mitkommen, aber dieses Risiko wollten wir nicht eingehen. Ein paar enge und vertrauenswürdige Nachbarn wollten meine Abwesenheit von der Arbeit vertuschen. Dorchen hatte in dieser Hinsicht nichts zu befürchten, weil ihr Vater, mein Onkel, die von der Familie verlangte Arbeit leistete.

Es kam also der Tag oder besser die Nacht des Aufbruchs. Dorchen und ich, jede mit einem kleinen Rucksack, machten uns auf den Weg nach Greifswald. Wir wollten versuchen, einen Zug zu erwischen, der nach Westen fuhr. Der Eisenbahnverkehr war etwas besser geworden und lief einigermaßen nach Fahrplan ab.

Wir gelangten tatsächlich in einen Zug Richtung Westen, hatten aber nicht die geringste Ahnung, wo sich die sogenannte Grenze befand. Unser Zug fuhr in Richtung Salzwedel, wo man angeblich „schwarz" über die Grenze kommen konnte. Wir mußten dorthin zweimal umsteigen. Im Zug spitzten wir die Ohren, um irgend etwas Wichtiges aufzuschnappen; doch die Leute waren sehr vorsichtig und ließen nichts Interessantes verlauten.

Wir waren beide in guter Stimmung und voller Hoffnung. Dorchen hatte uns bei Hans telegrafisch angekündigt. Nach dem Grenzübertritt wollten wir nach Braunschweig, wo Verwandte ihres Vaters lebten, und dann weiter nach Kitzingen am Main, wo Hans bei der amerikanischen Besatzungsmacht arbeitete.

Als wir das zweite Mal umstiegen, bemerkte ich, daß uns zwei russische Soldaten folgten. Ich hatte sie schon im Zug bemerkt und etwas von ihrer Unterhaltung verstanden. Als ich sicher war, daß sie uns tatsächlich folgten, sagte ich Dorchen, wir müßten unsere Pläne ändern. Wir wollten uns nicht entführen lassen, denn das hatten die beiden vor.

Wir hatten Glück. Wir taten, als wollten wir in einen anderen Zug steigen, der jeden Augenblick abfahren sollte. Die Soldaten stiegen dort ein. Beim Abfahrtsignal sprangen wir auf der anderen Seite hinaus. Als die beiden Russen erkannten, was los war, konnten sie nicht mehr abspringen.

Dann rannten wir zu dem Zug, mit dem wir eigentlich fahren sollten. Es war ein elektrischer Triebwagen, und er fuhr recht schnell, beinahe wie ein Schnellzug. So ging es weiter in Richtung Salzwedel. Wir fuhren in den Abend, und draußen regnete es. Der Zug war voll. Ich fragte mich, ob diese Leute alle über die Grenze wollten.

Der Zug hielt nur an größeren Bahnhöfen. Die Leute wurden unruhig, und mir schien, daß wir uns dem Bestimmungsort näherten. Auf einigen Haltebahnhöfen gab es russische Soldaten auf dem Bahnsteig. Dorchen fühlte sich nicht gut und hatte Angst. Ich muß zugeben, daß ich auch ein ungutes Gefühl in der Magengegend hatte.

Der Zug bremste wieder. Auf dem Bahnhof wieder Soldaten. Es goß in Strömen, und noch mehr Leute drängten sich in den Zug.

Plötzlich empfand ich einen unausweichlichen Zwang, den Zug zu verlassen. Ich hatte das in Gefahrensituationen schon erlebt. Ich fühlte mich wie ferngesteuert. Kurz und knapp sagte ich zu Dorchen, sie solle mir folgen. Ich sehe noch ihr erstauntes Gesicht vor mir, aber sie zögerte nicht. Glücklicherweise befanden wir uns in der Nähe einer Tür auf der dem Bahnsteig abgewandten Seite. Als der Zug wieder anfuhr, machte ich die Tür auf und sprang ab, während ich Dorchens Hand hielt. Der Zug beschleunigte, und wir rutschten in ein dunkles Nichts. Die Lichter auf dem Bahnsteig waren nicht sehr hell, und um uns herum war viel Betrieb. Zum Glück oder Unglück landeten wir in einem seichten Graben. Wir standen im Wasser, aber gedeckt und nicht so sehr im Schein der Lampen.

Als wir uns überzeugt hatten, daß wir beide heil waren, machten wir uns auf. Dorchen fragte mich flüsternd, warum wir aus dem Zug gesprungen seien, doch ich konnte es ihr nicht erklären. Ich hatte nur gewußt, daß es sein mußte.

Wir liefen weiter in dem Graben, und bald herrschte völlige Dunkelheit. Als der Zug einfuhr, hatte es für uns so ausgesehen, als gäbe es auf unserer Seite einen Wald; wir waren aber nicht sicher. Wir waren also hier - zwei einsame Seelen mit dem hochfliegenden Plan, in den Westen zu gehen, aber ohne die geringste Ahnung, wo sich die sogenannte Grenze befand und wie sie aussah.

Plötzlich stießen wir auf jemanden. Wir hörten Geflüster und erkannten eine Menschengruppe. Was tun? Kontakt aufnehmen oder verschwinden? Noch ehe wir uns entscheiden konnten, fragte uns ein Mann: „Wieviele seid ihr?“ Wir antworteten, und er fragte, wohin wir wollten. Wir sagten ihm in aller Unschuld, wir wollten über die Grenze. Wir konnten uns einfach nicht vorstellen, was „Grenze“ bedeutete.

Der liebe Gott hielt wieder seine schützende Hand über uns. Diese Leute, die auch über die Grenze wollten, nahmen uns in ihre Mitte und erlaubten uns, sich ihnen anzuschließen. Der Mann, der uns angesprochen hatte, war ein „Lotse“. Wir hatten aber nur sein Wort, daß dies so sei. Er hätte auch ein Mörder sein können. Natürlich wechselte Geld seinen Besitzer. Nichts in diesem Leben gibt es umsonst! Auch wir bezahlten.

Wir folgten dem Führer in einen Wald (den wir vermutet hatten). Die Nacht war gar nicht still. Es gab viel Betrieb zwischen den Bäumen und Büschen, und wir hörten auch Schüsse. Immer wieder hörten wir russische Rufe „Stoi! Stoi!“ („Stehenbleiben!“) und Aufschreie, wenn anscheinend jemand getroffen wurde. Russische

Soldaten waren überall und wollten möglichst viele Deutsche wieder einfangen.

Unser Führer mußte die Gegend sehr gut kennen, denn er führte uns in ein Versteck, wo wir warten sollten, bis sich die Lage beruhigt hätte. Er flüsterte uns zu, es sei die letzte Station vor Salzwedel, und dort sei es fast unmöglich, über die Grenze zu kommen. Die meisten, die es versuchten, seien abgefangen und in Arbeitslager gesteckt worden. Hier sei es etwas besser, und wenn man sich auskannte, gebe es Möglichkeiten. Das war also der Grund meiner Vorahnung im Zug. Wieder schickte ich ein stilles Dankgebet zu Gott.

Nach einiger Zeit wurde es tatsächlich still, und unser Führer bedeutete uns, mitzukommen. Wir gingen anscheinend lange und nutzten stets Bäume und Büsche als Deckung. Auf einmal vor uns ein Stacheldrahtzaun. Der Regen hatte nachgelassen, und unsere Augen hatten sich an die Dunkelheit gewöhnt, so daß wir etwas erkennen konnten. Hoher, solider doppelter Stacheldraht. Wie in aller Welt sollten wir da durchkommen? Wir gingen eine Weile entlang, dann sagte der Führer: Hier ist es. Es war der Punkt, bis zu dem er uns bringen wollte. Er legte sich auf den Bauch und begann ein Loch zu graben, der Stacheldraht war hier lose. Bald konnten wir einer nach dem anderen mit aller Mühe durchkriechen. Die letzten Worte des Führers an uns waren: „Im Niemandsland keine Zielscheibe abgeben!“

Das Niemandsland war ein öder Streifen, der sich westlich des Stacheldrahts mehrere Kilometer breit erstreckte. Es gab keine Bäume oder Büsche oder sonstige Deckung. Mit Scheinwerfern hätte man alles, was sich hier bewegte, ohne weiteres erkennen - und womöglich abschießen können. Dorchen und ich hatten noch nie etwas vom Niemandsland gehört, doch wir lernten schnell. Mit unserer kleinen Gruppe bewegten wir uns zumeist kriechend. Wir hatten großes Glück, daß es hier keine Scheinwerfer gab.

Nach sehr langer Zeit, wie uns schien, kamen wir endlich in ein Gebiet, in dem es Anzeichen von Leben gab, anscheinend ein kleines Dorf. Es war jetzt mitten in der Nacht, und alle Häuser waren verschlossen. Viele andere Flüchtlinge hatten es auch geschafft. Am anderen Ende des Dorfes fanden wir eine offene Scheune mit Stall. Es waren schon Leute dort, aber wir fanden einen Platz. Dorchen und ich verbrachten den Rest der Nacht auf einem Haufen Zuckerrüben. Das war keine gute Unterlage, aber wenigstens waren wir in Sicherheit.

Wir waren sehr froh über die Wärme von den Menschen und Tieren. Uns war furchtbar kalt, wir waren ja im Wasser gewatet, hatten uns im Wald versteckt und waren durch das Niemandsland gekrochen. Aber wir waren in Hochstimmung. Wir hatten die Zonengrenze überwunden! Wir waren im Westen. An eine Rückkehr in den Osten mochten wir angesichts der dortigen ungewissen Lebensumstände gar nicht denken.

Wir untersuchten unsere Rücksäcke und stellten mit Befriedigung fest, daß die Wodkaflaschen noch heil waren. Mit neuem Mut und neuer Hoffnung freuten wir uns auf das Kommende, was es auch sein mochte.

Früh am nächsten Morgen verließen wir die Scheune und fanden einen Brunnen im Dorf, an dem wir uns, so gut es ging, wuschen. Wir boten einen traurigen Anblick, doch daran war nichts zu ändern. Meine Schuhe waren am ärgsten mitgenommen.

Mit vielen andern Flüchtlingen, die die Nacht im Dorf zugebracht hatten, machten wir uns auf die Suche nach einem Bahnhof. Obwohl das Dorf so nahe an der Grenze lag, sah es dort doch unverkennbar anders aus. Die ganze Atmosphäre war freundlicher und entspannter.

Wir fanden einen Bahnhof, wo schon Menschen warteten. Dann kam auch ein Zug. Dorchen und ich staunten über seinen guten Zustand. Wie vor dem Krieg. Fenster und Türen in Ordnung. Alle fanden in dem Zug Platz, und los ging‘s Richtung Braunschweig. Dort sahen wir uns nach Dorchens Verwandten um und fanden das Haus ziemlich bald. Ihre Tante und ihre Familie waren natürlich überrascht, hießen uns aber willkommen. Sie waren nett und liebenswürdig, und ich fühlte mich bei ihnen wohl. Ich weiß nicht mehr, ob Dorchens Onkel damals noch lebte; jedenfalls sahen wir ihn nicht. Wir blieben über Nacht und machten uns ein bißchen ansehnlicher. Ein gutes Frühstück erwartete uns. Mit vielen Segenswünschen wurden wir verabschiedet und mußten versprechen, auf dem Rückweg wieder vorbeizukommen.

Nächstes Ziel hieß für uns nun Hannover. Wir erfuhren, daß es beim Übergang von der britischen in die amerikanische Zone eine Passkontrolle gab. Bis jetzt hatten wir unsere Kennkarten noch nicht gebraucht.

Wir beschlossen, den Wodka auf dem Schwarzen Markt in Hannover anzubieten. Wir hatten aber so gar keine rechte Vorstellung. Der Bahnhof von Hannover war in keinem guten Zustand. Die Stadt war noch stark zerstört, der Krieg hatte auch hier seine Spuren hinterlassen. Wir hatten Aufenthalt zwischen den Zugverbindungen und wurden in den Warteraum gewiesen, einen ehemaligen Luftschutzbunker. Wir stiegen tief hinab. Es gab Kaffee zu trinken oder Tee - ich weißes nicht mehr so genau. Wach geblieben ist aber in mir ein schönes Lied, das aus dem Radio kam. Es war der neueste Hit und hieß „Die Capri-Fischer“. Wir hörten es in Westdeutschland wieder und wieder. Es ist immer noch eines meiner Lieblingslieder.

Nun waren wir bereit, unser Glück auf dem Schwarzen Markt zu versuchen. Wir stellten uns vor, wir müßten nur hinausgehen und würden einen Markt finden, wie wir ihn kannten, mit Ständen und Verkäufern, und würden ohne weiteres jemanden finden, der sich für unser Angebot interessierte.

Was wir vor uns auf dem Bahnhof fanden, war ein langer, hoher Bretterzaun und ein verwüstetes Gebiet. Nichts sah nach einem Marktbetrieb aus. Wir sahen uns gut um und beschlossen dann, die Straße auf und ab zu gehen und zu warten, ob etwas passierte. Irgendwie fühlten wir uns beobachtet, sahen aber niemanden. Nach einiger Zeit ging ein Mann die Straße entlang auf uns zu. Er näherte sich uns. Er war massig und sehr groß. Er wirkte wie eine Bulldogge. Im Vorübergehen fragte er: „Was habt ihr?“ Dorchen war sehr ängstlich und sagte nichts. Ich mußte es aber versuchen. In aller Unschuld und mit Bestimmtheit sagte ich: „Wir haben Wodka zu verkaufen.“ Er winkte uns in eine Ecke und begann uns auszufragen, woher wir kämen.

Im Rückblick bin ich sicher, daß er nicht recht wußte, was er von uns halten sollte. Waren wir wirklich so unschuldig und unwissend, oder waren wir Agenten? Ich empfand diesen Mann als gefährlich. Mir war schon klar, daß wir weglaufen mußten. Ehe wir uns entschlossen hatten, sagte er, wir sollten auf dem Fleck stehen bleiben, er würde jemanden mitbringen, der den Wodka kaufen würde. Sobald er sich von uns abgewandt hatte, nahm ich Dorchen bei der Hand, und wir rannten wieder auf den Bahnhofeingang zu. Er drehte sich um und wollte uns aufhalten, gab dann aber auf.

Bis heute weiß ich nicht, ob wir den Wodka wirklich hätten verkaufen können, und ob wir mit dem Gesetz in Konflikt geraten wären. So endete also der Ausflug zweier Amateurinnen auf dem Schwarzen Markt. Wir waren froh, daß alles ohne Komplikationen vorübergegangen war.

Als unser Zug in den Bahnhof einfuhr, stiegen wir sofort ein. Wir wollten nach Kitzingen am Main, wo Dorchens Verlobter Hans sein sollte. Die Stadt liegt in Unterfranken. Bald nach Hannover hielt der Zug wegen der schon erwähnten Paßkontrolle vor der amerikanischen Zonengrenze. Alles mußte aussteigen. Militärpolizei und deutsche Polizei kontrollierten die Ausweise. Dorchen und ich hatten keine Befürchtungen; weil wir gerade im Osten die neue Kennkarte bekommen hatten, fühlten wir uns ganz sicher.

Wir waren dran und gaben unsere Kennkarten den Polizisten. Diese sahen sie zweifelnd an und fragten dann sehr bestimmt, wie wir eigentlich so weit gekommen seien. Wir ahnten gar nicht, daß wir

nicht das geringste Recht hatten, uns auf dieser Seite des Eisernen Vorhangs aufzuhalten. Man lebt und lernt eben!
Die beiden Polizisten behielten die Ausweise und hießen uns mitkommen. Damals ahnten wir auch nicht, daß es in jeder Stadt, auf jedem Bahnhof, in jeder Gegend Spione gab. Man war hüben und drüben nicht sicher. Und wir hatten geglaubt, wenn man einfach in Westdeutschland ist, sei man vor Gefahren sicher. Doch auch hier auf dem Bahnhof bekamen wir nun das nur allzu vertraute „Mitkommen!“ zu hören. Das verhieß nichts Gutes. Ich betete in der Stille zu Gott, er möge mich bitte das Richtige tun lassen.
Alsbald, fast wie eine Reaktion auf mein Gebet, hieß es: Alles wieder einsteigen. Etliche waren in Gewahrsam genommen worden, doch wir kümmerten uns nicht besonders darum. Als ich das „Einsteigen““ hörte, wußte ich auf einmal mit Sicherheit, daß wir den Polizisten nicht folgen sollten. Ich flüsterte Dorchen zu: „Versuchen wir unser Glück, auf, zurück in den Zug! Laß die Ausweise fahren.“ Das taten wir. So viele strömten in den Zug zurück, daß wir uns tatsächlich verkrümeln konnten, bis der Zug abfuhr. Die Polizisten gingen auf dem Bahnsteig auf und ab und suchten, doch wir (und ein paar andere) konnten uns verbergen. Es ging weiter!
So kamen wir mitten in einer kalten Winternacht in Würzburg an. Hier mußten wir in einen kleineren Zug umsteigen, doch der fuhr leider erst am nächsten Morgen. Der Bahnhof war in einem verhältnismäßig guten Zustand. Es war furchtbar kalt und unwirtlich, und wir durften nicht drinnen bleiben. Draußen sahen wir uns um, in der völlig vagen Hoffnung, daß dort Hans auf uns warten würde. Dorchen hatte ihm von Braunschweig aus unsere ungefähre Ankunftzeit telegrafiert; wir konnten natürlich nicht wissen, ob er es überhaupt erhalten hatte.
Vor uns eine weite Straße, links ein kleiner Park. Wir versuchen uns zu orientieren. Dann kamen Autoscheinwerfer auf uns zu. Dorchen wurde ganz aufgeregt und sagte: „Paß auf, das ist der Hans, das ist er bestimmt. Du wirst‘s sehen!“ Na gut, ich trat mitten auf

die Straße und winkte dem Auto. Es hielt, doch zu unserem Schrecken war es ein Militärfahrzeug. Soldaten sprangen heraus und kamen auf uns zu. Lieber Himmel, was hatte ich angestellt? Es war amerikanische Militärpolizei. Wir verstanden ihre Fragen nicht; jedenfalls machte man uns klar, daß wir die Ausgangssperre übertreten hätten. Was sollten wir nun tun? Wohin sollten wir gehen? Doch die MPs waren sehr nett und sagten uns, wir könnten auf einer Parkbank auf unseren Zug warten. Im Rückblick wundert mich immer noch, was wir riskiert hatten. Später machte ich die Erfahrung, daß man viel wagemutiger ist, wenn man jung ist.

Wir saßen auf der Parkbank und klapperten vor Kälte. Kurz nach 5 Uhr wurde unser Zug angekündigt, und wir stiegen ein. Die Fahrt nach Kitzingen dauerte nur etwa eine halbe Stunde. Dort gab es auch keinen Hans. Dorchen war jetzt ganz schön unruhig. Wir fragten nach der Kaserne, die Hans Dorchen als Adresse gegeben hatte. Es waren etwa sechs Kilometer Fußmarsch.

Der Weg durch die Stadt und dann auf der Landstraße war leicht zu finden. Was für ein kalter, unschöner Empfang! Doch wir waren auf dem Wege. Schließlich kamen wir an der Kaserne an. Die Männer schliefen noch in ihren Quartieren. So ungern wir es taten, wir mussten fragen, bis wir endlich den richtigen Raum fanden. Wir klopften, traten ein und fanden drei Männer in Betten. Einer davon war kein anderer als Hans, Dorchens Verlobter!

Hans traute seinen Augen nicht. Sein Gesichtsausdruck war unbezahlbar! Das Telegramm von Dorchen war nicht angekommen, und Hans hatte nicht die geringste Ahnung, daß wir unterwegs waren. Aber hier waren wir nun, erwartet oder unerwartet. Und wir hatten einen langen und gefährlichen Weg hinter uns. Hans erholte sich rasch von seiner Überraschung und hieß uns sehr freudig willkommen.

Wir warteten draußen, bis die Männer angezogen waren. Dann ging Hans in die Kantine, um uns ein Frühstück zu holen. Unsere erste amerikanische Mahlzeit, für uns unbeschreiblich köstlich. Dann

machten sich die Männer zur Arbeit fertig, und Dorchen und ich konnten endlich ein bißchen schlafen. Als Hans gegen Abend von der Arbeit zurückkam, ging er mit uns in die Stadt, wo er Freunde hatte, bei denen wir erst einmal bleiben konnten.
Es war wunderbar, wie sich die Dinge zwischen Dorchen und Hans entwickelten. Wir wollten ungefähr zwei Wochen bleiben. In diese Zeit fiel Dorchens Geburtstag. Es wurde ein denkwürdiger Tag. Hans überschüttete sie mit Blumen, er muß die Stadt leergekauft haben. Es gab die Blumen der Jahreszeit - herrliche weiße, gelbe, goldene und braune Chrysanthemen - und ein paar rote Rosen. Ich weiß heute noch nicht, wie er das alles fertigbrachte. Es war für uns ein Festtag, mit ausgezeichnetem Essen, Wein und einem Kuchen. Strahlendes Glück um uns herum! Ich bewahre den Tag für immer in meinem Herzen.
Hansens Freunde (eine Familie Maurer), bei denen wir waren, waren sehr nette Leute, und wir fühlten uns bei ihnen wohl. Um diese Zeit wurden auch Heiratspläne geschmiedet. Hans würde mit uns in die Ostzone kommen, um seine Eltern zu besuchen, und Dorchen würde dann mit ihm in den Westen zurückkehren. Ihre Eltern würden folgen, und Hans würde für sie im Westen eine Bleibe finden. Das weckte in mir gemischte Gefühle und manchen Zweifel, wie unsere Mutti sich dazu stellen würde. Doch ich behielt meine Gedanken für mich.
Ein paar Tage später wurden wir zu einer Party eingeladen. Es gab Tanz und eine richtige Kapelle. Ich mochte die Musik sehr. Musik habe ich schon immer geliebt. Wieder hörte ich den Schlager von den Capri-Fischern.
Während wir der Musik zuhörten und richtig fröhlich waren, kam einer an unseren Tisch und bat mich um einen Tanz. Er tanzte gut. Nach dem ersten Tanz bat er mich um einen zweiten, wir tanzten weiter. Er stellte sich Dorchen und Hans vor, und es stellte sich heraus, daß er in der Nähe von Hansens Freunden wohnte, bei denen wir untergekommen waren. Wir gingen alle zusammen nach

Hause, und er fragte mich, ob er mich wieder sehen könnte. Am nächsten Tag gingen wir beide zu einer anderen Tanzveranstaltung. Hansens Freunde kannten die Familie, so daß Dorchen nichts dagegen hatte, wenn ich mit ihm hinging.

Es wurde sehr nett. Ehe er mich heimbrachte, nahm er mich zu seinen Eltern nach Hause mit. Seine Mutter war eine einschüchternde Frau, und ich fühlte mich gar nicht wohl. Sein Vater war ein sympathischer, ruhiger Mann, der mich an meinen Großvater erinnerte.

Ein paar Tage später mußten wir abreisen. Als ich mich von „ihm" verabschiedete, sagte er mir, er würde uns in der Ostzone besuchen. Das glaubte ich ihm natürlich nicht.

Hans, Dorchen und ich begannen nun unsere Rückreise an die Zonengrenze. Dorchen und ich hatten in den letzten beiden Wochen keinen Ausweis gebraucht, aber jetzt wußten wir, was uns bevorstand. Der Übergang von der amerikanischen in die englische Zone würde ein Problem sein. Hans versuchte uns zu beruhigen, wir hätten nichts zu befürchten. Das galt vielleicht für Dorchen, für sie hatte er ein Besuchervisum beschafft. Bei mir war es anders.

Der Zug fuhr Richtung Hannover. Wie zuvor mußten zur Paßkontrolle alle aussteigen. Ich hatte ein ungutes Gefühl, aber ich mußte eben wieder einmal einen Weg finden, mich durchzumogeln.

Alles verlief besser als erwartet. Dorchen hatte Dank Hans kein Problem. Ich sagte den Beamten die Wahrheit, wir wollten zurück in die Ostzone. Mir will scheinen, daß sie etwas mitleidig dreinblickten, aber sie ließen uns weiterfahren.

Wir kamen wieder nach Braunschweig und übernachteten bei Dorchens Verwandten. Nun ging es weiter an die russische Zonengrenze. Je näher wir ihr kamen, desto kleinlauter und nervöser wurde Hans. Dorchens Verwandte hatten uns eine Karte besorgt, so daß wir nicht wieder völlig im Leeren standen. Wir blieben so lange wie möglich im Zug, bis wir eben wieder zu Fuß weiter mußten. Wir erkundeten ein Gebiet, doch es erwies sich als ungeeignet,

zuviel Verkehr. Wir wollten möglichst bei Tageslicht hinüber. Wir suchten und suchten nach einem geeigneten Ort.
Auf der westlichen Seite gab es keine Soldaten. Auch das Wetter war günstig, kein Regen, ein klarer Wintertag. Nach Stunden wollten wir es wagen. Langsam wurde es Abend. Wir vermuteten, dieses Mal südlich von Salzwedel zu sein. In Braunschweig hatte man uns gesagt, hier gebe es vermutlich Löcher im Stacheldraht. Auf der östlichen Seite sollte es eine Zuckerfabrik geben, und Lastwagen würden in beiden Richtungen über die Grenze fahren. Alles nur Gerüchte. Jedenfalls aber mußten wir über die Hauptstraße, die wir beobachtet hatten. Drüben Bäume und Gebüsch. Wir waren freilich auch vor Landminen gewarnt worden. (Ich schildere das so ausführlich, weil sich der Leser sonst wohl kaum die Verhältnisse am Eisernen Vorhang richtig vorstellen könnte.)
In den Westen waren wir nördlich von Salzwedel gelangt. Jetzt befanden wir uns im Süden. Wir einigten uns, daß Dorchen und ich zuerst losrennen und Hans folgen sollte. Auf der anderen Seite wollten wir wieder zusammenkommen.
Ich nahm Dorchens Hand. Bei einer Verkehrslücke rannten wir gebückt los. Wir wußten nicht, ob es russische Wachttürme gab. Die Strecke erschien uns als sehr, sehr lang, doch schließlich waren wir drüben. Wir versteckten uns in einem Gebüsch und warteten auf Hans. Jetzt wieder mehr Verkehr auf der Straße. Endlich schafft es auch Hans. Nun waren wir drei in der Ostzone.
Während wir noch berieten, wie wir weitergehen sollten, kamen wir an eine Nebenstraße und sahen ein parkendes Fahrzeug. Ich sagte Hans und Dorchen, sie sollten warten, bis ich die Lage erkundet hätte. Das Fahrzeug war ein Dreiradwagen, anscheinend für den Brottransport. Er war leer. Der Fahrer hatte wohl austreten müssen. Ich probierte vorsichtig die hintere Tür, sie war unverschlossen. Ich betete, daß Hans und Dorchen mich sehen könnten. Ich winkte ihnen vorsichtig, und sie kamen tatsächlich heran. Mein Herz klopfte zum Zerspringen. Bitte, bitte, lieber Gott, laß den

Fahrer ein bißchen langsamer kommen, halte ihn doch ein wenig auf! Als Dorchen und Hans bei mir angelangt waren, kroch ich wieder zur Hintertür und öffnete sie vorsichtig. Wir kletterten hinein. Ich hatte recht gehabt: es roch verführerisch nach Backwaren. Wir konnten uns unter ein paar Körben mit Decken verbergen. Gerade rechtzeitig: der Fahrer kam, stieg ein und fuhr los. Nach einigen Kilometern wurde er von einer russischen Streife angehalten. Die Soldaten schienen den Fahrer zu kennen. Nach einem oberflächlichen Blick ins Innere ging es weiter. Wir meinten, der Fahrer hätte unser Herzklopfen hören müssen!

Inzwischen war es Nacht. Das kleine Auto holperte über die Straße. Wir mußten uns zur Ruhe zwingen; uns war, als würden alle Knochen durcheinandergerüttelt. Das Fahrzeug hatte keine Federung mehr. Noch ein Stück, und nun hielt der Fahrer an.

Wir hofften, uns unbemerkt davon machen zu können. Doch das Glück blieb uns nicht hold. Der Fahrer machte hinten auf. Dann sagte er zu uns: „Ihr könnt jetzt rauskommen." Das war also das Ergebnis unseres Wagemuts. Würde er uns den Behörden ausliefern? Als wir aussteigen, sagt er, er habe uns wohl bemerkt, aber eine Chance geben wollen. Anscheinend waren wir nicht die ersten - und höchstwahrscheinlich nicht die letzten -, denen er über die Grenze half.

Hans hatte passenderweise ein paar amerikanische Zigaretten bei sich, die der Mann sehr gern annahm. Er sagte uns, wie wir weitergehen sollten. In seinem Dreiradwagen waren wir durch das Niemandsland und den Stacheldraht durchgekommen. Wir dankten ihm alle überschwänglich, und von Herzen dem gütigen Gott.

Die Zuckerfabrik war tatsächlich an dem vermuteten Ort und gar nicht mehr weit. Doch wir waren instruiert worden, uns ihr nicht zu nähern. Wenn uns die Russen erwischten, kämen wir bestimmt in ein Arbeitslager. Die Fabrik war schwer bewacht. Wir umgingen sie im Schutze von Bäumen und Geländefalten.

Nach einiger Zeit kamen wir an einen Bahnhof. Wir warteten in

Deckung und überlegten unsere Chancen. Nach ein paar Stunden wurde ein Zug bereitgestellt, wie wir vermuteten, in der richtigen Richtung. Wir gelangten glücklich hinein, und wieder ging es weiter. Doch jetzt befanden wir uns hinter dem Eisernen Vorhang. Hans fühlte sich sehr nervös und unruhig. Niemand, der bei Verstand war, würde freiwillig in die russische Zone gehen. Aber hier waren wir nun und wollten nach Alt-Negentin.

Wir kamen gut vorwärts, und nach gut zwei Wochen kamen wir wohlbehalten nach Hause. Natürlich waren unsere Familien sehr froh, uns wieder da zu haben. Mutti und Gerd waren erstaunlich gut zurechtgekommen, und eigentlich niemand hatte von unserem Unternehmen erfahren. Manche waren etwas mißtrauisch gewesen, aber niemand konnte etwas beweisen.

Hansens Eltern konnten kaum fassen, daß ihr Sohn sicher herüber gekommen war. Die Familien waren glücklich vereint. Es wurden ernsthafte Heiratspläne geschmiedet. Dorchens Eltern würden nachkommen, wenn Hans und Dorchen im Westen etwas für sie gefunden hatten.

Über die Grenze waren mittlerweile sehr erfreuliche Nachrichten gedrungen. Dorchens Eltern erfuhren von ihrem einzigen Sohn Kurt, daß er Kriegsgefangener in Nürnberg war und auf baldige Entlassung hoffte. So hatten sie nur noch mehr Grund, eine Übersiedlung in den Westen ernsthaft zu erwägen. Daß sie gehen würden, war für Mutti, Gerd und mich gar keine erfreuliche Aussicht.

6. Kapitel
Fuß fassen im Westen

Nach all dieser Aufregung fiel das Leben wieder in seinen gewohnten Gang. Ich nahm die Arbeit wieder auf. Inzwischen waren wir stolze Besitzer eines kleinen Kalbes geworden, und ich mußte besonders für dieses und seine Mutter sorgen. Die Arbeit draußen war ziemlich beendet. Die Felder waren abgeerntet. Das Wetter wurde kalt und unfreundlich.
Hans und Dorchen gingen wieder in den Westen. Ich hoffte sehr, daß sie gut hinüber kommen würden. Meiner Mutter hatte ich von dem jungen Mann erzählt, den ich im Westen kennen gelernt hatte. Ich hielt es für notwendig, weil er mir geschrieben hatte.
Weihnachten nahte. Wir saßen gerade am Heiligen Abend bei unserem Mittagessen, als wir jemanden die Treppe heraufkommen hörten. Das war ungewöhnlich, wir hatten sehr selten Besuch. Es war Marianne mit einer Überraschung. „Gisela", rief sie, „sieh mal, wen ich mitgebracht habe!" Marianne war die 5jährige Tochter von Dorchens Bruder Kurt; ihre Mutter war kurz nach der Geburt gestorben. Sie wuchs bei Dorchen und deren Eltern, meiner Tante Elisa und Onkel Emil, auf. Kurt war bei der Luftwaffe gewesen, und er war es, der, wenn Gott wollte, bald aus der Kriegsgefangenschaft entlassen würde.
Wie Marianne nun die Tür aufhält, wer kommt herein? Kein anderer als Albert, meine Bekanntschaft aus Kitzingen! Mein Gesichtsausdruck muß ein Bild für die Götter gewesen sein. Ich konnte es einfach nicht glauben.
Es fand sich, daß Albert sich mit Kurt zusammengetan hatte, der tatsächlich inzwischen aus der Kriegsgefangenschaft freigekommen war und sich mit Hans und Dorchen in Verbindung gesetzt hatte. Albert hatte herausgefunden, daß Kurt seine Eltern und seine kleine Tochter überraschen wollte, indem er zu Weihnachten

zu ihnen in die russische Zone kam, und so hatte sich Albert entschlossen, mitzukommen.

Mutti freute sich sehr über Alberts Besuch, und wir verbrachten alle einige nette Stunden, nachdem sich die Überraschung gelegt hatte. Albert hatte Weihnachtsstollen mitgebracht, die wir nicht kannten, uns aber sehr gut schmeckten. Er und Kurt hatten bei der Überquerung der Zonengrenze einiges erlebt, doch die eigentliche Gefahr würde bei der Rückkehr in den Westen bestehen. Ich fühlte mich geschmeichelt, daß Albert das Wagnis auf sich genommen hatte, mich zu besuchen. Wir hatten ein paar schöne Tage, in denen wir uns etwas besser kennenlernten, und er zeigte mir, daß er ernsthaft an mir interessiert sei. Ich war nicht ganz sicher, wie ich diese Situation einschätzen sollte. Es quälte mich sehr, daß ich die schrecklichen Erfahrungen der Vergewaltigung und des Mißbrauchs gehabt hatte, ich fühlte mich erniedrigt und als Frau entwertet. Albert schien sehr verständnisvoll und versicherte mir wieder und wieder, daß meine Vergangenheit an seinen Gefühlen für mich nichts ändere. Ich war hin- und hergerissen, ich wußte nicht, ob ich ihm glauben sollte oder nicht. Außerdem glaubte ich noch nicht für eine ernste Beziehung bereit zu sein. Ich hatte noch zu viele Hindernisse vor mir. Mit Mutti konnte ich darüber nicht reden. Über Gefühle wurde damals einfach nicht gesprochen.

Doch das waren noch nicht alle Probleme. Albert wollte mich mit in den Westen nehmen. Er war sicher, daß er für mich eine Anstellung finden würde. Er war in Kitzingen geboren und arbeitete außerdem für die amerikanische Besatzungsmacht. Das waren schwerwiegende Argumente. Er versicherte mir, dass Arbeit immer zu bekommen sei, wenn man die richtigen Leute oder Stellen kannte. Er erklärte mir weiterhin, dass ich bei den Leuten wohnen könnte, bei denen Dorchen und ich bei unserem ersten Besuch untergekommen waren. Sobald ich dann Arbeit haben würde, würden er und ich dann Gerd und Mutti nachholen. Albert als Einheimischer würde die Möglichkeit haben, die richtigen Papiere und eine ständige Aufenthaltsgenehmigung für mich in Kitzingen zu bekommen. Während dieser Zeit könnten er und ich uns oft sehen und noch besser kennenlernen. Und dann - wer weiß? Vielleicht würden wir dann auch später mal heiraten. Das alles trug Albert meiner Mutter und Gerd vor. Alles schien so einfach und geradlinig. Ich merkte, wie meine Widerstände immer brüchiger wurden. Alberts Plan schien höchst einleuchtend.

Ich hatte nach Berlin zurückgehen wollen, um unser Familienleben wieder aufzubauen. Schön, das konnte ich wahrscheinlich im Westen besser. Ich wollte für Mutti und Gerd ein besseres, leichteres Leben. Würde es jemals eine bessere Chance geben? Ich wollte, daß Gerd auf eine gute Schule ging. Wenn ich eine ordentliche Arbeit in Kitzingen fand, würde das nicht allzu schwierig sein. Wenn Mutti und Gerd zwei Monate lang allein sein mußten, würden sie das schaffen. In der Zeit würde ich eine Bleibe finden. Und noch ein gewichtiger Gesichtspunkt: Wenn Dorchen und Kurts Eltern in den Westen wollten, hatten wir wirklich nichts zu verlieren, wenn wir dasselbe täten. Das alles ging mir durch den Kopf, und Albert war ein Überredungskünstler.

Eines möchte ich hier betonen. Es kam mir nie und nimmer in den Sinn, Albert in irgendeiner Weise lediglich auszunutzen, um so etwas zu erreichen oder um in den Westen zu kommen. Ich hatte mich meinen Pflichten schon immer selbst gestellt und würde es immer tun. Ich wollte und würde niemanden mit meinen Verpflichtungen belasten. Aber wenn mir eine Chance geboten wurde, dann wollte ich sie auch ergreifen.

Die Ehe war das Letzte, was mich beschäftigte. Ich war ja noch so jung. Warum sollte ich auch nur darüber nachdenken? Natürlich mochte ich Albert, ich hielt ihn für einen sehr sympathischen und netten jungen Mann. Was Liebe war, davon hatte ich keine Ahnung und konnte sie mir überhaupt nicht vorstellen oder mit etwas vergleichen. Doch seine Vorschläge waren vernünftig und schienen erreichbar. Das hieß aber nicht, daß wir uns jetzt schon binden mußten.

Wie naiv ist man doch in diesem Alter und voller Zukunftshoffnungen! Mutti bestärkte mich sogar: sie und Gerd würden es ein paar Monate lang schon schaffen. Natürlich war sie traurig über eine neuerliche Trennung; doch wenn sie zu einem sichereren und besseren Leben in der Zukunft führte, war sie es wert, zumal Mutti auch die Übersiedlung ihrer Verwandten in Betracht zog. Damit schien sich alles zu lösen.

Eines Morgens nicht lange danach sagten wir uns alle Lebewohl. Kurt, seine kleine Tochter Marianne, Albert und ich machten uns auf in den Westen. Wieder eine Reise ins Unbekannte. Auf dem Weg aus dem Westen nach Alt-Negentin hatten Albert und Kurt eine Frau kennengelernt, die in einem kleinen Dorf östlich der Zonengrenze wohnte. Sie wollte uns auf dem Weg in den Westen behilflich sein. Ihr Heim war nun unsere erste Anlaufstelle.

Wir saßen alle im selben Zugabteil, und die Bedingungen auf der Reise waren gar nicht schlecht. Mit einem kleinen Kind wirkten wir ziemlich harmlos auf die Kontrollen, die durch den Zug kamen.

Vom letzten Bahnhof aus machten wir uns zum Wohnort der Frau auf den Weg. Sie war tatsächlich zu Hause und bat uns herein. Die Räumlichkeiten waren eng, wir waren eigentlich zu viele. Doch die Frau verhielt sich freundlich und machte uns Tee. Sie sagte, sie würde uns beim Überschreiten der Grenze in der Nacht helfen. Wir fühlten uns alle nicht recht wohl und sehnten uns danach, den Eisernen Vorhang im Rücken zu haben.

Gegen Abend ging die Frau hinaus, um die Lage zu erkunden. Nach längerer Zeit kam sie mit schlechten Nachrichten zurück. Die Russen hatten die Sicherheitsmaßnahmen verstärkt und befanden sich überall. In absehbarer Zeit würde wieder eine Streife kommen und die Häuser des Dorfes durchsuchen. Wir müßten uns unbedingt beeilen. Marianne war müde und unglücklich. Sie war unruhig, weinte und vermißte ihre Großeltern. Ihren Vater

kannte sie kaum, und sie war immer verwöhnt worden. Die jetzige Situation mochte sie gar nicht, was ich sehr gut verstehen konnte. Doch wir mußten los und es riskieren.
Die freundliche Frau, unsere Führerin, machte sich fertig, und wir gingen vorsichtig aus dem Haus. Es war eine dunkle, sternenlose Nacht. Kurt schob das Fahrrad der Frau, auf dem Marianne saß. Wir mieden die Straße und hielten uns abseits, um uns jederzeit verstecken zu können. Es war ein langer und gefährlicher Weg. Die Dämmerung konnte nicht mehr weit sein, und wir wollten vor dem Morgen einen sicheren Ort erreicht haben. Als wir an ein anderes Dorf kamen, sollten wir in Deckung warten. Für Albert und Kurt kann ich nicht sprechen, aber ich betete mit Inbrunst.
Dann kam die Führerin zurück und führte uns zu einem Haus am Dorfrand. Dort wartete ein Mann auf uns, der uns in ein Fahrzeug mit Plane wies. Wir sollten still sein und warten. Dankbar verabschiedeten wir uns von der Frau, und sie fuhr mit ihrem Rad zurück. Der Mann sagte, er würde uns zu einer Gruppe von Leuten bringen, die er zur Arbeit fahren würde. Wenn alles gut ging, würden wir in das Niemandsland gelangen, wir seien schon kurz vor der Grenze.
Wieder bewährten sich amerikanische Zigaretten. Einige hatten wir der Führerin gegeben, jetzt erhielt der Fahrer welche von Kurt und Albert.

Bald hörten wir Leute kommen und auf den alten Lastwagen steigen. Einige sahen uns neugierig an, aber niemand sprach. Es war, als wolle keiner von uns Notiz nehmen. Der Fahrer zählte die Leute und fuhr ab. Wir bemerkten bald russische Streifen, wurden aber nicht angehalten. Dann hielt der Fahrer und sagte uns, hier sollten wir uns selbständig machen. Wenn wir uns an seine Anweisungen hielten, müßten wir unbemerkt ins Niemandsland gelangen können. Der Lastwagen fuhr davon, und wir gingen auf die Grenze zu. Es wurde Morgen, aber noch nicht richtig hell.

Die Gegend sah öde aus, doch wir wußten, daß das täuschte. Glücklicherweise fanden wir den vom Fahrer beschriebenen Punkt. Wie er uns gesagt hatte, konnte man den Stacheldraht anheben, und wir begannen durchzukriechen. Diesmal war es schwieriger, weil ein Kind dabei war, und Marianne und ich hatten auch ein paar Sachen mit. Doch wir schafften es.

Lange robbten wir oder gingen gebückt, um im Niemandsland nicht aufzufallen. Schließlich konnten wir aufrecht weitergehen. Wir hofften, aus der Gefahrenzone heraus zu sein. Sobald wir konnten, fragten wir nach dem Weg, und schließlich gelangten wir an einen Bahnhof in der Westzone. Dort konnten wir uns sauber machen, und wir fanden etwas zu essen.

Dann kam ein Zug, und wir waren auf dem Weg Richtung Kitzingen. Wieder mußten wir von der englischen in die amerikanische Zone. Da wir in Begleitung zweier Männer waren, die im Westen Wohnrecht hatten, blieben Marianne und ich unbehelligt.

Zuerst saßen wir alle im gleichen Abteil, doch dann wurde Albert unruhig und bat mich in den Gang hinaus, damit wir uns etwas die Füße vertreten und uns allein unterhalten könnten. Ich hatte schon bemerkt, daß er und Kurt nicht recht harmonierten. Das war mir nicht angenehm, ich wollte bei meiner Familie bleiben. Aber ich wollte keine Szene machen und ging mit ihm hinaus.

Albert machte weiter Schwierigkeiten, indem er nicht im gleichen Abteil wie Kurt und Marianne sein wollte. Kurt war darüber ungehalten, und ich konnte schon ahnen, daß es etwas schwierig werden würde. Albert sagte mir, als Einheimischer habe er hier sehr viel mehr Rechte. Er war kein Flüchtling und hatte wie die meisten Menschen im Westen etwas dagegen, daß so viele Fremde hereinkamen. Er wollte mich damit beeindrucken, daß er viel besser etwas erreichen könne als (zum Beispiel) Kurt. Das war unnötig, und mir war dieses Gerede unangenehm. Albert benahm sich schon wie mein Eigentümer. Er verlangte von mir sehr unangenehme Dinge. Im Augenblick wollte ich eine abwartende Haltung einnehmen. Ich fand sein Verhalten, gelinde gesagt, merkwürdig. Als ich vorschlug, wieder in das Abteil zu Kurt und Marianne zu gehen, wurde er ganz ungehalten und warf mir vor, ich hätte meinen Vetter lieber als ihn. Einfach lächerlich!

Ich war so erzogen, daß man in der Öffentlichkeit nicht streitet oder eine Szene macht, und daß man sich immer zu beherrschen hatte. Ich sagte mir also: abwarten. Nur wenig erkannte ich damals in Alberts Verhalten die Anzeichen, die später in meinem Leben so große Bedeutung erlangen sollten.

Ankunft in Kitzingen. Kurt wollte Marianne mit nach Nürnberg nehmen, wo er eine Wohnung hatte. Auch sein Leben war damals recht ungewiß. Wir verabschiedeten uns also, und Albert und ich machten uns vom Bahnhof auf den Weg (wie ich meinte) zu den Leuten, bei denen damals Dorchen und ich gewohnt hatten.

Wir gingen über die Mainbrücke. In der Mitte der Brücke teilte mir Albert mit, daß ich NICHT bei diesen Leuten, sondern im Hause seiner Eltern wohnen würde. Er wollte mich nie aus den Augen lassen. Niemand sonst wußte, daß ich nach Kitzingen kam. Wir hatten unseren ersten ernsten Streit! Ich wollte nicht in seinem Elternhaus wohnen. Albert hatte mich irregeführt, ich fühlte mich verraten und wütend. Ich war völlig aus der Fassung. Dann änderte er die Tonlage und meinte, ich würde seinen Eltern willkommen sein. Er könne für mich Arbeit finden, und dann wäre eine Aufenthaltserlaubnis so viel leichter zu bekommen. Er hatte genug Lebensmittel von den Amerikanern, für die er arbeitete. Es würde also kein Problem geben, wenn ich vorläufig bei seinen Eltern wohnte. Meine Mithilfe im Haushalt wäre auch sehr willkommen, weil seine Mutter Brustkrebs hatte und sehr hilfsbedürftig war. Konnte ich mir nicht das alles überlegen? Schließlich hatte er mir in den Westen geholfen, ich war ihm also irgendwie verpflichtet.

So ging es immer weiter. Was sollte ich denn sonst anfangen? War ich am Ende nur egoistisch, daß ich nicht zu seinen Eltern kommen wollte? Doch was blieb mir schließlich übrig? Also gingen wir weiter. Ich überlegte: könnte vielleicht doch etwas daraus werden? Als wir bei seinem Heim anlangten, führte Albert mich in die Küche, wo nur seine Mutter war. Sie sah recht überrascht und ärgerlich drein. Als erstes sagte sie: „Was will die denn hier?" Kein Gruß- oder Willkommenswort. Dann sagte ihr Albert, ich würde hier bleiben. Das löste eine harsche, unschöne Reaktion aus. Seine Mutter wollte mich eindeutig nicht. Wie könne Albert so etwas von ihr verlangen? Sie wolle lieber zur Hölle gehen, als verarmte und dumme Flüchtlingen im Hause zu haben, usw. usw.

Bei all dem Geschrei und Gekeife kam Alberts Vater nach Hause und fragte, was los sei. Albert legte wieder seinen Standpunkt dar. Alberts Mutter war eine große und schwere Frau, sein Vater verhältnismäßig klein und still. Ein ungleiches Paar, außerdem erschienen mir beide Eltern als ziemlich alt. Die drei hatten einen fürchterlichen Streit, bei dem sich der Vater auf Alberts Seite stellte. Wo war ich da hineingeraten? Ich war wie gelähmt. Wie konnte sich eine Familie derartig streiten?

Meine Eltern erhoben nie auch nur die Stimme, wenn sie eine Meinungsverschiedenheit gehabt hatten, jedenfalls nie, soviel ich mich erinnere, vor uns Kindern. Ich hatte noch nie die Ausdrücke gehört, die sich Albert und seine Eltern an den Kopf warfen. Einfach schrecklich. Das mußten ja die Nachbarn hören. Ich wollte am liebsten auf und davon. Albert hatte mich wohl genauer beobachtet, als ich dachte. Er hinderte mich am Wegrennen und sagte mir mit Bestimmtheit, ich solle dableiben. Ich mußte also wenigstens für den Augenblick in diesem Hause bleiben.

Ich bekam ein überzähliges Bett zum Schlafen. Schließlich gab es ein Abendessen; ich konnte es kaum hinunterbringen. Niemandem fiel es ein, mich zu fragen, wie ich das alles empfand. Wenn Albert sprach, konnte ich ihn gut verstehen, aber bei seinen Eltern war das anders. Diesen Dialekt hatte ich noch nie gehört. Die Eltern gaben sich aber auch keine Mühe, mich zu verstehen.

Beim Abendessen sah ich Alberts jüngeren Bruder Hans, der auch hier wohnte. Albert bemerkte, wie mich das alles irritiert hatte, und versuchte mit aller Mühe, einen Ausgleich zu schaffen. Ein um das andere Mal versicherte er mir, daß sich mit der Zeit alles einrenken werde. Er habe eben seine Eltern völlig überrumpelt. Er liebe mich so, daß er es nicht ertragen könne, wenn ich anderswo wohnte. Das waren ja schöne Aussichten! Um Gründe war er nicht verlegen. Und ich war trotz der schrecklichen Zeiten, die ich durchgemacht hatte, so jung und unerfahren, daß ich ihm zu glauben begann. Damit nahm ein weiteres Kapitel in meinem Leben einen ganz schlechten Anfang, obwohl ich auf der westlichen Seite des Eisernen Vorgangs war!

Die Tage nahmen ihren Lauf. Alberts Mutter mied mich, wann und wo sie nur konnte, und ich tat dasselbe. Sein Vater war ein sehr sympathischer, ruhiger Mann, und ich bedauerte ihn oft wegen der Behandlung durch seine Frau. Sie beherrschte eindeutig jeden in diesem Haus.

Albert ging wieder zur Arbeit. Jeden Tag brachte er Übriggebliebenes aus der amerikanischen Küche mit nach Hause. Er sagte mir, ich sei für niemanden eine Last, er bringe für alle genug mit. Für mich, hungrig und noch unterernährt, waren diese Essensreste etwas ganz besonderes, obwohl für mich nicht gerade viel übrig blieb. Das meiste übernahm seine Mutter und sein Bruder. Das war Albert aber nicht so recht klar. Sein Vater beklagte sich nie, und ich auch nicht. Ich war für die kleinste positive Geste dankbar.

Ich übernahm die Hausarbeit und versuchte redlich, mich anzupassen. Ich hatte ja keine andere Wahl. Ich war illegal im Westen und hatte keinerlei Papiere, mit denen ich Aufnahme hätte beantragen können. Für eine Aufenthaltsgenehmigung mußte man eine Wohnung haben. Jeder bewohnbare Fleck war bewirtschaftet, und die Erlaubnis zu einem Umzug bekam man erst nach langem Warten. Eine Arbeitsgenehmigung war von einer Zuzugsgenehmigung abhängig. Wie man es auch betrachtete, ich war in einem Labyrinth gefangen.

Eines Tages erschien die Polizei im Haus. Es gab ein großes Hin und Her, bis sie schließlich einverstanden war, daß ich vorläufig hier blieb. Schließlich durfte ich Verbindung mit meiner Cousine Dorchen und Hans aufnehmen. Hans half mir bei allen bürokratischen Schritten für eine Aufenthaltsgenehmigung. Dorchen durfte mich damals nicht bei Albert besuchen, und ich nicht sie. Ich brauchte aber unbedingt ihre Mitwirkung bei meinem Antrag, deshalb durfte ich dann schließlich hingehen.
Natürlich sagte ich den beiden nichts über meine unschöne Situation. Sie hatten selbst genug Probleme. Und ich fand, daß ich mich aus dieser Patsche auch wieder selbst befreien müßte.
Die Aufenthaltspapiere waren für mich lebenswichtig. Ich konnte unmöglich in die russische Zone zurück, denn ich war schwanger. Damals war mir nicht so richtig klar, daß das ein guter Schachzug Alberts war, mich an ihn zu binden. Unter solchen Umständen konnte sich ein Paar damals eigentlich gar nicht trennen. Die Welt war noch sehr voller Vorurteile und von den Männern beherrscht.
Als Albert es erfuhr, war er begeistert. Mir war aber gar nicht wohl dabei. Es konnte im Hause seiner Eltern meinen guten Ruf nur noch untergraben. Ich hatte dabei natürlich überhaupt nichts zu sagen. Eigentlich war ich vom Regen in die Traufe gekommen. Bisher hatte für mich Unterwerfung unter einen Mann nie etwas anderes als Vergewaltigung bedeutet, gegen die ich machtlos war. Jetzt hieß es: „Das erwarte ich von dir."
Nur die Wünsche das Mannes zählten; ich hatte kein Recht, nein zu sagen. Da ich mich nie jemandem richtig anvertrauen oder über Sexualität und andere persönliche Dinge sprechen konnte, meinte ich einfach, so müßte das Leben eben sein. Das war nicht gerade der beste Boden für eine gute, glückliche und gesunde Beziehung.
Ich bat Albert inständig, es seinen Eltern zu sagen, aber er wollte davon nichts wissen. Sie würden es schon bald genug selber mer-

ken. Wie oft sollte diese seine Haltung in den kommenden Jahren noch ein großes Problem werden!
Inzwischen war Albert nicht mehr bei den Amerikanern beschäftigt, und er konnte keine Lebensmittel mehr nach Hause bringen. Was da war, hatte seine Mutter unter Schloss und Riegel. Mit den Lebensmittelkarten mußte man für ein bißchen endlos Schlange stehen, und oft gab es dann schon nichts mehr, wenn man endlich drankam.
Diese Schlangestehen kam mir schwer an. Ich wurde wegen der Schwangerschaft häufig ohnmächtig, und daß ich oft sehr hungrig war, besserte natürlich nichts. Die Leute sagten sich natürlich, daß eine Schwangerschaft dahinter stehen mußte, und schon war ich unter den soliden Hausfrauen eine Ausgestoßene.
Es war eine schreckliche Zeit. Im Hause mußte ich ständig das Geschrei der Auseinandersetzungen miterleben, und das täglich; und dann das Schlangestehen. Das alles wurde ein großes Problem. Mir war strengstens verboten, das Haus aus einem anderen Grund zu verlassen. Ich wurde immer niedergeschlagener.
Es konnte keine Rede mehr davon sein, Mutti und Gerd aus der russischen Zone zu holen. Das belastete mein Herz und mein Gewissen schwer. Ich hatte es ihnen ja versprochen. Ich fühlte mich für sie verantwortlich und hatte sie in einer gefährlichen Situation allein gelassen, das nagte an mir.
Mutti schrieb mir ab und zu, doch Alberts Mutter machte die Briefe immer vorher auf. Sie beschwerte sich vehement, daß sie Muttis Handschrift nicht lesen könne. Weil Mutti infolge ihrer linksseitigen Lähmung schlecht schreiben konnte, war es in der Tat etwas schwierig. Dieses war mir sehr lieb, denn Alberts Mutter hatte wirklich kein Recht, meine Post zu kontrollieren. Aber Mutti und Gerd klagten nie. Wenigstens waren sie nicht mehr für Landarbeit verantwortlich. Das Land war ihnen weggenommen worden, als der Bürgermeister von Alt-Negentin herausfand, daß ich in den

Westen gegangen war. Die beiden lebten jetzt von Lebensmittelkarten.

Dorchens und Hansens Heirat rückte heran. Hans und Kurt gingen in die russische Zone zurück und konnten unter gewissen Schwierigkeiten Dorchens Eltern in den Westen holen. Jetzt waren also meine Tante Elise und ihr Mann auch da. Hans hatte für sie tatsächlich eine kleine Wohnung gefunden.

Albert und ich waren zur Hochzeit eingeladen. Für mich war es kein Anlaß zur Freude. Natürlich freute ich mich für Dorchen und Hans, doch unter meinen Leuten empfand ich meine Situation als noch viel drückender. Albert kam nicht gerne mit. Er fand auch zu meinen Verwandten selbst in späteren Jahren keinen Kontakt. Er versuchte es nie ernstlich und fühlte sich stets als Einheimischer überlegen. Ohne Zweifel hatten Albert und meine Verwandten einander wirklich nichts zu sagen. Wie hatte sich doch alles verändert!

Tante und Onkel hatten genug damit zu tun, in ihrem neuen Leben zurechtzukommen, und zeigten sich auch nicht besonders aufgeschlossen. Natürlich sagte ich ihnen nie etwas von meiner schwierigen Situation. Ihnen schien mein Leben für mich ganz akzeptabel oder sogar recht gut zu sein. Albert und ich verließen die Hochzeit, sobald es schicklich war.

Jetzt überlegte sich Albert, was er in Zukunft machen wollte. Er war mit 15 als Nachrichtenhelfer eingezogen worden und konnte seine Lehre als Schlosser nicht beenden. Sein Vater, ein Zimmermann, meinte, Albert solle diesen Beruf erlernen. Albert hatte immer schon gern mit Holz gearbeitet, nun sollte er also bei seinem Vater arbeiten und auf Zimmermann umschulen.

Um diese Zeit bekam ich meine Aufenthaltsgenehmigung für Kitzingen. Jetzt konnte ich mich nach einer Arbeit umsehen. Ich kam ziemlich bald in eine ehemalige Winzerei, die jetzt alkoholfreie Getränke herstellte. Das Leben wurde etwas erträglicher.

Mutti war über das zu erwartende Baby glücklich und schickte mir etwas selbstgemachte Babykleidung, die hier schwer erhältlich war. Ich wandte mich an das Rote Kreuz und bekam auch ein Paket mit sechs Windeln und ein paar anderen Sachen. Ich war sehr dankbar dafür.

Albert hatte früher schon erwähnt, daß seine Mutter viele Babysachen aufbewahrt habe. Als sie von meiner Schwangerschaft erfuhr (die ich ihr übrigens - ich hielt es für notwendig - selbst mitteilte), gab sie die Sachen einer Freundin, deren Tochter ebenfalls schwanger war.

Bei allen Schwierigkeiten gab es auch ein paar schöne Momente. Albert gehörte zu einer Baseballmannschaft. Die Amerikaner hatten etwas Training angeboten, und Albert wurde ein guter Spieler. An vielen Sonntagen spielte die deutsche Mannschaft zu Hause oder auswärts, wofür ihr ein Militärlastwagen zur Verfügung gestellt wurde. Ich war die einzige Frau in der Mannschaft und nahm auch an den Auswärtsspielen teil. Bei solchen Gelegenheiten bekamen wir gewöhnlich von den Amerikanern etwas Essen, was die Freude beim Zuschauen und Erlernen noch erhöhte.

7. Kapitel
Familiengründung

Albert bemühte sich um eine Heiratserlaubnis für uns, da wir beide nicht volljährig waren. Sein Vater willigte ein, seine Mutter nicht, so daß bis zu Alberts Volljährigkeit nicht an Heirat zu denken war.
So vergingen die Monate. Nie gab es Frieden in dieser Familie oder im Hause. Albert arbeitete jetzt in der gleichen Firma wie sein Vater, und anscheinend gern. Etwas Entspannung fand ich nur während meiner Arbeit. In Alberts Augen zählten meine Schwierigkeiten wenig. Er war die Atmosphäre gewohnt und meinte, ich sei überempfindlich. Als ich einmal - ich erinnere mich genau - Alberts Mutter um die Zusatzration Milch bat, die wegen der Schwangerschaft mit zu meiner Lebensmittelkarte gehörte, wollte sie sie mir nicht geben. Sie wurde wütend und schlug mich ins Gesicht. Was ich mir denn herausnähme! Wie durfte ein unwillkommener, armer, nutzloser Flüchtling, der nicht einmal Katholik war, so etwas von ihr verlangen.? Sie haßte mich tödlich, nur weil ich fragte. Sie haßte auch meine Schwangerschaft, und sie warf mir immer wieder ins Gesicht, das sei nicht das Kind ihres Sohnes. Als sie mich schlug, war ich derart aufgebracht, daß ich ihr den Hals hätte umdrehen können. Von meinen Eltern war mir so etwas nie geschehen. Albert hielt das für keine große Affäre.
Etwas Gutes aber ergab sich daraus. Wir konnten jetzt unsere Lebensmittelkarten selbst in die Hand nehmen. Wir würden selber kochen, so wenig es auch gab. Ich hatte ein ganz kleines Zimmer, in dem wir beide existierten. Gekocht wurde in der Küche, dann aßen wir in dem Zimmerchen.
Ich hatte nur eine vage Vorstellung, wann das Baby kommen sollte. Ein Arzt wurde damals nicht zu Rate gezogen. Die Frau eines Freundes von Albert war auch schwanger. Hilde war ein sehr lieber

Mensch, und ich mochte sie; ich konnte sie aber nur selten sehen. Über die Schwangerschaft wußte sie kaum mehr als ich. Sie und ihr Mann bewogen aber Albert, daß ich in der Klinik entbinden sollte. Damals fanden noch viele Geburten zu Hause mit der Hebamme statt. Nun würde ich wenigstens mein Kind nicht in diesem Hause zur Welt bringen müssen. Ich arbeitete bis in die letzten Tage meiner Schwangerschaft. Ich hatte kaum zugenommen, und natürlich hatte ich keine Umstandskleidung. Ich weiß heute noch nicht, wie ich - hungrig, unterernährt und meist gestresst - diese Schwangerschaft bis an ihr normales Ende bringen konnte.

Mit großen Abständen sah ich meine Verwandten. Als ich einmal meine Tante Elisa etwas bezüglich des Geburt fragte, wurde sie verlegen und sagte, wenn es soweit sei, würde ich schon merken, was geschehen würde. Welche Hilfe!

Schließlich kam der Tag. Albert beriet sich mit einer Hebamme, die in unserer Straße wohnte, und rief einen Krankenwagen. Ich wurde in die Köster-Klinik in Würzburg gebracht, bei der wir uns schon angemeldet hatten. Es war ziemlich schrecklich, die Wehen durchzumachen ohne eine Idee, womit ich es eigentlich zu tun hatte. Ich lag in einem Zimmer mit 4 Betten, die aber - unglücklicherweise für mich - alle leer waren. Ab und zu sah eine Schwester nach mir, und sie sagte mir, es würde noch ziemlich lange dauern.

Ich weiß noch, wie kalt das Zimmer war und wie mich alles belastete und welche schreckliche Angst ich hatte. Stunde um Stunde verging. Nach 18stündigen Wehen wurde das Kind endlich geboren. Alles war sehr schwierig, was zum großen Teil an meiner Unwissenheit lag. Eine auf sich allein gestellte, unverheiratete Mutter konnte auf kein Verständnis oder Anweisungen des Arztes oder der Schwestern hoffen.

Das Kind war ein Junge und wog kaum mehr als 5 Pfund. Doch er war gesund, und es war der glücklichste und kostbarste Augenblick meines Lebens, als ich ihn endlich in meinen Armen halten konnte.

Albert besuchte mich am Nachmittag, und er war auch sehr stolz auf seinen kleinen Sohn. Wir beschlossen, ihn katholisch taufen zu lassen, und das geschah, während ich noch in der Klinik war.
Ich hatte viel Muttermilch für das Kind. Doch ich hatte nach der Geburt viel Blut verloren und war furchtbar schwach. Wir nannten das Kind nach unseren Brüdern Hans-Gerd. Ich hoffte, daß sich die Familienverhältnisse nun entspannen würden. Doch bei der Taufe mußte ich einen weiteren Schlag einstecken. Als unverheiratete und auch noch protestantische Mutter galt ich vor der katholischen Kirchenlehre nichts, und der Priester erteilte mir keinen Segen. Wie ist die Welt doch ungerecht!
Einige Tage später kam ich mit dem Kind in den Armen zu Albert nach Hause und ging in die Küche. Ich hatte das Glück, in einem leeren Krankenwagen mitfahren zu können, und so kam ich für die Leute zu Hause unerwartet. Albert war nicht zu Hause, und ich fühlte mich sehr unsicher und unwohl, als ich allein herein kam. Alberts Mutter nahm das Kind an sich. Von diesem Augenblick an verlor ich die Sorge für mein kleines Baby. Alberts Mutter belegte den kleinen Hans-Gerd sofort mit Beschlag. Sie sagte mir klipp und klar, ich sei viel zu jung und unerfahren, um das Kind zu betreuen. Mir wurde großzügig erlaubt, das Kind zu stillen und die Windeln zu wechseln.
Alberts Vater war von dem Kind sofort hingerissen. Ich freute mich, daß es Albert recht ähnlich sah. Als Albert nach Hause kam, konnte er mit Befriedigung feststellen, daß ich nach Hause gekommen war. Ich möchte zu gern glauben, daß er auch auf eine Verbesserung des Verhältnisses zu seinen Eltern hoffte.
Eine merkwürdige Lebensweise stellte sich für mich ein. Sobald Hans schrie, wurde er mir zum Stillen oder Saubermachen übergeben. Ansonsten war er stets bei seiner Großmutter, und ich hatte in der Sache überhaupt nichts zu sagen. Das schmerzte mich natürlich sehr. Gewiß war ich jung und unerfahren, aber Hans war immer noch MEIN Kind. Ich hätte sicherlich für ihn sorgen können.

Albert machte sich darüber keine Gedanken. Er hatte das Gefühl, daß seine Mutter nichts wirklich falsch machte.
In späteren Jahren dachte ich oft über die ganzen Hindernisse nach, die mich hätten warnen können. Damals erkannte und verstand ich sie nicht. Ich gab mir die größte Mühe, mich in seine Familie einzufügen, und glaubte tatsächlich, daß mit der Zeit alles besser würde. Albert versicherte mir ständig, daß er IMMER auf meiner Seite stehe. Er stritt sich viel mit seiner Mutter - wie er sagte, zu meiner Verteidigung. Doch im Grunde änderte sich gar nichts. Vieles konnte Albert nicht anders sehen, er wußte es einfach nicht besser. Außerdem war er nicht viel zu Hause.
So setzte sich diese höchst merkwürdige Lebensweise fort. Ich übernahm unser Kochen und die gesamte Hausarbeit. Aber mein Kind bekam ich nur, wenn es die Großmutter so entschied. All übrige Zeit war es bei den Großeltern. Albert schien sogar froh darüber; unser Zimmer war sehr klein, und so war ich nur für ihn da. Manchmal hatte ich das Gefühl, ich müßte mein Kind entführen und davonrennen. Natürlich gab es dazu keine realistische Möglichkeit, und ich hätte nicht gewußt, wo ich bleiben sollte.
Einige Monate später hatten Albert und ich Heiratserlaubnis erhalten. Die Eheschließung mußte in der katholischen Kirche stattfinden, weil in dieser Gegend jeder und alles katholisch war.
In dieser ganzen Zeit dachte ich oft an Mutti und Gerd und wünschte mir, sie in den Westen holen zu können. Doch die Verhältnisse waren noch so schlecht und unsicher, daß daran nicht zu denken war. Selten sah ich meine Verwandten, doch ich hörte, daß Dorchen ein Kind erwartete. Ich freute mich für sie und Hans.
Hochzeitsvorbereitungen wurden getroffen. Albert hatte eine Schulfreundin, die mir ein Kleid borgen wollte. Alberts Vater und ein Onkel würden Trauzeugen sein. Das Aufgebot erfolgte, wie vorgeschrieben, drei Wochen vorher am Anschlagbrett der Kirche. Man sagte mir gleich, meine Verwandten könne ich nicht einladen, es gebe nicht genug zu essen. Außerdem wollten meine künftigen

neuen Verwandten - will sagen, Alberts Mutter - diese merkwürdigen Leute nicht in ihrem Hause haben. Albert hatte einen Hochzeitsstrauß aus weißen Nelken bestellt.

Dann kam der Hochzeitstag, der für ein so junges Mädchen ja ein glücklicher sein sollte. Die Freundin, die mir ihr Kleid geborgt hatte, half mir beim Frisieren. Albert wartete auf die bestellten Blumen. Sie kamen aber nicht, und schließlich ging er sie holen. Das würde mindestens eine Stunde dauern.

Vor der kirchlichen Trauung mußten wir zum Standesbeamten ins Rathaus gehen. Die Zeit wurde knapp. Glücklicherweise kam Albert rechtzeitig zurück, doch zum Rathaus mußten wir nun ein Taxi nehmen. Die Ziviltrauung war kurz und bündig. Dann ging es in die Kirche. Dort aber waren die Türen verschlossen! Nach vielem Hin und Her kam eine Nonne und wollte wissen, was los sei. Wir erfuhren, daß der Pfarrer beim Essen war und die Trauung vergessen hatte.

Das alles war geradezu gespenstisch. Ich hatte das Gefühl, ich müsse jeden Augenblick aus einem Alptraum erwachen. Das konnte doch nicht wahr sein! Schließlich war der Priester bereit. Albert, ich und die beiden Trauzeugen gingen in die Kirche. Keine Blumen, keine Musik, kein Willkommen. Wir sagten „ja" und machten uns auf den Heimweg.

Zu Hause hatte Alberts Mutter ein Mittagessen gekocht. Wir saßen zu fünft am Tisch. Als aufgetragen war, sagte mir meine neue Schwiegermutter, ich solle mich zurückhalten, sie wollte etwas von dem Essen für später übrig behalten. Dieser Tag war gewiß kein gutes Vorzeichen. Alle guten Absichten und aller guter Wille, die ich Alberts Familie entgegenbrachte, waren für die Katz. Kein Wunder, daß ich von dem widerwillig gewährten Essen kaum einen Bissen herunterbrachte.

Nach diesem sogenannten Mittagessen wusch ich das Geschirr ab und verrichtete alle meine üblichen Hausarbeiten. Das also war mein Hochzeitstag. Keine Segenswünsche, kein Willkommen in dieser Familie. Meine Mutter hatte uns Geld geschickt, und von meinen Verwandten erhielten wir einen prachtvollen Gladiolenstrauß. Das waren unsere Hochzeitsgeschenke. Viel hatte sich nicht geändert, außer daß ich in den Augen der Gesellschaft nun eine Ehefrau und damit „respektabel" war. Es gab immer noch wenig zu essen für die Hausbewohner

Albert hatte gelegentlich amerikanische Zigaretten gegen das Allernötigste getauscht. Diese waren damals noch eine wertvolle „Währung", und man konnte für sie fast alles bekommen. Albert sagte mir, wir würden genug Zigaretten für eine Schlafzimmereinrichtung zusammensparen, die ein Möbelschreiner aus der Stadt bauen würde.

Albert war überhaupt selten zu Hause. Er hatte seine Freunde, er kannte viele Leute, und er war mit amerikanischen Soldaten befreundet. Er hatte immer etwas zu tun. Seine Arbeit als Zimmermann mochte er immer noch. Oft sagte er mir, er würde es nicht aushalten, in unserem Zimmerchen eingesperrt zu sein.

Nicht lange nach unserer Hochzeit entdeckte ich, daß ich wieder schwanger war. Um diese Zeit mußte Alberts Mutter ins Krankenhaus, weil ihr Krebs wieder aufgetreten war. Das war für mich ein Einschnitt: jetzt konnte ich mich wenigstens selbst um meinen kleinen Sohn kümmern. Ich mußte aber auch für den ganzen Haushalt sorgen. Ich kochte und wusch für meinen Schwiegervater und Schwager und für Albert. Wenn es sonst etwas zu tun gab, etwa Außenarbeit, ich machte sie. Wir hatten einen großen Gemüsegarten, der ständig gegossen und gejätet werden mußte. Die gesamte Ernte mußte eingemacht werden. Es war eine ständige Plackerei.

Mit am schlimmsten war das Waschen. Damals war es harte und langwierige Arbeit. Waschmaschinen oder Trockner gab es nicht. Die schmutzige Wäsche wurde über Nacht eingeweicht. Dann wurde sie in einem großen Waschkessel gekocht und anschließend auf einem Waschbrett oder mit der Bürste auf einem Tisch geschrubbt. Schließlich wurden sie nochmals in guter Seifenlauge gewaschen.

Dann begann das Spülen, das mehrmals wiederholt werden mußte. Schließlich konnte die Wäsche zum Trocknen aufgehängt werden. Am unangenehmsten war die Behandlung der Wäsche im kalten Wasser. Nur das Kochen und Schrubben geschah mit heißem oder warmem Wasser. Am Ende das Tages hatte man geschwollene und oft offene und blutige Hände. Natürlich gab es keine Handpflegemittel. Im Winter gefror einem die Wäsche oft unter den Händen. Dann mußte sie auch länger in der Küche oder sonstwo nachgetrocknet werden. Es dauerte Tage, bis sie gebügelt werden konnte. Und dann - ging alles wieder von vorne los. Das gesamte Abwasser mußte auf die Straße getragen und ausgegossen werden. Im Hause gab es keinen Abfluß. Ja, damals war es nicht leicht, Hausfrau zu sein.

Während meine Schwiegermutter im Krankenhaus war, aßen wir alle zusammen in der Küche. Für mich war es eine große Erleichterung, daß ich unser Essen nicht in unser Zimmerchen tragen mußte. Die ganze Atmosphäre im Hause war jetzt sehr viel besser. Es gab fast so etwas wie ein Familienleben.

Aber so blieb es nicht. Alberts Mutter kam zurück, war aber bettlägerig. Mein Schwiegervater und ich kümmerten uns um sie. Sie war ein so unglücklicher Mensch, daß ihr niemand etwas recht machen konnte. Ich habe nie etwas über Freunde oder Verwandte von ihr erfahren. Mir schien es oft, als konzentriere sie sich auf nichts anderes als ihrer Familie das Leben schwer zu machen - ausgenommen ihren jüngeren Sohn Hans. Er war ihr Liebling, und das wußte er.

Unverständlich war mir, wie Menschen, die ständig stritten und sich anschrien und für ihre Mitmenschen kein Quentchen guten Willen oder Mitleid aufbrachten, sich als strenge Katholiken oder gläubige und gute Christen ausgeben konnten. Das Wichtigste war zweimal am Tage in die Kirche zu gehen. Offenbar hatte ich noch eine Unmenge zu lernen.

Daß ich wieder schwanger war, brachte meine Schwiegermutter noch mehr gegen mich auf. Für uns sechs war schon zu wenig Platz im Haus. Darin mußte ich ihr zustimmen. Es ging schon sehr eng zu, und ich hatte Albert mehr als einmal gedrängt, daß wir beide uns nach einer größeren Wohnung umsehen sollten. Doch davon wollte er nichts hören. Er meinte, in seinem Elternhaus habe er jederzeit das Recht zu wohnen. Und so blieben wir. (Damals wie auch heute war das deutsche Familien- und Erbrecht von dem der Vereinigten Staaten ziemlich verschieden.)
Wir mußten also alle versuchen, aus den gegebenen Umständen das Beste zu machen und wenigstens jeden Tag einigermaßen über die Runden zu kommen. Ich hatte jetzt mehr Hausarbeit und Pflichten wegen der Pflege für Alberts Mutter, und ich wunderte mich oft, wie ich mit allem fertig werden konnte. Die zweite Schwangerschaft war nicht einfach. Mein Körper hatte sich von der ersten nicht genug erholen und Reserven bilden können. Aber ich tat, was zu tun war, weil ich keine andere Wahl hatte.
In gewisser Weise freute ich mich auf ein zweites Kind, weil ich so wenig mit unserem ersten zusammen gewesen war. Ich wollte unbedingt jemanden haben, den ich lieben und hegen konnte. Hansi, wie wir unseren ersten nun nannten, lief jetzt im ganzen Haus herum. Er war sehr verwöhnt und ganz das Kind seiner Großmutter. Mit seinen Eltern wollte er nicht viel zu tun haben. Wann immer ich ihm etwas beibringen oder abgewöhnen wollte, fuhren seine Großeltern dazwischen. Trotz der Krankheit seiner Großmutter schlief er weiter bei den Großeltern. Ich kämpfte darum, ihn da herauszuholen, aber ich verlor. Immer hieß es, ich wolle ja nur Glück und Freude seiner Großeltern schmälern; wie konnte nur jemand so selbstsüchtig sein? - Selbstsüchtig?? Na, das sah ich anders.
In der Rückschau erkenne ich, daß diese ganzen Verhältnisse langsam, aber sicher mein Selbstvertrauen und jedes positive Lebensgefühl untergruben. Vorher hatte ich mit Erfolg ums Überleben

gekämpft und allem, was auf mich zukommen mochte, ins Auge geblickt. Jetzt aber hatte das Negative und Bedrückende des Lebens in diesem Hause meine Kraft und mein Selbstgefühl aufgezehrt. Oft fühlte ich mich hoffnungslos und eingesperrt, doch irgendwie hat mich der gütige Gott immer aufrechterhalten.

Albert war sehr glücklich und freute sich auf unser zweites Kind. Manchmal beim Einkaufen sprachen mich Nachbarn freundlich an. Doch ich durfte mich mit ihnen nicht einlassen. Alberts Familie muß die größte Angst gehabt haben, daß jemand mir die Augen öffnen oder mir klarmachen könnte, wie unbeliebt sie in der Gemeinde waren. Ich gewahrte Mitleid in den Augen der Nachbarn, doch ich war zu stolz, jemandem zu eröffnen, wie ich eigentlich lebte.

Inzwischen hatten Dorchen und Hans einen Sohn, der Hans-Dieter genannt wurde. Ich besuchte sie und konnte spüren, wie anders dort die Atmosphäre war. Auch ihre Wohnung war klein, aber ich spürte dort Glück und Harmonie, Liebe und Mitgefühl. Traurig darüber, wie sehr mir so etwas fehlte, kehrte ich nach Hause zurück.

Und dann war da das unerfüllte Versprechen, Mutti und Gerd aus der Ostzone herauszuholen. Wie konnte ich jemals hoffen, sie in den Westen zu holen - und dann in Verhältnisse wie die unseren? Hans hatte mir versichert, er würde Albert und mir bei der Wohnungssuche helfen, wenn wir einen Antrag stellten und auf eine Warteliste kämen. Auf dieser blieb man 3-4 Jahre, aber es war doch eine Hoffnung für die Zukunft.

Hans arbeitete jetzt für die Stadtverwaltung. Er hatte eine gute und wichtige Stelle, und ich war überzeugt, daß er für uns schneller eine Wohnung hätte finden können. Aber Albert änderte seinen Sinn nicht im geringsten. Er sagte, er wolle keine Almosen von „Fremden" (wie die Flüchtlinge von den Einheimischen genannt wurden). Doch der wahre Grund war, daß er sich meiner Familie nicht verpflichtet fühlen wollte.

Dann gab es in Westdeutschland die Währungsreform. Das alte Geld verlor seinen Wert. Jeder bekam 40 D-Mark. Für Bankguthaben bekam man später einen gewissen Ersatz.
Es ist ein merkwürdiges Gefühl, wenn das eigene Geld plötzlich nichts mehr wert ist. Nach der Währungsreform gab es überall Lebensmittel und Waren. Wunderschön und verführerisch anzuschauen - aber man hatte nicht genug Geld dafür. Anschließend begann in Westdeutschland das „Wirtschaftswunder". Amerika lieferte viel Kapital, und die Wirtschaft begann zu blühen. Westdeutschland erhob sich fast wörtlich aus der Asche. In der Bauindustrie wurden Überstunden gefahren. Einfuhr und Ausfuhr kamen in Gang. Freie Stellen gab es mehr als genug. Wir mußten eine Menge für die Besatzungstruppen aufbringen, aber die Menschen hatten Arbeit und konnten Steuern bezahlen. Es war wirklich eine historische Epoche des Wunders. Neue Hoffnung und neuer Mut erfüllten die Menschen.
Doch für unsere kleine Familie änderte sich herzlich wenig. Albert mußte vertraglich die Lehrzeit in seiner Firma beenden. Der einzige wirkliche Unterschied war, daß man jetzt Dinge des täglichen Bedarfs kaufen konnte, ohne Schlange zu stehen. Wir hatten aber sehr wenig Geld. Ich mußte jetzt unsere Ausgaben streng überwachen. Von heute aus erkenne ich, welchen dramatischen Wandel das neue Geld in unserer Ehe hervorrief. Vorher brauchte sich keiner zu schämen, wenn er nichts hatte, weil das fast jedem so ging. Deutschland hatte den Krieg verloren, und das mußten die Leute eben ausbaden. Das war eigentlich gar nicht so schlimm, weil jeder sich über Wasser zu halten suchte und auf bessere Zeiten hoffte. Die kamen nun mit der Währungsreform. Jetzt gab es alles im Überfluß. Doch wir kleinen Familien hatten nur sehr wenig Geld.
Albert hatte mit dem Möbelschreiner verhandelt, der uns gegen amerikanische Zigaretten ein Schlafzimmer bauen sollte. Das war fest abgemacht, wurde dann aber durch die Währungsreform hinfällig. Jetzt mußten wir mit gutem Geld bezahlen.

Als Lehrling verdiente Albert sehr wenig. Ich mußte über jeden Pfennig Haushaltausgaben Rechenschaft leisten und alles in ein Haushaltbuch eintragen. Das war für mich mehr als erniedrigend, war ich doch beim Einkaufen von jeher sehr umsichtig gewesen. Auch war ich schon Jahre vor unserer Ehe mit Geld umgegangen, und man hatte mir immer vertraut, daß ich das Richtige tun würde. Jetzt schien es, als ob mein Mann mich für unfähig oder nicht vertrauenswürdig hielte, die Familienfinanzen zu verwalten. Mein Verstand und mein Herz lehnten sich gegen diese Unbilligkeit und strenge Kontrolle auf.
Etwas anderes aber lernte ich nun sehr schnell. Ich, der ich noch nie Geldknappheit erlebt hatte, mußte erkennen, dass wir nun wirklich arm waren. Meine angeheiratete Familie hatte nie richtig Geld. Jetzt fielen mir, der ich Geldknappheit immer für eine Kriegsfolge gehalten hatte, viele kleine Einzelheiten auf. Mein Schwiegervater war ein hart arbeitender Zimmerei-Vorarbeiter. Doch die Familie hatte immer nur wenig. Alberts Eltern hatten fünf Kinder großgezogen, und auch in den besten Zeiten war das Familieneinkommen eher bescheiden. Doch mein Schwiegervater war ein stolzer Mann, der nie Almosen angenommen hätte. Er versuchte immer, mit etwas Nebenarbeit die Finanzen aufzubessern.
Bald nach allen diesen Veränderungen kamen die Wehen, und unser zweiter Sohn, Sigfried, wurde geboren. Ich entband zu Hause, das war am billigsten. Das Kind war gesund und wog gut 7 Pfund. Es war für mich ein Schatz, den ich nie jemand anderem anvertrauen würde.
Meine Schwiegermutter wollte das Kind nicht einmal sehen - nun gut. Doch Albert wollte es ihr zeigen. Ich war darüber verständlicherweise gar nicht glücklich. Doch Albert bestand darauf. Um es gelinde auszudrücken, meine Schwiegermutter empfing das Kind nicht gerade mit offenen Armen. Sie warf Albert mit dem Kind fast aus ihrem Zimmer!
Unser kleiner Sohn war ein glückliches Kind. Gestillt und sauber

gehalten, war er zufrieden. Irgendwie gelang es uns, das Geld noch ein bißchen zu strecken. Im großen ganzen war es für uns doch so etwas wie eine glückliche Zeit. Ich war echt froh, selbst für mein Kind sorgen zu können. Albert war stolz, doch ansonsten änderte sich für ihn nichts.

Er ging zur Arbeit, und danach machte er alles mögliche, was ihm wichtig war und mit seiner Familie wenig zu tun hatte. In gewisser Weise konnte ich ihn verstehen. Es gab ja nicht viel glückliches Familienleben zu Hause. Die Eltern, die unten wohnten, stritten ständig. Unser Zimmer war klein und unbequem. So fühlte sich Albert bei seinen Freunden viel mehr zu Hause. Wie ich mich fühlte oder mit allem fertig werden sollte, kümmerte ihn einfach nicht. Meine Tage wurden hektischer. Die häuslichen Mühen und Pflichten wurden anstrengender mit dem zweiten Kind. Irgendwie aber schaffte ich es.

Alberts Mutter war an dem Kind überhaupt nicht interessiert. Wenn Hansi kommen und mit ihm spielen wollte, erlaubte sie es nicht. Sie und ich hatten deswegen viel Streit und unschöne Auftritte. Doch nichts änderte sich.

Ich versuchte wie immer, Albert klarzumachen, wie nötig wir eine eigene kleine Wohnung hätten, doch er ließ sich nie im geringsten darauf ein. Er sagte, wenn er die Wahl hätte, würde er es sich vielleicht überlegen. Doch praktisch war es eben nicht möglich. Wohnungen waren noch äußerst knapp und schwer zu bekommen. So konnte er wenigstens andere verantwortlich machen.

Mit der Zeit wurde mir freilich klar, daß er auch sonst nie ausgezogen wäre. Warum sollte er auch? Sein Leben war fast hundertprozentig in Ordnung. Wir bezahlten wenig für unser Zimmer. Mich hatte er im Griff als den perfekten Haussklaven auch für seine Eltern. Er konnte auf seine zwei kleinen Söhne stolz sein. Essen, welches für ihn unbedingt wichtig war, hatte gut und reichhaltig zu sein, da mochte er niemals Einschränkungen hinnehmen. Er war Familienoberhaupt, wogegen er keinerlei Opposition duldete.

Seine Frau hatte ihm für des „gute Leben", das er ihr bot, dankbar zu sein. Was hatte ich also für ein Problem? Von so etwas wie Partnerschaft, gemeinsamen Lasten und gegenseitiger Fürsorge redete damals niemand.
Das war also mein Leben. Trotzdem konnte ich den Gedanken aufrechterhalten, daß man unter allen Widrigkeiten eine Hoffnung im Herzen behalten müsse. Ich hoffte immer noch auf ein besseres Leben!
Ganz selten konnte ich meine Verwandten sehen und etwas über meine Familie hören. Anscheinend war meine Tante Liesbeth (die Schwester meines Vaters) aus Sibirien entlassen worden und zu meiner Mutter gezogen. Später erfuhr ich, daß ihr Mann nach ihrer Rückkehr die Scheidung beantragt hatte, weil er nicht ertragen konnte, was sie jahrelang im Arbeitslager hatte erdulden müssen. Damit hatte sie kein Zuhause mehr und war nun froh, von meiner Mutter aufgenommen zu werden. Wie grausam kann doch das Leben sein!

Nach ein paar Monaten war ich wieder schwanger. Meine Gesundheit war schon eine Weile nicht gut, aber ich konnte das nicht beachten. Doch schon wieder eine neue Schwangerschaft, das war einfach zuviel. Das konnte doch nicht wahr sein! Unser Einkommen war schon bis zum letzten Pfennig beansprucht. Ich arbeitete von früh bis spät, und immer gab es noch irgendeine Anforderung. Ich fühlte mich oft schwindlig und erschöpft. Und nun die neue Schwangerschaft. Ich war ganz unglücklich und betete, daß ich mich täuschen möge. Doch bald gab es keinen Zweifel mehr. Albert war natürlich begeistert.
Die nächste Zeit war für mich die Hölle. Meine Gesundheit verschlechterte sich rasch, und ich verstand nicht, warum Gott mich noch jeden Tag weiterleben ließ. Eines Tages, als ich wusch und den Küchenboden wachste, bot meine Schwiegermutter an, auf den kleinen Sigfried aufzupassen, der mit seinem Bruder Hansi

spielen wollte. Mir war dabei nicht ganz wohl, doch ich konnte nicht gut abschlagen. So gingen alle in den Hof, während ich die Küche und Waschküche putzte.
Zuerst hörte ich die Kinder lachen und spielen, doch nach einer Weile wurde es merkwürdig still. Ich rannte hinaus in den Hof. Hansi lief auf mich zu. Ich fragte ihn, was geschehen sei, doch er antwortete nicht. Als ich um die Hausecke bog, sah ich etwas Schreckliches. Der kleine Siggi war in eine Regenwassertonne gefallen und kam nicht heraus. Meine Schwiegermutter saß daneben, sah ihm zu und - machte keinerlei Anstalten, ihm herauszuhelfen. Ich zog Siggi heraus und sah nur noch rot. Es war sonnenklar, daß sie Siggi am liebsten ertrinken gesehen hätte. Als ich ihr das vorhielt, zuckte sie die Achseln und sagte: „Ach was, er wäre schon herausgekommen." Dabei konnte er noch kaum laufen. Er hätte keine Chance gehabt. Das war alles so fürchterlich, daß ich heute noch glaube, ich hätte in diesem Augenblick meine Schwiegermutter umbringen können.
Die Hausarbeit ließ ich an diesem Tage liegen. Als ich sicher war, daß alles Wasser aus Siggis Lungen heraus und er gerettet war, griff ich nach Hansi und Siggi und rannte in unser Zimmer. Ich nahm meinen Geldbeutel und ein paar Kleidungsstücke für die Kinder und verließ mit ihnen das Haus, entschlossen, nie mehr zurückzukommen. Ein paar Stunden lang lief und lief ich und versuchte, den Schock zu überwinden. Schließlich ging ich zu Dorchen. Als ich ihr erzählte, was vorgefallen war, war sie ebenso entsetzt wie ich und wollte, daß wir blieben, obwohl auch ihre Wohnung sehr klein war. Als Hans (Dorchens Mann) nach Hause kam und erfuhr, was vorgefallen war, schäumte er vor Wut und überlegte, wie er uns helfen könne. Unglücklicherweise bot das damalige deutsche Recht Ehefrauen oder Kindern keinerlei Schutz gegen irgendwelche Übergriffe. Der Ehemann hatte alle Rechte und konnte mit Familienkrisen nach seinem Gutdünken umgehen.
Während diesem Durcheinander bemerkte ich, daß Blutungen ein-

gesetzt hatten. Jetzt also auch noch eine Fehlgeburt. Als wir noch bei Dorchen und Hans überlegten, was getan werden könne oder sollte, tauchte Albert auf. Er sei „höchst besorgt und könne mein Verhalten überhaupt nicht verstehen“. Er meinte, ich sei ohne jeden Grund in Panik verfallen; seine Mutter habe Siggi nie etwas Böses gewollt. Schwangere verhielten sich eben merkwürdig, usw. usw.

Ich konnte nicht glauben, was ich da hörte, und Dorchen und Hans auch nicht. Unter diesen chaotischen Umständen und wegen der Blutungen wurde ich ins Krankenhaus gebracht. Die Buben gingen mit ihrem Vater heim.

Ich weiß nicht, wie ich mit alledem fertig wurde. So unglücklich ich zunächst über die neue Schwangerschaft war, hatte ich sie schließlich akzeptiert. Doch der Schock wegen Siggi und die Fehlgeburt versetzten meinem Organismus schwere Schläge. Ich kehrte sehr geschwächt und mit stark beeinträchtigtem Selbsterhaltungstrieb in Alberts Haus zurück. Ich hatte aber keine andere Wahl als die tägliche Hausarbeit wieder auf mich zu nehmen. Ich war buchstäblich in diesem Haus gefangen. Zwischen Alberts Mutter und mir gab es nicht die geringste Kommunikation. Ich werde nie wissen, wie ich die Kraft und Zähigkeit für die ganze schwere körperliche Arbeit aufbrachte. Irgendwie schaffte ich es und erholte mich mit der Zeit sogar ein wenig.

Manchmal hoffte ich, daß Albert mir wenigstens bei schweren Lasten helfen würde, doch das geschah nie. Er hatte immer zuviel bei seinen Freunden zu tun. Seine Mutter hielt es nicht für nötig, mir irgend etwas in ihrem eigenen Haushalt abzunehmen. Sie behauptete, das könne sie nicht, weil sie Jahre zuvor operiert worden war. Das überraschte mich eigentlich nicht. Wenn ein Mensch gar nichts Gutes in sich hat, kann man von ihm nicht erwarten, sich zu einem anderen fürsorglich oder mitfühlend zu verhalten.

Bei allem, was ich tat, ließ ich Siggi keinen Augenblick aus den Augen. Das Vertrauen in seine Großmutter war endgültig zerstört.

Hansi wollte oft zu uns, und er liebte seinen kleinen Bruder. Doch er durfte nicht; bei jedem Versuch zerrte ihn seine Großmutter zurück.

Die Monate vergingen ziemlich gleichförmig. Manchmal konnte ich erkennen, wie unglücklich Alberts Vater über alles war, doch er war nicht stark genug, um irgend etwas zum Bessern zu wenden.
Damals gelang es Hans, Dorchens Mann, für Albert und mich eine kleine Wohnung zu beschaffen. Doch mein Glück währte nicht lange. Albert weigerte sich kategorisch, mit mir umzuziehen. Er verstand das deutsche Erbrecht so, daß er sein Elternhaus erben würde, wenn er darin wohnte. Umziehen wollte er nur in wesentlich bessere und größere Wohnverhältnisse. Natürlich lag es an Hans, daß er uns nichts derartiges verschafft hatte.
Wenn ich zurückdenke, muß ich immer noch über Alberts Haltung den Kopf schütteln. Seine Betrachtungsweise unserer Lebensverhältnisse war völlig abwegig. Seinetwegen konnten wir die Gelegenheit, einen eigenen Hausstand zu gründen, nicht ergreifen.
Aus Tagen wurden Wochen und aus Wochen Monate. Jeder Tag in Alberts Elternhaus war eine Qual. Glücklich war ich eigentlich nie, und die Hoffnung auf Veränderung schwand immer mehr. Meine Schwiegermutter tyrannisierte jeden im Haus. Deshalb war mein Schwiegervater möglichst wenig zu Hause, und Albert auch.
Man mußte mit wenig Geld auskommen. Oft gab es nicht genug zu essen - und das traf natürlich nur mich. Der große Gemüsegarten machte viel Arbeit. Wasser mußte von einem Brunnen herangeschafft werden, und das Jäten nahm nie ein Ende. Ich war oft hundemüde.
Wieder war ich schwanger, ohne mich richtig von der Fehlgeburt erholt zu haben.

Schließlich - eine ungeheure Erlösung. Meine Schwiegermutter hatte in den letzten Monaten ein paarmal ins Krankenhaus gemußt, weil ihr Brustkrebs wieder da war. Dieses Mal wurde sie nach Würzburg geschickt. Dort wurde sie weiter behandelt und in ein Forschungsprogramm der Universitätsmediziner einbezogen. Jetzt wurde das Leben erträglicher, nachdem ich die Vorkehrungen für den Haushalt getroffen hatte (ich kochte und sorgte weiter für meinen Schwiegervater und Schwager). Albert, Siggi und ich lebten weiter in unserem Zimmerchen, doch kochen konnte ich in der Küche, und wir aßen alle zusammen. Jetzt wurde es überall für mich leichter. Mein Schwiegervater half mehr beim Gartengießen, und von ihm hörte ich nie ein böses Wort, er machte mir nie Schwierigkeiten. Er war glücklich, daß jemand im Hause war, der sich um jeden und alles kümmerte. Mit Alberts Bruder war nicht so leicht auszukommen, aber wirkliche Schwierigkeiten machte auch er nicht. Zum erstenmal fand ich etwas Frieden in diesem Hause. Trotz meiner Schwangerschaft wurde auch meine Gesundheit besser. Jetzt gab es geradezu so etwas wie ein Familienleben. Hansi war jetzt ein richtiges Familienmitglied, und er und Siggi spielten oft miteinander. Ich sah ihnen glücklich zu.

Jeden Sonntag fuhr mein Schwiegervater mit dem Zug zu seiner Frau nach Würzburg. Ich gab ihm immer eine gute Mahlzeit für sie mit, da sie das Krankenhausessen nicht sehr mochte, und er bezahlte die Extraausgaben. Manchmal nahm er Hansi mit, Siggi aber nie.

Wie wunderbar war es im Hause ohne Streit, Geschrei und die schlechte Atmosphäre. Alle erholten sich und genossen es. Mein Schwiegervater war gern bei seinen beiden Enkeln, und ich möchte glauben, daß er diese Friedensperiode wirklich genossen hat.

Am 16. März wurde unsere Tochter Gisela geboren, wieder zu Hause mit Hebamme. Doch als ich wieder, wie bei den anderen Geburten, starke Blutungen hatte, mußte sie den Arzt rufen. Es war ein Achtmonatskind, winzig und ohne Finger- und Zehennägel. Zuerst hatte Gisela dunkles Haar, doch bald verlor sie es und hatte zwei Jahre lang keines mehr. Sie war aber ein hübsches und süßes kleines Mädchen. Ich konnte sie stillen, und sie wurde bald kräftiger. Hansi und Siggi waren von ihrem Schwesterchen begeistert und liebten sie sehr.

Und das Leben ging weiter. Albert beendete seine Lehre und wurde übernommen. Damit hatten wir etwas mehr Geld. Nach einiger Zeit konnten wir sogar ein Schlafzimmer kaufen. Alberts Vater bezahlte mir etwas für das Essen, das ich kochte.

Gelegentlich konnte ich meine Verwandten besuchen. Ich hoffte immer noch, irgendwann meine Mutter und meinen Bruder zu uns in den Westen holen zu können. Doch mit Furcht sah ich dem Tag entgegen, an dem meine Schwiegermutter aus dem Krankenhaus zurückkommen würde. Gott aber in Seiner Weisheit entschied anders. Einige Monate nach Giselas Geburt starb Alberts Mutter im Krankenhaus. Wir veranstalteten ein würdiges Begräbnis in ihrer Heimatgemeinde. Nun zogen Albert und unsere Familie ins Erdgeschoß und mein Schwiegervater und Schwager nach oben.

Für uns war das viel besser, und wir bekamen mehr Platz, wenn auch das Haus ziemlich bescheiden war. Unsere Kinder entwickelten sich gut. Für mich schien das Leben endlich einen Sinn zu haben. Die Beziehung zwischen Albert und mir verbesserte sich. Er war weiter sehr aktiv in seinen Sportvereinen (z.B. Fußball) und bei seinen Freunden, aber es gab jetzt doch so etwas wie ein Heim. Mehrere seiner Freunde hatten inzwischen Familien gegründet, und ich befreundete mich mit einigen ihrer Frauen. Zu Heimspielen unserer sportlichen Ehemänner gingen wir öfters, und es gab gelegentlich Besuche und kleine Parties. Alle hatten kleine Kinder - und oft die gleichen Probleme. Alle hatten nicht viel Geld, und wir tauschten untereinander ausgewachsene Kinderkleidung und Schuhe.

Eines aber änderte sich nie: Alberts Einstellung. Mir gönnte er nie eine Verschnaufpause. Er war äußerst besitzergreifend und wurde sehr leicht eifersüchtig. Wenn seine männlichen Freunde auch nur dabei waren, sollte ich nicht teilnehmen. Nach Sportveranstaltungen oder Besuchen stritten wir oft, weil er mir vorwarf, jemanden angelächelt oder mit ihm gesprochen zu haben, den er nicht mochte. Seine Haltung war natürlich völlig unbegründet. Doch es war ihm schon unerträglich, wenn sich jemand mir zuwandte.

Es wurde Winter, und ich war wieder schwanger. Lieber Gott, gab es denn kein Ende der physischen Belastung und zunehmenden Pflichten? Wieder begann meine Gesundheit zu schwanken. Ich war sehr blutarm, und nun - eine neue Schwangerschaft.
Das Wetter wurde kalt und unfreundlich. Ich wurde täglich schwächer und fühlte mich miserabel. Für Alberts Vater, der 3/4 des Jahres gearbeitet hatte, gab es jetzt keine Beschäftigung. Als er zu Hause blieb, wollte auch Albert aufhören, obwohl er hätte weiterarbeiten können. Sein Arbeitgeber hatte ihm Innenarbeit angeboten, doch Albert schlug sie aus. Das bedeutete natürlich, daß wir unsere Einkünfte noch viel genauer verplanen mußten. Vorher hatte es gerade zum Überleben gereicht, doch jetzt war es fast unmöglich. Ich war von Sorgen geplagt. Wie in aller Welt konnte es reichen? Mein Schwiegervater hatte eine kleine Unterstützung und keine Probleme. Nur zu gern hätte ich eine Arbeit angetreten. Doch Albert wollte davon nichts hören. Für ihn war es eine Schande, wenn eine Ehefrau arbeiten mußte. Die Nachbarn würden darüber reden! Das durfte es nicht geben.
Also hatte ich wieder keine Zukunft vor mir. Es gab nicht nur weniger Einkünfte; zu Hause wollte Albert auch mehr und gutes Essen und ein paar gute Extrabissen. Ich hatte große Schwierigkeiten. Dann nahm Albert wieder Verbindung mit einer früheren Freundin auf und war weniger denn je zu Hause.
Meine Gesundheit verschlechterte sich zunehmend. Ich wurde immer häufiger ohnmächtig. Ich konnte meine häuslichen Pflichten kaum mehr alle bewältigen. Ich konnte das Essen nicht bei mir behalten. Ich war einfach total am Ende. Unser Hausarzt kam mehrere Male ins Haus und äußerte zuletzt große Zweifel, daß ich das

Kind würde austragen können. Er kümmerte sich um die Möglichkeiten und nahm einen Abbruch aus medizinischen Gründen in Aussicht, wofür ich von einer Kommission der Ärztekammer aus drei Gynäkologen untersucht werden mußte. Er meinte, es könne sich kein gesundes Kind entwickeln und die Gefahr für das Leben der Mutter zeige sich deutlich. Nur unter diesen Umständen konnte ein Eingriff vorgenommen werden. Die Genehmigung wurde mir zugesprochen. Ich mußte also in die Frauenklinik.

Ich bekam hohes Fieber, und mein Leben hing an einem Seidenfaden. Das war an einem Freitag. Besuchszeiten waren Samstags und Sonntags. Am Sonntag, kurz vor Beendigung der Besuchszeit, kam schließlich Albert, nachdem er zusammen mit seiner alten Freundin ein Fußballspiel im Rundfunk verfolgt hatte. Kein Wunder, daß ich mich verbittert und niedergeschlagen fühlte. Selbstmordgedanken verfolgten mich sehr.

Doch Gott entschied anders. Nach einiger Zeit ging es mir besser, und ich wurde entlassen. Meine Kinder waren glücklich, daß sie mich wieder hatten. Alberts Vater hatte sich einigermaßen um sie gekümmert.

Weihnachten ging vorüber. Wir hatten keinerlei Schmuck oder Fest. Ein Bäumchen gab es, und an Geschenken gerade ein paar Kleidungsstücke für die Kinder.

Dann heiratete Alberts Bruder Hans und zog aus. Er heiratete seine leibliche Cousine, die Tochter des Bruders seiner Mutter, wie es von meiner Schwiegermutter noch bestimmt worden war. Mein Schwiegervater war sehr gegen eine Heirat unter so engen Verwandten, setzte sich aber nicht durch. Wir wurden nicht zur Hochzeit eingeladen. Ganz schön, daß es etwas mehr Platz im Hause gab, aber sonst änderte sich für mich nichts.

Schließlich kam der Frühling, und die Bautätigkeit konnte wieder aufgenommen werden. Albert und sein Vater, die beide im gleichen Betrieb arbeiteten, waren wieder beschäftigt.

Hansi kam in diesem Jahr in die Schule. Ich brachte die Kinder, gewöhnlich für ein paar Stunden am Tag, in den kirchlichen Kindergarten zu den Nonnen. Die Kinder fühlten sich dort nicht wohl, sie mochten das Essen nicht (meistens Gemüse). Es gab aber keine andere Möglichkeit. Ich hatte zu Hause zu viel zu tun, und hier und draußen gab es für die Kinder kaum Platz zum Spielen. Sie mußten also in den Kindergarten.

Im Sommer befreundete sich Albert mit einigen Zigeunern. Sie waren Vieh- und sonstige Händler. Sehr vertrauenerweckend waren sie nicht, aber hervorragende Geschäftsleute. In seiner Freizeit ging Albert mit ihnen auf den Viehmarkt. Da war er in seinem Element. Bald entschied er, daß wir ein paar Ferkel aufziehen sollten. Hühner, Gänse und Kaninchen hatten wir schon. Und jetzt Ferkel? Albert meinte, wir würden immer ein Schwein verkaufen und eines für uns schlachten. Ein Zusatzeinkommen. Ich wehrte mich gegen diese neue Zumutung, und wir stritten heftig. Ich hatte Zweifel, wie wir das Geld für das Futter aufbringen würden. Und natürlich würde wieder ich für die Schweine sorgen müssen. Doch Albert entschied, und das war‘s dann. Er machte aus einem Anbau einen Stall. Nun hatte ich also zusätzlich zwei Ferkel zu füttern, sauber zu halten und zu betreuen. Albert war begeistert. Waren sie nicht süß? Unwiderstehlich?

Ich war böse und sehr aufgebracht über so viel Verantwortungslosigkeit. Ich mußte für das Schweinefutter unsere Ausgaben für Lebensmittel kürzen. Die Ferkel fraßen und fraßen. Schrecklich. Meine Kinder hatten kaum genug, und jetzt noch diese blöden Viecher! Unsere Nachbarn waren auch nicht gerade begeistert. Man konnte niemals den Geruch der Tiere ganz wegbekommen. Doch gegen Albert als Eigentümer des Hause konnten sie nichts unternehmen.

Zu der Zeit wurde der Fluss ein paar Kilometer unterhalb unserer Stadt ausgebaggert und eine Staustufe gebaut. Das Flussbauprojekt war groß genug, dass eine Kantine dazu gehören musste. In unserem Nachbarhaus wohnte eine Frau, die gelernte Köchin war.

Sie war ebenfalls ein Flüchtling, und wir verstanden uns gut. Diese Frau nun bewarb sich um die Stelle der Köchin und wurde eingestellt. Sie musste jeden Tag drei volle Mahlzeiten bereiten, und begreiflicherweise gab es Abfälle. Da sie ja unsere Lage kannte, bot sie uns die Abfälle zur Abholung an. Es würde eine grosse Hilfe für das Schweinefutter sein.

So weit, so gut, aber die Abfälle mussten jeden Tag abgeholt werden. So blieb mir nichts anderes übrig, als mit Alberts Fahrrad jeden Nachmittag die 5 1/2 km hinzufahren, die beiden Eimer mit den Resten auf die Lenkstange zu heben und damit nach Hause zu gehen. Die Abfälle mussten dann zu Hause von Hand auf eventuelle scharfe Gegenstände durchsucht werden. Das war ein eklige Arbeit, doch natürlich musste sie erledigt werden. Nachdem alles durchsucht war, wurden gekochte Kartoffeln und Getreide dazu getan. Das ergab dann das Futter für die Schweine.

Albert nahm niemals irgendeinen Anteil an der Arbeit. Für ihn war wichtig genug, dass er seinen Job in seiner Firma ausführte. Seine Freizeit gehörte seinen Freunden.

Zu dieser Zeit erlebte die westdeutsche Wirtschaft einen großen Aufschwung. Es wurde viel gebaut und restauriert und alle möglichen Geschäfte gegründet. Es war eine kreative Zeit der Möglichkeiten. Die Menschen legten ihr unterwürfiges und unsicheres Verhalten ab und sahen sich nach Möglichkeiten um, ihr Leben zu verbessern. Es gab viele offene Stellen, und die Schulen boten wieder etwas. Die Läden waren gefüllt. Viele wurden reich, und nicht immer auf faire und ehrliche Weise.

Unsere Lebensweise änderte sich nicht. Es gab überall Möglichkeiten, etwas dazuzuverdienen, was Alberts Vater von Zeit zu Zeit auch tat. Er bot Albert an, für einen Zuverdienst mitzuhelfen, doch Albert war nur sehr selten dazu bereit, obwohl wir weiß Gott das Extrageld so nötig brauchten.

Es wurde Winter und die Zeit der Arbeitslosigkeit begann. Albert und sein Vater waren wieder unbeschäftigt. Jetzt sollte eines unserer Schweine geschlachtet werden. Das andere verkaufte Albert und brachte eine kleine Ziege mit, die zusammen mit dem Schwein geschlachtet werden sollte. Es sollte Wurst geben. Der Metzger schlachtete das Schwein im Schlachthaus. Dann mußte das Fleisch nach Hause gebracht werden. Nun wurde das Fleisch geschnitten: für die Wurst und die Stücke, die geräuchert werden sollten.

Der Leser möge sich vergegenwärtigen, was das Wurstmachen eigentlich bedeutete. Unser Haus war klein, und es gab sehr wenig Arbeitsraum. Es wurde ein riesiges fettiges Chaos. Die Wurst machte dann der Metzger, doch wir mußten alles mögliche dazu beitragen. Albert war in seinem Element. Am meisten gefiel ihm das Abschmecken des Wurstteigs. Ich hatte meine liebe Not, mit allem zurechtzukommen. Im Haus schien es keinen Winkel mehr zu geben, der nicht fettig war. Was man auch anfaßte - Boden, Wände, Tisch, Herd, Fenster -, es schien fettig zu sein. Bei alledem hatte ich ein ungutes Gefühl im Magen, das meinen Verdacht bestärkte, daß ich wieder schwanger sei.

In diesem Augenblick haßte ich das Leben, meine Lebensumstände, daß ich nichts ändern konnte. Ich haßte mich, daß ich so töricht gewesen war, mich in so unmögliche Verhältnisse zu begeben. Ich fühlte mich machtlos, irgend etwas für meine Kinder zum Besseren zu gestalten. Wo war der Mut, der Schneid, die Energie geblieben und der Wunsch - nachdem ich dem Osten entronnen war -, meinen Lieben ein neues Leben zu bereiten? Wo waren die ganzen Träume und Hoffnungen auf eine bessere Zukunft für meine Kinder? Alles war in mir gestorben. Ich fühlte mich hoffnungslos und hilflos. Ich war schlecht beisammen und hatte viel zu viele Lasten zu tragen. Ich konnte keinen Ausweg erblicken. Keine Selbstachtung, kein Kampfeswille mehr - warum sollte ich da weiterleben? Ich hatte immer gedacht, ein Mensch könne nicht mehr und immer nur noch mehr ertragen. Doch wieder einmal täuschte ich mich. Der gütige Gott wußte es anders. Ich mußte weiterleben. Zu viele Menschen waren auf mich angewiesen.

Mutti und Gerd schrieben, sie hätten endlich eine Besuchserlaubnis in den Westen bekommen, und fragten, ob sie willkommen seien. Ich wußte nicht, ob ich mich freuen sollte. So sehr ich sie sehen wollte, aber daß meine Mutter meine jetzigen Lebensumstände kennenlernte - das wollte ich nicht. Ich hatte mir mein Bett gemacht, und so mußte ich darin schlafen. Wenn Mutti mich in meiner jetzigen Situation sähe, würde es ihr wohl das Herz brechen. In meinem Herzen aber war ich natürlich überglücklich, daß sie kommen würden.

Während wir darüber sprachen, sagte überraschenderweise Opa (mein Schwiegervater) klipp und klar, wir könnten und sollten sie im Westen behalten. Ich sei ihnen durch die Heirat mit Albert schon viel zu lange entzogen worden, und jetzt müsse Albert sein damaliges Versprechen an meine Mutter einlösen. Mutti und Gerd könnten in unserem ehemaligen Zimmer oben wohnen, bis für sie eine Wohnung gefunden sei. Meine Cousine Dorchen und ihr Mann Hans würden bestimmt dabei helfen.

Im Osten war die Wirtschaftslage noch äußerst schlecht, und das Leben war noch sehr, sehr hart und gefährlich. Besserung war kaum in Sicht. Opa meinte entschieden, wir sollten Mutti und Gerd nur in den Osten zurückgehen lassen, wenn sie es unbedingt wollten. Albert zögerte zunächst, war dann aber einverstanden.

In diesem Sinne schrieb ich an Mutti und Gerd. Ich durfte das natürlich nur sehr vorsichtig ausdrücken, weil die Post häufig von den östlichen Behörden gelesen wurde. Wir durften nicht die erteilte Besuchserlaubnis aufs Spiel setzen und Mutti und Gerd in Gefahr bringen.

Doch alles ging gut, und wir warteten sehnsüchtig auf ihre Ankunft. Es war ein kalter, verschneiter Wintertag 1954 und mehr als sechs lange Jahre, seit ich sie zuletzt gesehen hatte. Albert wollte sie abholen, aber wir wußten weder den Bahnhof noch die genaue Ankunftszeit. Sie trafen sich nicht. Albert wartete am Hauptbahnhof, während Mutti und Gerd, falsch informiert, anderswo ausstiegen. Doch man wies sie in unseren Stadtteil, und schließlich kamen sie frierend, hungrig und völlig erschöpft in unserem Hause an. Mutti hatte große Schwierigkeiten gehabt, am Stock über die Felder zu wandern. Aber wir waren alle sehr glücklich.

Anfangs war es für Mutti und Gerd schwierig, sich an ihre neue Umgebung zu gewöhnen. Der Dialekt war für sie schwer verständlich, und das Essen war ganz anders. Ich glaube, schon nach ganz kurzer Zeit erkannte Mutti, wie mein Leben wirklich aussah. Sie sagte nicht viel, war aber sehr unglücklich, obwohl ich viele Mängel zu überdecken suchte.

Es tat sich etwas. Alberts Vater besorgte Gerd eine Anstellung in dem Betrieb, in dem er und Albert arbeiteten. Albert war nett zu Mutti und behandelte sie gut. Mit Gerd war es anders. Er war jetzt Teenager und konnte sich in der neuen Umgebung und Lebenswelt schwer zurechtfinden. Er war nicht leicht zu behandeln und oft dickköpfig. Albert freilich erwartete von ihm völlige Unterwerfung unter seine Anweisungen. Außerdem erwartete er von ihm eine Menge Arbeit draußen und im Garten. Gerd bockte, weil er jemandem gehorchen sollte, der ihm kein gutes Vorbild war. Mein kleiner Bruder war gar nicht mehr klein. Ich mußte ihn erst neu kennenlernen. Gerd nahm mir einige Pflichten ab, darunter das Füttern und Saubermachen der Tiere - einschließlich zweier neuer Ferkel. Wir entdeckten dann Ratten im Schweinestall. Ich hatte vor Ratten Angst und mochte nicht in den Stall gehen. Da war mir Gerds Hilfe sehr willkommen.

Inzwischen wurde es mir auch zur Gewissheit dass ich tatsächlich wieder schwanger war. Ja, ich konnte dem allem nicht ausweichen. Lieber Gott, warum gab es keine Verhütungsmöglichkeit für mich? Gab es denn kein Erbarmen in dieser Welt? Ich hatte meine letzte, die abgebrochene Schwangerschaft kaum überstanden und war überhaupt nicht gesund. Gab es je eine Zeit in meinem Eheleben, dass ich einmal ganz gesund war? Ich konnte mich nicht erinnern. Unsere finanzielle Lage würde, wie ich schon lange erkannt hatte,

nie besser werden. Ich konnte nur mit größter Mühe alle Anforderungen erfüllen, aber ich konnte immer noch niemanden einweihen, was für eine Hölle mein Leben war.
Gott machte es mir irgendwie möglich, jeden Tag für alle ein nahrhaftes Essen auf den Tisch zu bringen. Daß ich das konnte, erscheint mir bis heute als ein Wunder. Daß man einigen Einfallsreichtum braucht, um aus fast nichts etwas Anständiges zu machen, wäre eine Untertreibung. Albert konnte recht ungemütlich werden, wenn er kein gutes und schmackhaftes Essen bekam, und er mochte auf nichts verzichten, das ihm seiner Meinung nach zustand - er verdiente ja den Lebensunterhalt.
Was hätte ich gegeben, wenn ich ein wenig hätte mitarbeiten können! Zum Glück bekamen Mutti und Gerd oft Butterbrote von meiner Tante Elise. Auch half Hans (Dorchens Mann), die Witwenrente für Mutti zu beschleunigen. Gelegentlich half mir Alberts Vater mit etwas Geld für die Kinder aus, das eigentlich für mein Kochen gedacht war. Meistenteils waren wir auf die Erträge unseres Gartens angewiesen. Auf diesem Gebiet erhielt ich sogar von Albert etwas Hilfe. Die Eltern eines Freundes von ihm hatten eine Gärtnerei und zogen in Gewächshäusern große Mengen von Gemüsepflanzen, was ein gutes Geschäft war. Es fehlten aber zur Erntezeit, wenn alles auf einmal erledigt werden mußte, Hilfskräfte. Albert machte da oft mit und half auch, den Ertrag auf den Markt zu bringen. Dafür bekam er Gemüse. An manchen Abenden mußte ich ebenfalls helfen, nachdem die Kinder eingeschlafen waren.

So verlief unser Leben. Ich holte immer noch das Schweinefutter aus der Kantine, wo die Nachbarin immer noch arbeitete. Doch mit fortschreitender Schwangerschaft wurde das für mich immer anstrengender und schwieriger. Mutti half mir zu Hause, soviel sie konnte. Infolge ihrer Lähmung konnte sie nur die eine Hand gebrauchen, und ich fragte mich oft, wie sie für alles mögliche die

Kraft und Beharrlichkeit fand. Wie unbewältigbar ihr auch manche Aufgaben erschienen, und wie sehr sie auch ihre Behinderung haßte, sie gab nie auf. Und Selbstmitleid erlaubte sie sich nie. So kamen wir miteinander gut zurecht.
Die Monate gingen dahin. Für Mutti und Gerd war die neue Lebensweise nicht immer ganz einfach. Gerd hatte mit dem hiesigen Dialekt Schwierigkeiten. Seine Kollegen hatten oft gut lachen, wenn sie ihn zum Narren halten konnten. Doch allmählich verstand er sie besser.
Ich fragte mich oft, was in Gerd vorging. Er schien viel von der Not vergessen zu haben, die er und ich durchgemacht hatten; doch vor Polizei und Behörden hatte er immer noch Angst. Ich redete mir ein, er habe bestimmte Ereignisse und Grausamkeiten aus seinem Gedächtnis ausblenden können. Er schien ganz gut zurechtzukommen und versuchte, sein Leben nach Kräften in eine gute Bahn zu leiten.
Mutti hatte andere Probleme. Sie war oft verärgert und bestürzt über die Art, wie Albert in unserem Hause herrschte und mich behandelte. Doch Albert ließ keine Kritik gelten, am wenigsten von seiner Schwiegermutter.
Körperlich war es für mich schwer, das Kind auszutragen. Ich wurde des öfteren ohnmächtig, und wie bei vorangegangenen Schwangerschaften hatte ich Verdauungsprobleme. Haselnüsse schienen das einzige zu sein, das mein Magen vertragen wollte. Das fand ich etwas schwer zu verstehen; während meiner letzten beiden Schwangerschaften hatte ich auch diesen intensiven Heißhunger auf Haselnüsse gehabt. Haselnüsse gab es zwar (à 100 Gramm), aber sie waren sehr teuer. Ich mußte mir genau überlegen, wieviel ich kaufen konnte. Ich zählte auch, wie viele ich mir erlauben durfte, am Tage zu essen.

Dann kam Sonntag, der 1. August 1954.
Albert war bei einem Fußballspiel auswärts, und abends wollte er

auf die Kirchweih gehen, wie sie in diesem Teil Deutschlands in jeder Gemeinde zu dieser Jahreszeit gefeiert wird. Früh an diesem Tag begannen die Wehen. Ehe ich Mutti etwas sagte, erledigte ich zwischen den Kontraktionen noch so viel wie möglich von meinen Pflichten. Schließlich erkannte sie, was los war, und fiel aus allen Wolken. Sie war völlig verängstigt und wußte nicht, was sie tun sollte. Sie hatte noch nie eine Geburt zu Hause erlebt. Es war niemand sonst da, und so mußte ich die Hebamme selbst holen. Ich betete zu Gott, daß ich rechtzeitig wieder zu Hause wäre. Zum Glück traf ich die Hebamme in ihrem Hause an. Sie kam gleich mit. Sie war gar nicht erfreut, daß niemand außer Mutti da war, der eventuell hätte helfen können. Sie erinnerte sich zu gut an die Schwierigkeiten, die ich bei den beiden vorigen Geburten hatte.

Unsere Tochter Erika wurde am Spätnachmittag geboren. Wieder hatte ich schwere Blutungen, und die Hebamme musste in aller Eile den Arzt herbeirufen, damit ich nicht unter ihren Händen verblutete. Nun, Gott wollte, daß ich lebte. Der Arzt kam, und die beiden konnten die Blutungen stillen. Ich war die meiste Zeit bewußtlos. Das Kind war ein winziges, aber gesundes Mädchen.

Als alles geregelt war, kam Albert nach Hause. Für manche Leute ist das Leben eben sehr bequem. Albert war stolz und zufrieden. Soviel ich mich erinnere, ging er dann noch auf die Kirchweih - um die Geburt seiner neuen Tochter zu feiern. Später hörte ich, die Hebamme habe Albert erklärt, daß sie nie wieder ein Kind von uns zu Hause auf die Welt bringen werde. Albert war darüber ganz böse und meinte, sie habe kein Recht, ihn zu kritisieren.

Mit der Zeit erholte ich mich. Ich konnte alle Arbeiten wieder aufnehmen. Dem Kind ging es gut, und es machte wenig Probleme. Sigfried kam in diesem Herbst in die Schule. Kurz vor Weihnachten zogen Mutti und Gerd in eine kleine Wohnung am Ort, die mein Vetter Hans für sie gefunden hatte. Die nächsten paar Jahre vergingen ohne größere Veränderungen. Ich machte aus meinem

Leben das Beste, das die Umstände erlaubten. Die Schule stellte Anforderungen, aber die Kinder waren gesund. Sonst änderte sich in unserem Tagesablauf wenig. Das Geld war immer ein Problem, doch man lernte, sich mit all den Einschränkungen zu arrangieren. Einen Vergleich mit meinem früheren Familienleben in Berlin und Ostdeutschland erlaubte ich mir nicht. Ich hatte wenig Hoffnung, daß es noch einmal besser würde. Ich mußte also jeden einzelnen Tag hinter mich bringen, so gut ich konnte.

Meine Kinder behütete ich sehr. Ich stritt mich oft mit Albert, der meinte, ich verwöhne sie. Gott weiß, daß wenig genug da war, auch wenn ich sie hätte verwöhnen wollen! Albert war auch nicht damit einverstanden, wie ich den Kindern Tischmanieren und gutes Benehmen beibrachte. Heute erscheint es mir unverständlich, daß ich ihm in so vielen Dingen nachgab; doch für meine Kinder habe ich immer gekämpft und mich gegen Albert gewehrt.

Ich möchte sagen, daß gelegentlich das Leben für mich etwas einfacher wurde. Hin und wieder traf ich meine Freundin Minna, deren Mann auch Fußball spielte. Ihre Kinder standen ungefähr im gleichen Alter wie unsere. Albert konnte wegen einer Knieoperation nicht mehr Fußball spielen, war aber noch ständig stark mit dem Verein verbunden. Hin und wieder nahm er mich zu gesellschaftlichen Anlässen mit, doch da das meistens Streit wegen Eifersucht hervorrief, blieb ich meistens mit den Kindern zu Hause. Inzwischen hatte ich, obwohl die finanzielle Lage noch angespannt war, das eine oder andere neue Kleidungsstück. Wenigstens fühlte ich mich nicht mehr völlig wie ein Waisenkind. Mit der Zeit hatten wir auch ein paar neue Möbel angeschafft.

Damals kamen in Westdeutschland die ersten Waschmaschinen auf. Wir ließen uns eine vorführen. Es war großartig! Obwohl die Maschine klein war, wurde sie eine grosse Hilfe für die Hausfrau. Ich möchte denken, dass sich etliche meiner Leser an diese Neuerscheinung erinnern können. Mit finanzieller Hilfe von Mutti und meinem Schwiegervater konnten wir eine kaufen. Fortschritt lag

in der Luft! Es war Mitte der 1950er Jahre, und die westdeutsche Wirtschaft nahm einen enormen Aufschwung.
Nachbarn fingen an, um- und anzubauen. Es gab mehr Arbeitsmöglichkeiten für Frauen. Der amerikanische Einfluß war nicht mehr zu verkennen. Die Westdeutschen eiferten Amerika nach, soviel sie konnten. Import und Export waren auf hohem Niveau, und Westdeutschland begann die Auswirkungen des Krieges zu überwinden.
Unser Familienleben veränderte sich freilich nur wenig. Mutti und Gerd hatten sich in ihrer Wohnung eingerichtet und fanden allmählich neue Freunde. Sie kamen oft mit Dorchen, Hans und Dorchens Eltern zusammen. Doch wegen Alberts krankhafter Eifersucht wurde ich - oder wir - selten irgendwo eingeladen. Hin und wieder gingen Albert und ich zu einem Tanzvergnügen. Wir tanzten beide gern, aber von diesen Veranstaltungen hatte ich wenig. Albert war immer lange bei seinen Freunden an der Theke. Ich saß allein am Tisch, doch niemand durfte mich auffordern. Oft gab es Schlägerei. Albert verstand nicht, daß mich so etwas mit Angst und Abscheu erfüllte. Für ihn gab es dann erst richtig Spaß. Nun, jeder nach seiner façon!

8. Kapitel
Vor der Auswanderung

Es wurde wieder Weihnachten. Die kleine Gisela wünschte sich sehr eine Puppe. Eine zu kaufen, kam nicht in Frage. Daher machte ich aus einem alten Pullover eine Puppe für jedes Mädchen. Doch Erika war an solchem Spielen nie annähernd so interessiert wie Gisela. Damals hatten wir draußen und drinnen keinen Weihnachtsschmuck außer dem Baum, der am Weihnachtsabend aufgestellt und bis zum 6. Januar, dem Dreikönigstag, behalten wurde.
Kurz vor Weihnachten waren wir zu einer Weihnachtsfeier in Alberts Sportverein eingeladen. Ich freute mich darauf, hatte aber gemischte Gefühle. Es waren viele Leute da, und jeder war guter Stimmung und gut gelaunt. Es sollte eine Tombola geben. Es war kalt, und es lag bereits Schnee. In dem Raum war es gemütlich. Man kam schon fast in Weihnachtsstimmung. Wir saßen mit anderen Gästen an einem langen Tisch. Gegenüber gab es noch ein paar leere Stühle. Schließlich sollte die Tombola beginnen. Da kamen noch ein paar Leute herein, drei amerikanische Soldaten und drei deutsche Jugendliche. Sie fragten, ob sie sich gegenüber von uns setzen könnten.
Die Soldaten fragten nach dem Anlaß der Feier, und die drei Deutschen versuchten, es ihnen auf Englisch zu erklären, was für sie sehr mühsam war. Es wurde etwas laut während der beabsichtigten Tombola, und die anderen Gäste geboten ihnen Ruhe. Ich verstand von der Unterhaltung zwischen den neuen Gästen nichts, doch Albert konnte folgen, er hatte ja für das amerikanische Militär gearbeitet. Schließlich schaltete er sich ein und erklärte den Amerikanern, was los war, und daß sie ein bißchen still sein sollten. Die jungen amerikanischen Soldaten waren natürlich sehr froh über diesen freundlichen Gesprächspartner. Die drei Deutschen gingen

bald danach, und so war Albert für sie der einzige Unterhaltungspartner.
Es war im ganzen ein sehr netter Abend, und ich war froh, daß ich dabei sein konnte. Am Schluß gingen die drei Amerikaner mit uns weg, und es wurde weiter lebhaft geredet. Plötzlich wurde mir klar, daß Albert sie zum Heiligen Abend bei uns zu Hause eingeladen hatte. Später sagte er mir, die drei seien ganz neu in Deutschland und in unserer Stadt stationiert. Sie hatten Heimweh nach Weihnachten zu Hause und hatten Albert gefragt, ob sie sich sozusagen einladen könnten. Wir ahnten nicht, wie wichtig dieses Zusammensein für uns noch werden sollte. Die drei hießen Gary, Mike und Larry.
Viel konnten wir ihnen ja nicht anbieten, aber ich bemühte mich, daß sie sich wohlfühlen konnten. Jeder bekam eine Flasche deutschen Wein, und sie waren dankbar und erfreut über unsere Gastfreundschaft. Doch vielleicht war wichtiger für sie, daß sie den Heiligen Abend im Kreise einer Familie verbringen konnten. Sie zeigten uns Bilder von ihren Familien, und eines sollte große Bedeutung erlangen. Gary hatte eine Tochter etwa im gleichen Alter wie Gisela. Als wir ein Bild von ihr sahen, hätte man denken können, die beiden Mädchen wären Geschwister. Die gleichen lockigen Haare, das gleiche süße Lächeln, die gleichen erwartungsfrohen, braunen Augen. Kein Wunder, daß Gisela für Gary an die Stelle seiner kleinen Tochter trat, nach der er sich sehr sehnte. Es war ein glücklicher, entspannter Weihnachtsabend.
Nach den Feiertagen und im neuen Jahr besuchten uns die Amerikaner weiter, mal einer oder zwei, mal alle drei. Gary war immer dabei. Er verkündete, hier sei sein „Zuhause in Deutschland „. Das lag natürlich an Gisela. Für mich waren die Besuche ganz nett, aber ich sprach kein Englisch und hatte zusätzliche Arbeit. Ich reichte immer Tee und manchmal etwas Gebäck. Es war für mich eine aufbauende Zeit. Albert hatte die Besuche gern und war auch längst nicht so eifersüchtig wie sonst - ich vermute, weil ich kein

Englisch konnte. Die Amerikaner versuchten, mir ein paar Worte beizubringen, und sprachen mich mit dem oder jenem an, aber ich entzog mich so gut wie möglich. Ich kannte ja meinen Mann.
Unsere beiden Jungen, Hans und Sig, hatten im Frühjahr ihre Erstkommunion. Ein großer Tag, und ich versuchte, für sie eine kleine Feier mit unseren engsten Verwandten auf die Beine zu stellen. Albert lud die drei amerikanischen Freunde ein. Ich buk einen Kuchen, aber es blieb die große Frage, wie ich das Geld für Bohnenkaffee aufbringen könnte. Doch am Vortage brachte Gary eine große Dose amerikanischen Kaffee als Geschenk. Albert verriet mir, Gary habe sich erkundigt, und Albert hatte meine Sorge angedeutet.
So wenig wir hatten, wir hatten nie durchblicken lassen, daß wir uns amerikanische Güter wünschten. Viele andere in unserer Lage hätten es ausgenützt. Jenes Geschenk war also etwas Besonderes. Am Sonntag der Kommunion wurde auch noch Eis mitgebracht - für uns alle ein Hochgenuß.
Die Zeit verging. Meine häuslichen Pflichten waren weiter belastend. Manchmal brauchten die Kinder Hilfe bei ihren Hausaufgaben. Die Tiere machten viel Arbeit, mein Mann hatte außer den zwei Schweinen Gänse, Hühner, Kaninchen, eine Katze, einen Hund und zu guter Letzt zwei Zicklein angeschafft. Albert war sehr darauf bedacht, dass ich keine Freizeit hatte. Die Arbeitslast nahm nie ab. Ich lebte von einem Tag zum anderen. Manchmal dachte ich an die Tage meiner Kindheit und das Leben, das unsere Eltern uns geboten hatten. Doch der Vergleich mit dem Heute war niederdrückend und zwecklos und belastete mich nur. Wenigstens waren unsere Kinder gesund und aufgeweckt und voller Energie, und ich tat alles für sie, so gut ich konnte.
Albert und ich hatten so wenig gemeinsam, daß es zum Weinen war. Wenn es heißt, Norddeutsche sollten sich nicht unter Süddeutsche begeben, so ist etwas daran. Im Rückblick muß ich noch immer sagen, daß ich in der Heimat meines Mannes nie Wurzeln

geschlagen und mich bei den Menschen dort nie zu Hause gefühlt habe.
Mir fällt eine Vorfall ein: Süddeutschland war und ist überwiegend katholisch. Protestanten waren damals unbeliebt. Zu den Leuten in unserer Stadt kamen Haus für Haus mehrere katholische Missionare. Eines Tages waren wir daran. Ich hatte gemischte Gefühle. Ich war einverstanden gewesen, daß unsere vier Kinder katholisch getauft wurden, blieb aber selbst Protestantin. Überraschenderweise hatten Albert und ich kaum religiöse Meinungsverschiedenheiten. Bei unserer Heirat spielte es einfach keine Rolle, doch für die Kinder war es am besten, wenn sich niemand einmischte und Fragen stellte. Deshalb hatte ich so gemischte Gefühle vor dem katholischen Besuch.
Er war aber unvermeidlich, und der Tag kam. Der Missionar war in Schwarz und so reich gekleidet, daß er mir fast wie der Papst höchstselbst vorkam. Er wirkte auf jeden Fall einschüchternd. Pathetisch segnete er unser Haus. Dann befragte er mich über die Erziehung der Kinder. Ich antwortete, so gut ich konnte, machte aber aus meinem Bekenntnis keinen Hehl. Darauf erklärte mir dieser sogenannte Mann Gottes, wenn ich meinen Kindern eine gute Mutter sein wolle, müsse ich katholisch werden. Vorher galt meine Ehe vor der Kirche nichts. Ich war also eine uneheliche Mutter, obwohl Albert und ich von einem Priester in einer katholischen Kirche getraut worden waren! Für die Kirche war ich eine unverheiratete, unsolide Frau. Ich war ganz schön wütend. Selbst für Albert war das einfach zuviel. Er ergriff das Wort und machte dem Missionar deutlich, daß sein Besuch beendet sei. Dieser ging wutschnaubend.
Dieser Vorfall ging mir noch lange nach, und ich habe ihn nach all den Jahren nicht ganz vergessen. Es war kaum zu glauben, wie ein angeblicher Geistlicher so scheinheilig, heuchlerisch und intolerant sein konnte. Doch mein starker Gottesglaube blieb unberührt, und ich lehrte meine Kinder weiter nach bestem Wissen und Gewissen. Albert kümmerte sich darum kaum.

Wieder stand ein Winter vor der Tür, und wieder hatte sich in unserem Leben sehr wenig geändert. Albert arbeitete noch, aber ich zählte schon die Wochen und Tage, bis er wieder unbeschäftigt sein würde. Sein Vater hatte gesundheitliche Beschwerden und würde deshalb bald nicht mehr draußen arbeiten können. Ich versorgte Opa, so gut ich konnte.

Die Kinder hatten die üblichen Kinderkrankheiten - Masern, Mumps, Scharlach, Grippe, Ohrinfektionen, Windpocken usw. Damals gab es keine Impfungen dagegen. Lungenentzündung war für Sig ein besonderes Problem. Hans litt sehr unter Scharlach. Er war wochenlang im Krankenhaus auf der Isolierstation.

Die Amerikaner hatten das Wundermittel Penicillin entdeckt. Für die Deutschen gab es das nicht. Im öffentlichen Gesundheitssystem Westdeutschlands gab es ohnehin keinen Überfluß an Medikamenten. Die Ärzte machten Hausbesuche, doch die Versorgung von Kranken war meist eine Sache der Familie. Für meine kranken Kinder hatte auf jeden Fall ich zu sorgen, außer wenn sie ins Krankenhaus mußten. Bis sie wieder gesund waren, mußte ich auch nachts für sie da sein.

Ich möchte meinen, in vieler Hinsicht hatten wir damals so etwas wie ein normales Familienleben. Aber ich kann mit dem besten Willen nicht sagen, daß es für mich ein glückliches Leben gewesen wäre. Meine Kinder waren das Wertvollste für mich, und ich hoffte sehr, daß sie das Fehlen einer glücklichen und sorglosen Kindheit nicht zu sehr empfinden würden. Leider störte es Albert in keiner Weise, daß wir so oft vor den Kindern stritten. Oft konnte ich ihren Vater kaum rechtfertigen und meine Tränen und Verzweiflung kaum bagatellisieren.

Doch die Zeit steht nie still. Gegen Ende 1957 sagte uns Gary, er werde nun Deutschland verlassen. Seine Mutter hatte seine Entlassung aus der Armee erwirkt. Für uns eine traurige Nachricht. Vor allem auch die Kinder hatten sich an seine Besuche gewöhnt. Wir würden ihn sehr vermissen. Gary fragte Albert noch, ob wir vielleicht daran dächten, in die USA auszuwandern. Dann würde er uns dabei helfen. Das sagte mir Albert später, doch keiner von uns glaubte, daß es jemals dazu kommen werde. Oft genug ist ja ein solches freundliches Angebot nicht ernst gemeint.

Doch bei uns erwies sich das als völlig falsch. Nach vielen Monaten erhielten wir eine Postkarte von Gary. Dann fragte er uns in einem Brief, ob wir noch interessiert seien. Albert ließ mich - natürlich unter seiner Aufsicht - antworten, daß das, so schön es wäre, für uns nicht in Frage komme.

Bald danach erhielten wir einen Brief in sehr gutem Deutsch von Garys Mutter: sie und ihr Mann wollten uns zur Auswanderung in die USA verhelfen. Sie seien uns für die Gastfreundschaft gegenüber ihrem Sohn so dankbar, wir hätten ihm die Zeit in Deutschland so viel leichter gemacht, usw. usw.

Diesmal war es für mich viel leichter, ihren deutschen Brief direkt zu beantworten. Albert und ich hatten über die Möglichkeit der Auswanderung gesprochen, aber das Hauptproblem waren die finanziellen Mittel. Außerdem hatte ich meine Zweifel, ob Albert in einem anderen Land zufrieden werden könne. Er hatte seine Heimat nie verlassen außer als Flakhelfer, wo er in der Nähe stationiert war.

Was mich betraf, hatte ich keinerlei Zweifel. Ich war herumgekommen, hatte mich an neue Orte und Lebensweisen gewöhnt und angepaßt. Und in Alberts Heimatstadt hatte ich mich sowieso nie zu Hause gefühlt. Ich wußte, daß ich jederzeit auswandern könne und wolle. Doch das war alles ganz unwirklich. Wieder verneinten wir. Nach einigen Wochen erhielten wir noch einen Brief von Garys Mutter. Sie redete uns nachdrücklich zu, die Sache noch einmal gut zu überdenken, und gab sich alle Mühe, die Vorteile eines Lebens in Amerika herauszustellen. Man kann sich vorstellen, welche Versuchung diese Briefe für uns waren. Wir hatten ein Angebot ins Land der unbegrenzten Möglichkeiten! Es dämmerte uns, daß aus diesem Traum wirklich etwas werden könnte. Wie sehnte ich mich

aus unserem schrecklichen Leben hinaus. Vielleicht würde das Leben doch noch lebenswert! Aber Albert konnte ich das natürlich unter keinen Umständen sagen.
Nach vielen weiteren Diskussionen kamen wir zu dem Schluß, daß wir das Angebot weiterhin nicht annehmen könnten. Wieder schrieb ich diesen freundlichen Menschen, wir könnten unsere Eltern nicht allein lassen. Das war in meinen Augen freilich kaum ernst zu nehmen: als ob Albert auch nur im Traum daran gedacht hätte, für seinen Vater oder meine Mutter zu sorgen! Doch das konnte ich niemandem sagen.
Ein paar Wochen später bekamen wir von Garys Eltern einen Brief, auf den hin wir einfach nicht abschlagen konnten. Sie wollten uns unbedingt in die Vereinigten Staaten bringen. Ohne Widerrede! Sie würden die Reise bezahlen. Wir könnten zwischen Schiff und Flugzeug wählen. Wir sollten nur persönliche Sachen mitnehmen, sie würden alles Nötige für uns besorgen. Sie hätten viele Freunde, die ebenfalls deutsche Familien nach Amerika holen wollten. Wir sollten alles als Geschenk annehmen. Sie würden für Albert eine Arbeit finden und uns auf jede Weise helfen, zu einem neuen Heim zu kommen. Daß wir unsere Eltern nicht allein lassen könnten, wollten Garys Eltern nicht gelten lassen. Es gebe ja auf beiden Seiten noch Verwandte. Auch könnten wir ihnen von Amerika aus viel Wertvolles schicken. Garys Eltern gaben uns zu verstehen, daß sie sich vor den Kopf gestoßen fühlen würden, wenn wir uns jetzt noch irgendeinen Hinderungsgrund ausdenken würden. Zu guter Letzt antworteten wir ihnen, daß wir einschlügen.
Als wir es unseren Eltern eröffneten, war es für sie natürlich ein schwerer Schlag. Sie konnten es nur schwer verstehen. Weder Alberts Vater noch meine Mutter wollten ihre Enkel verlieren. Schwierig und traurig für alle Beteiligten. Ich hatte große Schuldgefühle. Konnte ich das Mutti und Gerd wirklich antun? Ich empfand, daß ich für sie da sein müsse. Aber was hatte ich denn wirklich für sie tun können? Ich konnte ja kaum genug für meine eigenen Kinder

tun, also - ? Diese Gedanken gingen mir wieder und wieder durch den Sinn. Doch ich gelangte immer wieder dazu, daß das Angebot aus Amerika ein Wink des Himmels sei. Und nach dem ersten Schock redeten Mutti und mein Schwiegervater uns zu - so traurig sie auch waren.

Wir stürzten uns also in die bürokratischen Prozeduren zur Auswanderung. Wir beantragten Visen in Frankfurt/M. Vorerst verrieten wir niemandem außerhalb der Familie etwas. Ich glaube, Albert und ich fürchteten immer noch, es sei zu schön, um wahr zu sein, und am Ende würde alles scheitern.

Unsere Visa brauchten fast neun Monate. Ein Grund war, dass ich vor langer Zeit aus der Ostzone geflohen war. Endlich sollten wir uns im amerikanischen Konsulat in Frankfurt zur ärztlichen Untersuchung und zur Abnahme der Fingerabdrücke melden. Morgens stiegen wir alle sechs in den Zug Richtung Frankfurt. Es dauerte den ganzen Tag, und ich weiß noch, wie hungrig wir wurden und wie wenig Geld wir hatten, um uns etwas zu kaufen. Doch alles Nötige ging über die Bühne. Nun mußten wir nur noch auf unsere Visa warten.

Kurz vor Weihnachten 1958 hatten wir alle Papiere beisammen und sahen unserem letzten Weihnachten in Deutschland entgegen. Wir wollten gleich nach den Feiertagen abreisen. Traurige Feiertage für unsere Eltern. Doch Albert, die Kinder und ich waren in Hochstimmung und reisebereit.

Gary und seine Eltern, die jetzt unsere Bürgen waren, wollten uns in San Francisco abholen, da wir fliegen sollten. Die Schiffsreise hätte viel länger gedauert. Alberts Freund Hans, dem Albert so viel beim Gemüseverkauf geholfen hatte, wollte uns zum Frankfurter Flughafen bringen. Er war der einzige in unserem Kreis mit einem Auto.

Unsere Möbel hatten wir so gut es ging verkauft. Albert hatte eine Holzkiste gebaut, in der wir alles verstauten, das wir nicht zurücklassen wollten. Sie wurde als Schiffsfracht verschickt. Im wesent-

lichen war es eine ganz hektische Zeit, man hatte kaum Zeit, traurig zu sein oder sich über die Zukunft den Kopf zu zerbrechen. Die Tiere hatten wir nach und nach abgegeben. Hund und Katze würden bei Opa bleiben.
Mein Bruder Gerd wollte bald heiraten. Er sollte in unsere Räume im Haus einziehen. Wohnraum war noch knapp, und unsere Abreise gab Gerd und seiner Verlobten Friedel (die ich übrigens sehr mochte) die Möglichkeit, zu heiraten. Und Opa würde jemanden im Hause haben, dem er vertrauen konnte und der ihn einmal versorgen würde. Mutti würde in ihrer kleinen Wohnung bleiben, in deren Nähe ihre Schwester und ihr Schwager wohnten. Dorchen und Hans würden sich um Mutti kümmern, wie auch Gerd und Friedel. Ihr würde also keine Hilfe oder Unterstützung fehlen.
Hans, Dorchens Mann, konnte für mich eine finanzielle Unterstützung aus öffentlichen Mitteln erwirken, die für Flüchtlinge im Falle der Auswanderung vorgesehen war. Albert nahm daran keinen Anstoß. Es gab ja das Programm „Lastenausgleich und Wiedergutmachung" für alle Ostflüchtlinge. Es war eine gewisse Entschädigung für alles, was wir in Ostdeutschland verloren hatten. Vorher hatte ich kein Anrecht auf dieses Programm gehabt, weil ich beim Vermögensverlust im Osten noch viel zu jung war. Doch die Auswanderung schuf eine neue Lage.
Es kam der Abreisetag, der 15. Januar 1959. Wieder ein Wendepunkt in meinem Leben. Alberts Freund Hans brachte uns wie versprochen zum Flughafen. Wir hatten mehrere Stunden Wartezeit. Als wir ins Flugzeug einsteigen sollten, waren wir alle ein bißchen ängstlich. Die Super-Constellation der Lufthansa sah für eine so lange Reise etwas klein aus. Wir mußten zu Fuß zum Flugzeug gehen, und es regnete stark. Es war ein Propellerflugzeug (Düsenflugzeuge kamen ein Jahr später auf), viermotorig, damals das beste. Im Inneren gab es mehr Platz, als wir erwartet hatten, und ganz bequeme Sitze. Abschied von Alberts Freund und von Deutschland.

Wir starteten. Es war Nacht, und die Stewardess bot auf dem Boden einen Schlafplatz für Gisela und Erika an. Sie war sehr, sehr nett und brachte uns Decken und Federkissen. Sie konnte gar nicht genug tun, damit wir uns wohl fühlten. In New York sollten wir von einem Vertreter der Lufthansa in Empfang genommen werden.

Zunächst war der Flug über den Atlantik ruhig, und wir waren entspannt und genossen ihn. Doch auf dem Weg ans andere Ende der Welt, wie uns schien, änderte sich das Wetter. Wir flogen durch stürmisches Regenwetter und sogar etwas Schnee. Nach einigen Stunden gab der Flugkapitän bekannt, daß wir mit unserem Treibstoff New York nicht erreichen könnten und in Neufundland landen würden. Das klang für uns wie Nordpol.

Als wir gelandet waren, sahen wir nur Schnee und nochmals Schnee. Dann sahen wir einige barackenähnliche Gebäude. Zwischen aufgeworfenem Schnee führte der Weg ins Empfangsgebäude. Dort ging es primitiv zu, aber es gab eine kolossale Hitze aus etlichen großen gußeisernen Öfen.

Nach dem Auftanken und einer kurzen Pause waren wir weiter auf dem Weg nach New York. Der Start auf der eisigen Startbahn war ungemütlich. Wenn wir später nach unten blickten, schienen wir uns gar nicht zu bewegen. Alles war eine riesige verschneite Weite, ohne Anfang, ohne Ende. So etwas hatten wir noch nie gesehen.

Auch der Flug nach New York war unruhig. Als wir gelandet waren, erfuhren wir, daß unser Flugzeug das letzte war, das landen konnte wegen des starken Nebels und des schlechten Wetters.

Der Vertreter der Lufthansa nahm uns in Empfang und half uns durch die Paß-, Zoll- und Einwanderungskontrolle. Dann ging es zum Bus, den wir nehmen mussten um, zum anderen Flugplatz zu kommen. Von dort gab es die Verbindung nach San Francisco. Dort war der Anschlußflug natürlich schon weg, und wir hatten keine Ahnung, wann wir weiterkommen würden.

Das Warten auf dem Flughafen war kein Vergnügen. Alles sah entsetzlich schmutzig aus. Wir fanden nicht einmal einen Platz, um uns hinzusetzen und etwas zu essen, nur eine Doughnuts-(Krapfen-)bäckerei. Unser Gepäck wollten wir keine Minute aus den Augen lassen. Um uns war schrecklicher Lärm, es wurde durcheinander gerufen und gedrängelt. Wir hörten Sprachen, die wir noch nie gehört hatten, und sahen Menschen in ganz fremdartiger Kleidung. Kinder schrien, Mütter versuchten sie zu beruhigen. Alles wirkte unwirklich. Schließlich fanden wir Plätze auf einer Bank und warteten. Am unangenehmsten war uns der Schmutz und das Durcheinander. Albert sagte mehr als einmal, wenn San Francisco auch so ähnlich wäre, würden wir bei der nächsten Gelegenheit nach Deutschland zurückkehren.

Wir warteten viele Stunden. Wieder einmal staunte ich, wie leicht man sich mit dem Unabänderlichen abfinden kann. Ich fand die Lage gar nicht hoffnungslos. Sie würde vorübergehen, und Kalifornien könne ganz anders sein. Ich legte die Kinder bequem zurecht, und Albert und ich wechselten uns ab beim Aufpassen auf das Gepäck und Schlafen. Am nächsten Tag wurde das Wetter besser, und es wurde wieder geflogen. Unser Flug wurde angekündigt, und wir gingen hinaus. Das Flugzeug war voll, und wir hatten es nicht sehr bequem.

Zweiter Teil
USA

9. Kapitel
Kalifornien

Das Wetter war immer noch sehr unruhig, und wir gerieten in Turbulenzen. Uns allen wurde übel, und wir waren froh über die Tüten. Wir hatten eine Zwischenlandung in Chicago und mußten wieder aussteigen und ins Empfangsgebäude. Das Flughafenpersonal kam mit unglaublich großen Regenschirmen, um uns zu führen. Nach mehreren Stunden konnten wir unseren letzten Flug, den nach San Francisco, antreten.
Ich erinnere mich lebhaft, wie verzwickt unsere Reaktion auf die andere Kultur und Sitten war. Zum Beispiel erhielten wir im Flugzeug nichts zu essen und zu trinken. Die Stewardess bot wiederholt Getränke an, doch wir wagten nicht, uns zu melden, weil wir nicht mit den Gebräuchen vertraut waren. Die Stewardess wunderte sich, und wir doch hätten so gern etwas getrunken. Die Kinder waren geduldig und benahmen sich sehr gut, und so hofften wir weiter, daß es in Kalifornien besser würde.
Bei Dunkelheit erreichten wir pünktlich San Francisco. Wie anders war es hier: alles hell erleuchtet, jemand machte Fotos. Dann umgaben uns viele fremde Menschen, und es wurde viel in fremder Sprache geredet. Wir wurden umarmt und willkommen geheißen und standen so im Mittelpunkt, daß wir nicht wußten, was wir tun oder sagen sollten. Schließlich erkannten wir unseren Freund Gary. Er stellte uns seinen Eltern und ein paar anderen Leuten vor. Allmählich gewannen wir festen Boden unter unseren Füßen.
Wir gingen durch den Zoll und fühlten uns sehr dankbar für diesen freundlichen Empfang. Die Leute waren in drei Autos gekommen, um uns abzuholen. Garys Familie hatte eine deutsche Familie mitgebracht, die uns in unserer Sprache empfangen konnte. Wir waren überrascht, hatte uns doch Garys Mutter so perfekt auf Deutsch geschrieben. Viel später stellte sich heraus, daß eine be-

freundete deutsche Lehrerin die Briefe übersetzt hatte. Wir waren auch überrascht, daß wir von der Lokalzeitung auf dem Flughafen fotografiert wurden. Das war alles ein bißchen viel, aber doch sehr verheißungsvoll.
Die Fahrt über die Bay Bridge nach Oakland bedeutete uns damals nicht viel. Es war Nacht, und wir bekamen nur einen schwachen Eindruck von dieser ungeheuren Brücke. Ähnlich ging es uns im Caldecott-Tunnel, einer anderen Meisterleistung der Ingenieure. Gary und seine Familie dachten, wir müßten stärker beeindruckt sein, doch das waren wir erst viel später. Wir erreichten das Haus von Garys Eltern in Concord früh gegen 5 Uhr. Es war ein Samstag.
Es gab eine leichte warme Suppe, und dann sollten wir ein bisschen schlafen. So müde wie wir aber auch waren, der Schlaf wollte sich nur schlecht einstellen.
Als wir aufstanden, waren wir in einer neuen Welt. Unser erstes amerikanisches Frühstück bestand aus Pfannkuchen, Eiern und Speck. Großartig! Die Kinder bekamen große Gläser Milch, und Albert und ich genossen den Bohnenkaffee. Beim Frühstück lernten wir die Großmutter von Gary kennen. Sie wurde grandma Piper genannt. Auch sie war mit ihren Eltern eingewandert, allerdings kamen sie aus Norwegen. Grandma Piper lebte nun mit ihrer Tochter und Familie, unseren Bürgen. Wir hatten von dieser Großmutter Garys nichts geahnt.
Eine weitere angenehme Überraschung für mich waren zwei große deutsche Schäferhunde im Haus. Ich hatte schon immer Hunde sehr gern gehabt und fühlte mich bei ihnen sofort wohl. Wir wurden zur Vorsicht ermahnt, doch die Hunde akzeptierten mich auf der Stelle.
Meine nächste wundervolle Entdeckung war die Umgebung. Draußen stand ich in einem riesigen, herrlich blühenden Garten. Es war Mitte Januar, und nach einem sehr kalten und stürmischen Winter

in Deutschland war er für mich wie ein Paradies. Ich glaube, in diesem Augenblick verliebte ich mich unauflöslich in Amerika.

Das größte Problem war noch die Verständigung. Gary, der in seinem eigenen Haus gegenüber wohnte, hatte nach dem Frühstück Albert abgeholt. Jetzt konnte niemand mehr übersetzen. Die Sprache unserer Bürgen klang für mich ganz anders als Alberts Englisch. Und doch, mit viel gutem Willen und Zeichensprache ging es auf einmal ganz gut.

Mir wurde schnell klar, dass Garys Mutter von vornherein Wert darauf legte, dass wir lernen sollten. Und lernen wollte ich weiß Gott! Eine Redeweise wiederholte sich: „help yourself!" Es verwirrte mich völlig. Ich hätte nicht im Traum daran gedacht, an jemandes Kühlschrank zu gehen oder seinen Herd zu benützen, vor allem, wenn es ein Fremder war.

Für die Kinder eröffnete sich eine ganze neue Welt durch das Fernsehen. Und bei Gary wartete ein Wunder auf uns. Seine Garage und ein Teil seines Hauses waren voller Schachteln und Kisten mit Kleidungsstücken (vor allem für die Kinder), feinem Porzellan, Alltagsgeschirr, Töpfen und Pfannen, Silberbesteck aus schwerem Silber für festliche Anlässe und vielen anderen Gebrauchsgegenständen, ferner Betten, Laken und Decken, Tischtücher, Vorhänge und Deckchen und sogar Spielzeug für die Kinder. Und dann noch ein Kühlschrank und Möbel für uns, sogar eine Waschmaschine.

Es war einfach unglaublich. Wie wir später erfuhren, hatten Mitglieder ihrer Kirchen gespendet, ebenso Geschäfte wie JC Penney und Rhodes. Nachbarn, Freunde und viele andere hatten sich beteiligt. Vieles war gebraucht, aber in bestem Zustand, und nicht weniges war völlig neu.

Als uns Garys Mutter geschrieben hatte, wir sollten nur persönliches Gepäck mitnehmen, hatten wir nicht die geringste Idee, was uns erwartete. Das Versprechen, uns zu einem Hausstand zu verhelfen, wurde voll eingelöst! Abgesehen von einer Wohnung hatten war alles, aber auch alles, um ein neues Leben in den Vereinigten

Staaten zu beginnen. Nach vielen Jahren empfinde ich es immer noch: wir konnten es kaum glauben und waren unendlich dankbar. Wie konnte uns Gott so viele Segnungen zuteil werden lassen? Nach den Entbehrungen so vieler Jahre, den ständigen Problemen, Ziele unter einen Hut zu bringen, nach so viel Hoffnungslosigkeit, Enttäuschung und Ernüchterung erhielten wir Hilfe, Möglichkeiten und Liebe von Menschen, die wir noch gar nicht kannten! Ich hatte im Laufe der Jahre gelernt, nicht zu weinen und meine Gefühle nicht zu zeigen. Doch jetzt weinte ich in einem fort und konnte nicht aufhören. Die Tränen flossen und flossen.

Viel später, als ich Englisch gelernt hatte, nahm mich Mamie Potter (wie wir sie nennen sollten) einmal beiseite: Als sie gesehen hätten, wie überwältigt wir waren, was es uns bedeutete und wie es mir nahe ging, da war ihnen klar, daß alles, was sie für uns getan hatten, jeder kleine und jeder größere Beitrag nicht umsonst war. Wenn sie uns in die Augen sahen, war es ihnen Lohn genug.

Anfangs, als ich noch kein Englisch konnte, war es für mich sehr schwierig, unsere Dankbarkeit auszudrücken. Doch ich bin sicher, daß sie in meinem Herzen lesen konnten. Ich bat Albert, zu übersetzen, aber er hatte noch nie gern „danke“ gesagt, und seine Worte hatten wohl wenig Gewicht. Doch ich war völlig überwältigt von allem. Die Kinder konnten nicht ganz verstehen, was das alles für uns und vor allem für sie bedeutete. So viele Kleidungstücke hatten sie noch nie gesehen, geschweige denn gehabt!

An diesem Tag der Wunder erfuhren wir, daß Gary in Scheidung lag. Wir hatten uns schon gefragt, wo seine Familie war. Doch am nächsten Tag sahen wir seine Kinder. Scheidung war für uns etwas Neues. In Deutschland war sie fast unmöglich, und wir wußten wenig. Albert war offensichtlich über Garys Scheidung gar nicht glücklich. Wir waren kaum in diesem neuen Land angekommen, da fing Albert schon an zu kritisieren.

Im Potterschen Hause bereitete grandma (Oma) Piper oft die Mahlzeiten. Ich war froh, helfen zu können. Nie werde ich vergessen, wie leicht wir uns gleich verständigen konnten. Als Eingewanderte verstand sie meine Situation vollkommen. Sie führte mich einfach an der Hand und zeigte mir, was ich machen sollte. Erstaunlich bald mochten und verstanden wir einander. Von Anfang an hatte mich ihre abweisende Art nicht eingeschüchtert. Ich glaubte in ihrem Gesicht zu lesen, daß sie im Leben viele Kummer gehabt hatte und wußte, was Wehtun bedeutet. Ich wollte sie einfach gern haben und gut zu ihr sein.

Wie sie Kartoffeln schälte, war etwas Neues für mich. Ich hatte noch keinen Katoffelschäler gekannt und war tief beeindruckt. Als ich es ihr nachtun sollte, stellte ich mich ganz ungeschickt an und brachte es nicht zustande. Wie bei allem brauchte man Übung. So wenig ich wirklich behilflich sein konnte, das Essen war lecker.

Am nächsten Tag, dem Sonntag, wurde Besuch erwartet. Den ganzen Tag über schauten Leute herein. Wir kamen uns ein wenig vor wie zur Besichtigung ausgestellt. Doch alle waren nett, und es wurde viel geredet. Später am Nachmittag kamen Garys Schwester Jean und ihr Mann mit ihren drei Kindern. Gary hatte sie nie erwähnt, und wir waren sehr überrascht. Bald zeigte sich, daß Bruder und Schwester nicht besonders gut zueinander standen. Wir bemerkten auch, daß die Begrüßung durch die Schwester und ihre Familie oberflächlich war, und von Anfang an empfand ich eine negative Atmosphäre. Merkwürdig fand ich, wie die Kinder von Garys Schwester mit ihrer Urgroßmutter umgingen: respektlos und frech. Sie verspotteten sie sogar, und die Erwachsenen griffen nicht ein. Bei meinen Kindern konnte ich mir so etwas überhaupt nicht vorstellen, und geduldet hätte ich es nie.

Für die nächste Mahlzeit konnte ich Oma Piper wohl ein bißchen mehr helfen. Eines wunderte mich sehr: Wir hatten die Kartoffeln geschält und gekocht, und sie machte Kartoffelbrei. Es war ziemlich wenig. Wie konnte das für 17 Leute reichen? Ich sollte nun daran erinnern, daß wir in Deutschland schwere Zeiten gehabt und uns hauptsächlich von Kartoffeln und Gemüse ernährt hatten; Fleisch gab es nur ganz wenig. Jetzt war alles anders. Es gab eine große Lammkeule, eine große Schüssel Gemüse, einen Teller Brot und ein Gefäß mit richtiger Butter, eine große Schüssel Salat - und dann dieses bißchen Kartoffelbrei.

Wir fingen an zu essen. Meine Kinder - ich sehe es noch heute nach so vielen Jahren vor mir - fragten mich stumm: „Wieviel dürfen wir nehmen?" Jeder von uns nahm nun einen Löffel Kartoffelbrei, ein kleines Stück Fleisch und etwas Salat und Gemüse. Auch Brot zum Abendessen war für uns ein unbekannter Luxus.

Ich erinnere mich so genau, weil am Ende immer noch etwas Kartoffelbrei übrig war. Alle hatten sich reichlich mit Fleisch und anderen guten Sachen bedient; nur die Kinder und ich hatten uns sehr zurückgehalten, weil wir unsicher waren, wieviel wir anständigerweise nehmen durften. Albert hatte da keine Bedenken. Essen hatte er sich noch stets gegönnt, und das würde er auch nie ändern. Das Essen nahm seinen Gang. Es gab Nachtisch, und deshalb sind wir dann doch noch satt geworden. Später lachten wir über unsere Torheit.

Mamie Potter sagte oft, damals habe sie sich nicht erklären können, warum wir so wenig aßen. Wir mußten eben noch viel lernen! Ich brauchte aber noch sehr lange, bis ich mich so ungezwungen fühlte, daß ich an den Kühlschrank ging und mir belegte Brote machte. Wir erwarteten keineswegs, daß uns jemand bediente, sondern wir wollten nur die wundervolle Gastfreundschaft nicht mißbrauchen. Die Potters wiederum mußten sich an unsere Denkweise gewöhnen.

Wir blieben drei Monate im Hause der Potters. Nie hatten wir den Eindruck, wir seien nicht absolut willkommen. Nach 4-5 Wochen fand Albert mit „Opa" Potters (Garys Vaters) Hilfe eine Beschäftigung bei einer Baufirma in Oakland. Jetzt konnten wir wenigstens zu den Essens- und Haushaltkosten beitragen. Die Potters wollten kein Geld von uns annehmen, doch wir meinten, ein fairer Beitrag sei nur recht und billig.

Damals besuchte Mamie Potter wieder College-Kurse und war den ganzen Tag weg. Auch dies war für uns etwas neues, dass ein erwachsener Mensch wieder aufs Gymnasium oder die Universität gehen konnte. Opa Potter arbeitete in einer Ölraffinerie und hatte eine sehr gute Stelle im Management. Gary sahen wir wenig. Seine Kinder waren bei der Mutter und besuchten ihn nur an Wochenenden. Seine Schwester Jean und ihre Familie kamen ab und zu auf Besuch. Doch die Kinder und ich gewannen nie ein wirklich gutes Verhältnis zu ihnen. Hingegen kamen Opa Potters Eltern und seine Schwester und ihr Mann oft zu Gast. Sie mochte ich alle sehr gut leiden und hatte auch sofort Vertrauen zu ihnen. Wir lernten noch viele andere Leute kennen, doch im Augenblick bedeutete das für mich wenig.

Ich war richtig gern mit grandma Piper zusammen. Jeden Wochentag um 10 Uhr früh mußte ich mit ihr zusammen „The Price is Right“ (eine damals beliebte Sendung) im Fernsehen anschauen, gleichgültig, womit ich gerade beschäftigt war. So wurde ich auch ein bisschen mit dem Fernsehen vertraut. Ich hatte so viel Hausarbeit wie möglich übernommen, und wir kamen wunderbar miteinander aus.

Es war ein milder Winter. Die Blumen blühten, und die Sonne schien. Die Menschen warteten auf den Regen. Doch in diesem Jahr blieb er rar. Es war für uns unbegreiflich, dass es für Monate keinen Regen geben konnte.

Die Kinder kamen gleich nach unserer Ankunft in die Schule. Zuerst hatten sie es richtig schwer. Kinder können grausam sein, und die unseren wurden ausgelacht und verspottet, da sie sich anders verhielten und anders gekleidet waren. Nur Hans hatte in Deutschland noch ein bißchen Englisch lernen können. Es war für alle drei (Hans, Sig und Gisela) schwierig. Auch wurden sie oft Nazis geschimpft, ohne zu wissen, was das bedeutete. Allmählich aber wurde es für sie leichter. Ein Lehrer namens Mr. Thomas konnte etwas Deutsch, und er verhalf unseren Kindern zu einem guten

Start. Sie fuhren jeden Morgen mit dem Bus zur Schule und nachmittags nach Hause. Das war ungewohnter Luxus für sie.

Albert mochte seine Arbeit in Oakland. Die Firma gehörte Schweden, die sein deutsches Handwerkertum schätzten. Er fuhr täglich gemeinsam mit einem anderen Arbeiter von Pleasant Hill aus in dessen Auto zur Arbeit. Bisher schien es für jeden von uns eine wundervolle Veränderung oder neuer Anfang, wie immer man es ansehen wollte. Ich fand die englische Sprache wirklich faszinierend und hörte und lernte bei jeder Gelegenheit mehr dazu. Garys Eltern ermutigten mich beim Lernen und brachten mir von Anfang an gute Grammatik bei.

Wenn Gary auf Besuch kam, spürte ich immer, daß er zufrieden und glücklich darüber war, daß wir hier waren. Er hänselte mich gern ein bißchen auf gutmütige Art, doch ich geriet sehr leicht in Verlegenheit und wurde jedesmal feuerrot, wenn mich jemand direkt ansprach oder sich mir zuwandte. Ich hatte sehr wenig Selbstvertrauen und fürchtete mich vor den Szenen, die Albert danach machen würde.

Es gab auch andere Zwischenfälle. Albert war an sein tägliches Bier gewöhnt und ermutigte Opa Potter, mitzuhalten. Mamie Potter sah das gar nicht gern und widersprach. Für Albert aber war jeder Widerspruch Grund genug, noch stärker auf seinem Standpunkt zu beharren. Wir wussten zu der Zeit nicht, dass Opa Potter ein Alkoholproblem gehabt hatte. Deshalb wollte Mamie jede Versuchung vermeiden.

Ich muß ehrlicherweise sagen, daß Albert die Freiheit und Macht, die die meisten amerikanischen Frauen hatten, überhaupt nicht akzeptieren konnte. Diese Einstellung blieb ihm für immer und vollkommen unverständlich. In seinen Augen mußten die Männer in allen Situationen das letzte Wort haben, das zu Hause Gesetz zu sein hatte. Ich fragte mich oft, wie seine dominante Mutter dazu paßte. Aber das ging mich ja eigentlich nichts mehr an.

Es wurde erkennbar, warum sich während unseres Aufenthalts im

Hause der Potters gewisse Spannungen entwickelten. Die Wochenenden verbrachten wir oft in Santa Cruz. Dort hatten die Potters zwei Sommerhäuser, die man hier Cabin nannte. Albert hatte sich (als kleinen Dank unsererseits) bereiterklärt, mit Opa Potter zusammen diese umzubauen. Ich war sehr froh, daß Albert das angeboten hatte. Opa Potter konnte gut mit Werkzeugen umgehen, und die Arbeit kam gut voran. Ein paarmal half auch Gary. Das eine Häuschen gehörte seiner Schwester Jean. Sie, ihr Mann Richard und die Kinder kamen an vielen Wochenenden auch nach Santa Cruz. Richard war ganz nett. Er war still und handwerklich nicht sehr geschickt. Doch Jean war das Gegenteil. Sie konnte gut mit Werkzeugen umgehen und war eine große Hilfe für die Männer.
Oma Piper, die immer mitkam, war von ihrer Enkelin und deren Familie nicht besonders angetan. Doch sie und ich genossen diese Stunden. Im größeren dieser beiden Häuser gab es ein altmodisches Radio. Eines Tages überraschte sie mich mit deutscher Musik. Sie hatte einen deutschen Sender gefunden. Was das für mich bedeutete, wurde ihr sehr schnell klar. Ich war überwältigt und brach in Tränen aus. Mir war nicht klar gewesen, wie sehr ich deutsche Musik vermißt hatte. Es war einfach wundervoll.
Nicht so mit Jean und ihrer Familie - jedenfalls was die Kinder und mich betraf; Albert war von ihr sehr beeindruckt und mochte sie sehr. An dieser Familie störte mich wohl am meisten das Verhalten der Kinder. Sie hatten keine Achtung vor ihrer Urgroßmutter und keinerlei Disziplin, was ich eigentlich unerträglich fand. Opa Potter war über Alberts Hilfe sehr froh, da Jean sein Lieblingskind war. So gesehen, lief alles gut. Mamie Potter blieb an diesen Wochenenden meist zu Hause. Sie wollte ja ihr MBA-Examen machen (master in Betriebswirtschaftslehre).
Es kam der Tag an dem wir unser erstes Auto in USA kauften. Es war ein gebrauchter Kombiwagen, ein älterer Plymouth, aber in gutem Zustand. Wie dankbar waren wir für diese Neuanschaffung! Es war uns sehr bald klar geworden, dass man hier ohne Auto

nicht zurecht kam. Die Entfernungen waren bei weitem zu groß. Nach gut 2 Monaten kam unsere von Albert gebaute Holzkiste aus Deutschland an. Es war auch etwas Porzellan und Silber darin, teils von uns gekauft und teils ein Geschenk meiner Mutter. Wirklich nötig war ja nun nichts vom Inhalt der Kiste - aber das hatten wir nicht geahnt. Es war aber schön, wieder etwas von unseren eigenen Sachen zu haben.

Oft dachte ich an unsere Lieben daheim. Wie viel hatte sich in den letzten Monaten für uns alle geändert! Ich bereute aber gar nichts und war nur glücklich, in den USA zu sein. Ich hatte das Gefühl, jetzt seien den Entwicklungsmöglichkeiten in meinem Leben keine Grenzen mehr gesetzt.

Unter den Sachen in der Kiste befand sich ein Mokkaservice, welches Mutti uns zum Abschied geschenkt hatte. Sie wusste, wie viel mir gutes Geschirr oder Kristall bedeutete. Der materielle Wert war nicht groß, doch das Porzellan war sehr dünn und empfindlich - ein hohes Qualitätsmerkmal. Das Geschenk war mir sehr teuer.

Eine böse Überraschung harrte meiner. Albert entschied, dass wir dieses Mokkaservice Jean und ihrer Familie als Andenken aus Deutschland geben sollten. Für mich total unverständlich, der Gedanke machte mich sehr unglücklich. Ich wehrte mich gegen seinen Entschluss, und es gab böse Auseinandersetzungen. Warum musste es dieses Andenken sein, das mir so viel bedeutete? Wir hätten etwas anderes finden können. Da wir ja keine Ahnung von der Existenz von Garys Schwester gehabt hatten, konnte man kein Andenken von uns erwarten, doch natürlich wäre ich mit einem anderen Gegenstand einverstanden gewesen. Albert aber hatte sich seine Meinung gebildet, und somit war keine Umstimmung möglich. Das Traurigste für mich war, daß Jean das Service nie auch nur richtig einschätzte. Doch Albert waren meine Gefühle wie immer egal.

Nach einem weiteren Monat konnten wir ein Haus kaufen, ein ziemlich kleines, aber mit einem verhältnismäßig großen Grundstück.

Wir beschlossen, das Haus später umzubauen und zu vergrößern. Es lag in der gleichen Straße wie das von Potters. Es gefiel uns sehr. Auf beiden Straßenseiten standen schöne, große, schattenspendende Bäume. Die Potters hatten uns zwar eine etwas teurere Gegend empfohlen, doch wir wollten nicht so grosse Schulden machen. Wundervoll, von einem eigenen Haus zu träumen!

Ich fühlte mich trotz der vorangegangenen Unstimmigkeiten zufrieden und dankte Gott für alle Seine Segnungen. Wir waren für alle Möglichkeiten und Alltagsbequemlichkeiten in unserer neuen Heimat höchst dankbar und empfanden das Leben hier als ein großes und gar nicht selbstverständliches Geschenk. Die Lebensmittel waren sehr viel billiger als in Deutschland. Jeden Freitagabend fuhren wir nun mit Albert einkaufen. Natürlich entschied er über alles. Das störte mich aber nicht allzusehr, denn jetzt konnte ich mehr aus dem Vollen schöpfen.

Wunderbar war ebenfalls, daß es jederzeit heißes Wasser gab. Ich bin bis heute dankbar dafür. Eine große Hilfe war auch die gebrauchte Waschmaschine, die wir bekommen hatten. Es war nur ein Wringer-Modell (das wäscht und spült, aber nicht schleudert), doch für mich unschätzbar. Sie war groß, und das Waschen wurde zu einem richtig angenehmen Teil des Tageslaufs. Die Wäsche wurde draußen aufgehängt. Wie kalt und strapazierend für die Hände war das Waschen doch in Deutschland gewesen!

Natürlich mußten verschiedene Probleme gelöst werden. Das Haus war ein paar Monate unbewohnt gewesen, und wir waren vor der Schwarzen Witwe (einer äußerst giftigen Spinnenart) gewarnt worden, auch war eine gewisse Gefahr durch Schlangen erwähnt worden. So begann ich ständig die Decke und die Wände abzusuchen und zu beobachten. Ich fand auch einige Spinnen und hatte große Angst, weil wir sie überhaupt nicht kannten. Auch eine Schlange verirrte sich in unsere Garage und jagte mir einen ziemlich großen Schrecken ein. Einige Wochen später fand ich eine andere Schlan-

ge in unserem Garten, die sich auf dem Rasen sonnte. Daß sie ungefährlich waren, konnte ich damals nicht beurteilen.
Auch anderen hässlichen Tieren begegnete ich. Ich stieß auf eine Menge widerlicher Kartoffelkäfer, und dann kamen die Ameisen - ein ganz großes Problem! Doch man lernt schnell, und trotz allem war ich dankbar und zufrieden, daß wir ein eigenes Heim hatten.
Es kam ein sehr heißer und regenarmer Sommer, wir verstanden es kaum. Wochenlang hatten wir 35-40°C. Unser Haus hatte keine Klimaanlage. Damals hatten die meisten Leute höchstens eine kleine fürs Schlafzimmer.
Die Umstellung und diese langanhaltende Hitze machte uns sehr zu schaffen. Für Albert war das kein so großes Problem, da er in Oakland arbeitete. Die Temperatur war dort mindestens um 10-15 Grad kühler. Ich war sehr dankbar für den Schatten der Bäume vor unserem Haus und in unserer Straße.
Ende September erlebten wir unser erstes Erdbeben. Es war kein sehr schweres, doch es jagte uns Schrecken und Angst ein. Es gab keine großen Schäden.
Bald danach kam dann die sehnlich erwartete und nun nicht enden wollende Regenperiode. Zu der Zeit war das Abflußsystem noch nicht so ausgebaut, und es gab viele Überschwemmungen. Wieder mußten wir uns auf etwas Neues einstellen. Zum Beispiel fuhren wir einkaufen und konnten nicht mehr in unser Haus zurück, bis es eine kleine Regenpause gab und das Wasser Ablauf fand. Auch unsere Garage, die etwas tiefer lag wie das Haus, war überschwemmt.
Inzwischen hatten wir eine kleine Gruppe deutscher Einwanderer kennengelernt, mit der wir gelegentlich Kontakt hatten. Die Frauen hatten ihren regelmäßigen „Kaffeeklatsch". Ich wurde mehrmals eingeladen und sollte auch abgeholt werden, mußte aber absagen, weil es Albert nicht wollte.
Ich war aber nie einsam. Da war die Sorge für die Familie, und vieles ging wie in Deutschland weiter: Kochen (für mich ohne Fer-

tigprodukte), Waschen, Kleidung instandhalten, Kuchenbacken wie zu Hause, Bügeln (sogar Alberts Arbeitskleidung) - das alles, was so den Tag einer damaligen Hausfrau ausfüllte, war für mich genau wie früher der Tagesablauf. Die Schularbeiten der Kinder mussten überwacht werden, usw. usw. Langeweile gab es nicht.
Dann bekamen wir unseren ersten Hund. Es war ein deutscher Schäferhund und ich zog ihn groß. Er wurde Flora genannt. So gut es ging, trainierte ich ihn, und er wurde ein treuer, anhänglicher Freund. Das Leben hatte für mich nach langer, langer Zeit auf einmal wieder Wert angenommen.
Die Potters waren immer noch mit Rat und Tat unsere Schutzengel, wir hielten enge Verbindung mit ihnen. Dank Opa Potters Verbindungen fand Albert ein paar Nebentätigkeiten. Das Geld wurde für Umbau und Erweiterung unseres Hauses zurückgelegt.
Gary Potter heiratete wieder. Er und seine neue Frau Margret besuchten uns gelegentlich. Wir spielten ein paar mal mit ihnen Karten oder Mensch ärgere dich nicht oder unterhielten uns einfach. Ich verstand, dass Gary versuchte, die nette, gastfreundliche und ungezwungene Atmosphäre, die wir in Deutschland mit ihm und seinen Kameraden hatten, wiederzufinden. Er hätte gerne seine neue Frau damit vertraut gemacht, damit sie verstehen konnte, warum er und seine Eltern uns diese Einwanderung möglich gemacht hatten. Doch er übersah, dass ich damals kein Englisch sprach und praktisch nur für alles sorgte, was den Soldaten die Gemütlichkeit bescherte. Somit gab es war für Albert damals nicht viel Grund zur Eifersucht.
Jetzt war das anders. Ich konnte nun schon ganz gut an einer Unterhaltung teilnehmen und mich verständlich machen. Dazu kam, dass Margret nicht verstehen konnte, dass ich Albert ständig bedienen musste. Für eine amerikanische Frau war so etwas völlig ausgeschlossen. Unnötig zu sagen, dass sie auf ihre Art versuchte, mich zu beeinflussen. Sie erkannte, wie scheu ich noch immer war, und wollte mir helfen, mehr Selbstbewusstsein zu finden. Doch

das war natürlich für Albert ein ganz starker Grund und Anlass für seine Eifersucht. Ob Frau oder Mann, niemand sollte sich mehr um mich kümmern, als er erlaubte. Wieder gab es große Szenen zwischen uns, und Gary und Margret merkten die gespannte Atmosphäre. Demgemäß wurden ihre Besuche seltener und seltener. Mir tat die Situation sehr leid, ich hätte gerne Freundschaft gesucht und gefunden.

Es wurde Winter. Das Weihnachtsfest nahte. Unser erstes im fremden Land. Das Heimweh brach auf einmal durch. Viele Erinnerungen tauchten wieder auf, hauptsächlich die aus meiner Kindheit und ganz frühen Jugend. Die Gedanken an die Lieben daheim wurden stärker. Mutti hatte uns deutsche Schallplatten geschickt. Ich konnte es kaum erwarten, sie zu hören. Ich vermißte die Musik immer noch sehr.
Den Kindern konnten wir nun in diesem Jahr einiges schenken. Ich hatte seit Wochen unter anderem Plätzchen gebacken und neue Puppenkleider genäht. Wir konnten ein im großen und ganzen gemütliches Weihnachtsfest verleben.
Da es die Regenzeit war, konnte Albert jederzeit arbeitslos werden. Doch wir waren sehr froh und dankbar, dass er bis dahin noch die meiste Zeit arbeiten konnte. Welche Erleichterung, regelmäßige Einkünfte zu haben und weiterhin etwas zurücklegen zu können für unseren Um- und Abbau.
Im Februar 1960 waren die olympischen Winterspiele in Squaw Valley. Albert entschied, daß wir hinfahren würden. So bepackten wir unseren Kombi und fuhren mitten in der Nacht los. Eine vielstündige Fahrt, da es damals noch keine Autobahn dorthin gab. Angekommen, fanden wir alles und die vielen Besucher höchst interessant. Wir hörten europäische Sprachen und fühlten uns ein bisschen wie daheim in Deutschland. Unglücklicherweise konnten wir für keine der Veranstaltungen Plätze für uns alle bekommen. So machte sich Albert selbständig, und ich paßte auf die Kinder

auf. Hans und Sig konnten einige Veranstaltungen sehen, doch die Mädchen waren noch zu klein. Es war sehr kalt, und der Schnee war wunderbar.
Albert traf dort einige Freunde der Potters: vier von Opa Potters Kollegen, die in Squaw Valley eine Berghütte bauen wollten. Albert wurde gefragt, ob er daran interessiert wäre, sie zu bauen. Diese vier Freunde würden alles finanzieren und auch meistens Albert hin- und zurückbringen. Opa Potter würde auch mitmachen. Albert war begeistert und plante schon, wie die Buben mithelfen müssten. Die Planung lief an.
Kurz nach unserer Rückkehr merkte ich, dass ich wieder in anderen Umständen war. Das war ein schwerer Schock für mich. Ich hatte nicht mit einer weiteren Schwangerschaft gerechnet. Die Schwangerschaft verlief von Anfang an schwierig. Einer der Hauptgründe dafür war wohl die neue Ungewissheit, die neue Sorge für all die Notwendigkeiten, die jetzt bedacht werden mussten. So viele Probleme bauten sich vor meinen Augen auf. Ich hatte einfach ANGST. Wie würde ich dies alles bewältigen? Ich hatte keine Babysachen mehr, aber das Wichtigste von allem war jedenfalls: wir brauchten mehr Platz. Unser Haus war bei weitem zu klein. Mein Magen revoltierte sofort, ich konnte nichts bei mir behalten. Übergeben, bis Blut kam, neue Ohnmachtsanfälle - dieses Problem verfolgte mich während meiner ganzen Schwangerschaft.
Jetzt mußte unbedingt mit der Erweiterung unseres Hauses begonnen werden. Albert ließ die Baupläne anfertigen und begann das neue Fundament zu legen. Unser Grundstück war abschüssig, und Platz gab es genug. Die Erweiterung war größer als das ursprüngliche Haus. Albert wollte auch ein großes, leicht zugängliches Untergeschoß für seine Werkstatt. Große Pläne also.
Es war nun mitten in der Trockenzeit, und der Boden war hart wie Beton. Albert fing an zu graben. Dann teilte er mir mit, wenn er bei der Arbeit sei, sollten die beiden Buben und ich weitergraben, mit Pickel und Schaufel. Es wurde immer heißer. Doch wir fingen

an. Ein Alptraum. Wir schienen kaum voranzukommen, und jeden Abend war Albert unzufrieden. Ich weiß nicht recht, wie ich da durchkam. Meine Hände waren blutig und voll Blasen. Im Magen fühlte ich mich ständig übel. Ich vertrug die Hitze nicht, und mir war oft schwindlig. Doch ich konnte einfach nicht aufgeben. Hans und Siggi halfen tüchtig, doch sie waren schließlich ja auch noch Kinder. Sie hatten grosse Angst um mich. Eine furchtbar schwere Zeit für uns. Von meinem Mann, ihrem Vater, kam kein Lob und keine Ermutigung, nur Kritik.

Schließlich wurde der Beton gegossen. Albert hatte Hilfe beim Einschalen. Langsam wuchs der Erweiterungsbau heran. Als die Wände standen, gab es für die Buben und mich wieder Arbeit. Wir setzten zwischen den Wandbalken sogenannte fire blocks ein (die vorgeschrieben sind und zur Verstärkung und als Feuerschutz dienen). Außer dieser Arbeit gab es sehr viel aufzuräumen und in Ordnung zu bringen, oft schwere Sachen zu heben oder zu handhaben. Wie immer man es ansehen wollte, bestimmt keine Arbeit für eine schwangere Frau.

Natürlich lag mir daran, den Anbau möglichst schnell fertig zu bekommen. Doch was damit alles auf die Kinder und mich zukam, war sehr schwer zu verstehen oder zu verkraften. Natürlich gab es keinen Ausweg. Doch ich möchte hier fairerweise hervorheben, dass einige von den sehr schwierigen und sehr wichtigen Arbeiten, für die es Vorschriften gab, von professionellen Unternehmern geleistet wurden, z.B. die Elektroinstallation, die Fenster u.ä., die Albert nicht allein erledigen wollte. Für Albert war dieser Anbau wohl nötig, aber da er ja seinen Job in Oakland hatte, musste die Arbeit zu Hause anderweitig und von den Buben und mir geleistet werden. Oh, er konnte sehr gut bestimmen.

Als nächstes kamen die Kunstplatten zur Verkleidung der Wände. Diese mussten dann verputzt werden. Dann wurden sie sandgestrahlt, und dann erst waren sie fertig zum Tünchen. Die Fenster wurden vor dem Streichen eingesetzt. Obwohl Albert einige dieser

Präzisionsarbeiten ausführte, blieben eine Unmenge kleinerer Aufgaben an uns hängen. Man wurde einfach nicht fertig.
Doch dann kam der Punkt, dass wir die Arbeit vorerst einstellen mussten, da wir kein Geld mehr hatten. Dies war Albert nicht ganz unwillkommen, da er sowieso schon die Lust und die Geduld für das Projekt verloren hatte.
Inzwischen waren die Pläne für den Hüttenbau in Squaw Valley vervollständigt, und die Unternehmer wollten den Bau anfangen. (Wenn ich von einer Hütte spreche, so möchte ich das ein bisschen genauer erklären. Diese sogenannte Berghütte wurde ein Haus zweistöckiges mit so vielen Räumen, dass leicht 22 Personen dort wohnen und übernachten konnten.) Albert nahm Urlaub, die Kinder hatten ihre Sommerferien, also hieß es auf nach Squaw Valley mit Sack und Pack, Haushaltgeräten und Lebensmitteln und allem, was man zum täglichen Leben braucht, nicht zu vergessen der Hund und eine Katze.
Die Unternehmer hatten eine andere Hütte für uns gemietet, wo wir für einige Wochen wohnen sollten. Ich sollte das Kochen übernehmen für alle Männer und uns, und Hans und Sig sollten ihrem Vater sowie den Unternehmern (die alle vier, wie auch Opa Potter, mitmachen wollten) helfen.
So begann der Bau der Hütte, die zum Teil mit der Abmachung gebaut wurde, dass Albert weniger Lohn bekam und wir später die fertige Hütte von Zeit zu Zeit unentgeltlich benutzen konnten. Wir blieben die ersten Wochen droben in den Bergen. Die Landschaft dort ist unwahrscheinlich schön, und es war eine kleine Verschnaufpause für mich.
Nach unserer Rückkehr fielen die Wochen in eine gewisse Routine. Albert wurde jedes Wochenende von einem der Unternehmer abgeholt. Während des Tages arbeiteten die Männer an dem Bau, und Abends ging man groß aus zum Abendessen und anschließendem Spielkasinobesuch. Dafür musste Geld für ihn da sein, entschied

Albert. Er genoss das Spielen sehr, doch ich möchte keinesfalls sagen, dass er eine krankhafte Spielsucht gehabt hätte.

Zu Hause machten wir, so gut wir konnten, an unserem Haus weiter. Für ganz schwierige Arbeiten half Albert von Zeit zu Zeit, doch die meiste Zeit mussten die Buben und ich sehen, wie wir zurecht kamen. Schließlich konnte der Dachstuhl errichtet werden. Das Wetter war noch gut, und wir hofften, das Dach noch vor der Regenzeit decken zu können. Innen war der Rohbau so weit, dass die Buben in dem einen Schlafzimmer schlafen konnten. Nachdem die Platten auf dem Dachstuhl gelegt waren, mussten die Schindeln gelegt werden. Unser Anbau war, wie schon erwähnt, zweistöckig, da Albert im unteren Teil eine Werkstatt für sich plante.

Die Platten waren in Bündeln auf das Dach geliefert worden. Albert machte den Anfang auf einer sehr kurzen Seite und erklärte mir dann, dass die Buben und ich nun weiter daran arbeiten konnten, während er in Squaw Valley war. Diese Platten waren sehr schwer und unhandlich für uns, doch was half's, wir mussten es versuchen. Doch während ich mit großer Vorsicht die Leiter hinauf auf das Dach kletterte, wurde mir sehr schnell klar, dass ich nicht mehr herunterkommen konnte. Zumindest nicht ohne Hilfe. Ich war im siebenten Monat schwanger...

Ein anderes großes Problem lag darin, dass weder ich noch die Buben wussten, wie man diese Platten so schneiden konnte, dass sie um die Entlüftungsrohre passten. Das alles sieht vom weiten sehr einfach aus, ist aber ohne Zweifel eine Situation, die man mit Verstand und Wissen bewältigen musste. Wir machten gute Fortschritte mit dem Legen. Doch an den Stellen, an denen die Entlüftungsrohre verkleidet werden mußten, blieb mir keine andere Wahl als Hilfe zu suchen. Ich schickte Hans zu unserem Nachbarn Roger M. und bat um seine Hilfe und Anweisung. Roger kam sofort und ohne zu überlegen, da er uns schon beobachtet hatte. Er war sehr ungehalten, dass Albert uns diese Arbeit zumutete, und fand absolut keine Entschuldigung dafür. Roger begann mit dem Vermessen und Schneiden und legte die Platten um den Kreis. Er half mir auch später von der Leiter herunter. Am Ende des Wochenendes hatten wir die eine Seite des Daches verkleidet. Ich hatte große Schmerzen und konnte mich nur mit ungeheurer Anstrengung bewegen.

Am Sonntagnachmittag kam Albert nach Hause. Zunächst war er sehr froh, dass wir so weit gekommen waren. Doch bei näherem Zusehen wurde er sehr böse. Wir hätten die ganze Arbeit verkehrt gemacht, hieß es. Die Schuld lag aber nicht bei uns, sondern er hatte versäumt, uns zu erklären, dass die Schindeln einige Zoll über den Dachrand stehen mussten. Wir hatten sie mit dem Rand abschneidend gelegt. So etwas muss einem ja gezeigt oder erklärt werden. In jedem Fall, unsere ganze Anstrengung und Arbeit war vergebens gewesen. Wir mußten den größten Teil neu machen. Albert arbeitete mit. Zum Glück blieb das Wetter gut. Nun war wenigstens der Rohbau fertig, doch innen war noch vieles zu tun.

Ich machte mir große Sorgen wegen der Babysachen. Wir hatten sehr wenig Geld. Ich konnte nicht fahren und hatte kein Auto, wie sollte es also gehen? Zu meinen Schwangerschaftsterminen nahm ich den Bus und lief dann von der Haltestelle zur Klinik, doch der Bus hielt nicht vor Geschäften. Doch wieder gewährte der gütige Gott auf Seine geheimnisvolle Weise Hilfe.

Eines Tages kamen zwei Frauen aus der Nachbarschaft und wollten mich etwas fragen, aber ich verstand nicht genug. Ich dachte, sie sprachen von einer Dusche. Schließlich wurde mir klar, daß sie von einer Baby-shower-Veranstaltung sprachen. Ich hatte von dieser Sitte noch nie gehört und konnte nichts dazu sagen. Am nächsten Wochenende, als Albert in Squaw Valley war, kamen meine Nachbarn und nahmen mich mit zu unserem Gemeinde-Klubhaus. Und da waren mindestens 40 Frauen versammelt. Tische waren hübsch dekoriert, und eine große Kaffeemaschine war nicht zu übersehen. In einer Ecke schienen Babysachen auszuliegen. Ich wurde zu einem Ehrenplatz geführt, und dann begann das völlig Unerwartete. Ich ahnte nicht, daß dies alles von dem Frauenklub der Gemeinde organisiert worden war und die ganzen Geschenke und Babysachen und alles drum und dran für mich bestimmt war.

Dann begann das Auspacken. Es war für mich unfassbar, was sich hier zeigte. Alles, aber auch absolut alles, was ich für das Baby brauchen würde, war da. Es war ein Wunder für mich. Sogar ein Kinderbett mit Matratze und ein Kinderstuhl waren dabei. Es schien kein Ende zu nehmen. Ich war völlig überwältigt und hatte große Schwierigkeiten, meinen Dank auf Englisch auszudrücken. Mir fehlten die Worte, doch ich bin sicher: jeder, der in meinem Gesicht lesen konnte, war von meiner Dankbarkeit überzeugt. Meine Tränen wollten nicht aufhören. Wieder einmal hatte Gott meine Angst überwunden und mir den Weg vorwärts gezeigt.

Es wurden Fotos gemacht, und alle waren glücklich, dass sie mir diese Überraschung bereiten konnten. Ich begriff nun, daß mir die beiden Nachbarinnen etwas von dieser Baby-shower-Veranstaltung erzählen wollten, weil sie nicht sicher waren, ob es so etwas in Deutschland gab. Nachdem ich alle Geschenke ausgepackt hatte, gab es Kaffee und Kuchen. Dann kam der Ehemann einer der Frauen mit einem kleineren Lieferwagen und ein paar Helfern. Alles wurde zu mir nach Hause gebracht und aufgestellt.

Albert war sprachlos, als er heimkam, wurde aber ungehalten, sowie er die Sachlage erkannte. Es passte ihm nicht, dass jemand in unsere Verhältnisse Einblick nehmen konnte. Ich sagte ihm, ich hätte nichts geahnt, aber das überzeugte ihn nicht. Mir war das freilich, offen gesagt, völlig gleichgültig. Ich war viel zu erleichtert, glücklich und dankbar.

Erleichtert war ich auch darüber, daß Patricia, eine nahe Nachbarin, sich erboten hatte, mich nötigenfalls ins Krankenhaus zu bringen, wenn es so weit wäre. Schon bald mußte ich davon Gebrauch machen. Die Wehen kamen, während ich mit der Wäsche beschäftigt war. Niemand sonst war zu Hause, und so fuhr mich Patricia ins Krankenhaus.

Die Wehen zogen sich stundenlang hin. Albert kam am Abend. Es war noch kein Kind da, und er war enttäuscht. Nach vier Geburten war ich sicher gewesen, daß es nicht sehr lange dauern würde; doch es kam anders. Von Zeit zu Zeit sah die Schwester nach mir, auch der Arzt. Doch es ging nur langsam vorwärts. Nach einiger Zeit wurde Albert müde und ungeduldig. Er war mir keine Hilfe und machte mich nur nervös. Ich sagte ihm, er solle nach Hause fahren, er würde bestimmt benachrichtigt. Er hatte ja den ganzen Tag auf dem Bau gearbeitet. Er ließ sich leicht überreden und ging. Nach weiteren Stunden mit zunehmenden Kontraktionen wurde dann ein gesunder Junge geboren: am 29. November 1960, 10 Minuten nach Mitternacht.

Dann war plötzlich der Strom weg. Ich war völlig erschöpft, aber froh, daß Arzt und Hebamme, sowie Schwestern da waren. Jedenfalls gab es keine so starken Blutungen wie früher.

An die nächsten Stunden erinnere ich mich nicht genau. Albert wurde benachrichtigt. Ich kam in einen Raum mit mehreren Frauen, die alle ihr Kind bei sich hatten. Ich sollte meines erst am nächsten Tag zum Stillen bekommen, weil es eine sehr schwere Geburt war und ich nach den schwierigen Monaten der Schwangerschaft sehr schwach war.

Später erfuhr ich, daß mein Arzt (einer der besten im Kaiser Hospital) es befremdlich fand, daß mein Mann nicht bei der Geburt dabei war, wie es hier so üblich ist. Auch war er über meine Schwäche entsetzt. Zunächst hatte ich vor ihm ein bißchen Angst (bei den Schwangerschaftsterminen hatte ich ihn nicht kennengelernt). Doch bald fand ich Vertrauen zu ihm und seiner Fürsorge. Er war sehr sachlich und ein guter Menschenkenner, der sich nicht leicht etwas vormachen ließ. Gleichzeitig erkannte er den Mut und das Leiden seiner Patienten an.

Am nächsten Tag kam Albert. Er war wie immer sehr zufrieden und stolz auf seinen neuen Sohn. Wir entschlossen uns, das Kind

Adalbert-Walter zu nennen, und wir wollten den zweiten Namen als Hauptnamen nehmen.

Dann sagte er mir, er habe gerade den Kombi verkauft und ein anderes gebrauchtes Auto gekauft. Unser Auto war noch gut instand gewesen, ein neues Auto war wirklich nicht notwendig, da wir so knapp an Geld waren. Doch wie immer, Albert fand, ein neues Kind war Grund genug für ein anderes Auto. Nun hatten wir noch mehr Schulden. Ich war absolut nicht glücklich darüber, sondern verletzt und konsterniert.

Für das erwartete Baby war kein Geld vorhanden gewesen, mit dem ich Wäsche und Babysachen hätte kaufen können. (Gott allein wusste, was geschehen wäre, hätten meine Nachbarn mir nicht dieses Geschenk gemacht.) Und da kauft der Vater dieses Kindes ein neues Auto. Wie in aller Welt so etwas zu verstehen?

Ich möchte hinzufügen, dass in der damaligen Zeit die Ehefrau nicht bei einem Kauf unterschreiben musste (das kam in erst in späteren Jahren), deshalb gab es keine Schwierigkeiten für Albert, den anderen Wagen zu erstehen.

Aus der Rückschau wird mir klar, daß damals unsere finanziellen Probleme anfingen, größere Ausmaße anzunehmen. Albert hatte sich für die amerikanische Art des Kaufens auf Kredit entschieden und fand das ganz in Ordnung, ohne über die Konsequenzen nachzudenken.

Im Krankenhaus hatte ich nette Zimmergenossinnen. Mein geringes Englisch störte sie nicht. Ich mußte fünf Tage bleiben. Meistens konnten die Patienten nach zwei Tagen nach Hause gehen. Offen gesagt, ich war froh über diese Zeit zum Ausspannen; zu Hause würde viel Arbeit auf mich warten.

Albert holte mich mit dem neuen Auto ab. Er war äußerst froh, daß ich wieder die Hausarbeit übernehmen konnte. Die anderen Kinder waren glücklich über ihren kleinen Bruder, und daß sie mich wieder hatten. Nun hatte die Familie ihren ersten Staatsbürger im neuen Land.

Es war nicht leicht, wieder in den Alltagstrott hineinzukommen. Viel Arbeit wartete auf mich. Das Baby war unruhig und schrie oft, spuckte viel und brauchte viel Aufmerksamkeit. Wir hatten noch immer sehr wenig Platz, weil die Hauserweiterung immer noch nur im Rohbau stand. Die Buben schliefen in einem der noch unfertigen Schlafzimmer.

Die Regenzeit hatte begonnen, und Albert war oft zu Hause. Er mochte sein neues Auto, doch schon bald mußte er feststellen, daß die Warnung des Verkäufers Fred nur allzu begründet gewesen war. Er war übrigens ein Freund unseres Bürgen und hatte Albert gewarnt, dass dieses Auto keinen guten Motor mehr hatte und größere Reparaturen sehr bald zu erwarten waren.

Schon nach ein paar Wochen war tatsächlich ein neuer Motor fällig. Welch überflüssige Ausgabe!

Es regnete Wochen und Monate lang. Albert arbeitete, soweit es das Wetter erlaubte. Er hatte eine gute Stelle. Wieviel wäre uns erspart geblieben, hätte er sie behalten.

Wenn das Wetter während des Tages schlecht wurde, ging er oft mit Kollegen kegeln, das mochte er. Er hatte wieder ein neues Hobby entdeckt, das freilich nicht billig war. Am Erweiterungsbau gab es wenig Fortschritt.

Damals befreundeten wir uns mit Bill (aus Texas) und Liesbeth, die aus der Ochsenfurter Gegend kam. Es waren nette Leute, und sie kamen gern zu uns. In unser Baby hatten sie sich geradezu verliebt. Sie hatten einen Sohn etwa im Alter unserer beiden Großen. Ungefähr einmal in der Woche spielten wir Karten oder das gute alte Spiel „Mensch ärgere dich nicht“. Finanziell ging es ihnen ähnlich wie uns. Bei den Besuchen konnten wir nichts Besonderes auftischen, meist gab es nur Kaffee und vielleicht mal ein Stück Kuchen. Doch es war eine schöne Freundschaft und eine gute Zeit.

Ein sehr heißer Sommer begann. Im Haus war es furchtbar heiß, und eine Klimaanlage ließ noch auf sich warten. Das Baby wuchs heran, war aber heikel und brauchte viel Fürsorge. Ansonsten war es ein süßer kleiner Junge mit dunklen Locken und grünlich-braunen Augen. Seine Schwester Gisela und seine Brüder trugen ihn auf Händen, doch die kleine Erika war ein bisschen eifersüchtig auf ihn.

Als Walter getauft wurde, baten wir unseren Bürgen „Opa" Walter Potter, sein Pate zu werden. Er war stolz darauf. Wir - oder besser: ich - gab mir alle Mühe, ein gutes Verhältnis zu diesen guten Menschen aufrechtzuerhalten. Bei Albert war das anders. Er meinte, jetzt brauche er die Potters nicht mehr und könne und wolle alles nach eigenem Gusto machen. Der tiefere Grund war, daß er keinerlei Fragen oder Kritik hören und sich nicht vor anderen verantworten mochte. Die Potters stellten seine Entscheidungen nicht direkt in Frage, wollten uns aber weiter bei den unvermeidlichen Problemen helfen, die Einwanderern so zustoßen.

Bei unserer Ankunft hatte sich uns die neue Heimat als gottgesandtes Wunder mit unbegrenzten Möglichkeiten dargestellt; doch dann begann bald wegen Alberts Egoismus und Unvernunft für mich ein belastendes und oft unglückliches Leben.

Im Sommer strich ich unser Haus und den Anbau, der ja hoch wie ein zweites Stockwerk war, von außen. Es war außerordentlich heiß, und es war ein Wunder, daß ich auf der hohen Leiter mit der Bürste in der einen und dem Farbeimer in der anderen Hand balancieren konnte. Der kleine Walter bekam mehrere Male Farbe ab, weil ich ständig zu ihm mußte, wenn er schrie. Doch ich kam zum Ende und war sehr froh, dass das Haus gut und wie neu aussah. Aber ich? Na, was soll ich viel sagen-?

Nach einiger Zeit hatten wir etwas Geld gespart und konnten den Innenausbau vorantreiben. Wir brauchten einfach den Platz. Die Kinder machten sich gut in der Schule. Nachmittags, wenn sie ihre Hausaufgaben gemacht hatten, halfen sie mir, wo sie nur konnten. Albert ertrug es nicht, wenn jemand nichts zu tun hatte. Die Buben und ich bekamen immer einen Arbeitsplan. Albert machte einen

großen Teil der Schreinerarbeiten. Es war jedenfalls eine produktive Zeit. Wir hofften auf baldige Fertigstellung.
Gegen Ende des Jahres hatte sich unser Leben eingespielt. Anfang des Jahres 1962 musste Albert das Auto aufgeben. Es hatte uns nichts als Reparaturkosten und Probleme und natürlich ziemlich hohe Schulden eingebracht. Das neue Auto, welches Albert nun wiederum ohne meine Meinung oder Begutachtung kaufte, war ein fabrikneuer Wagen. Dieses Auto (wieder ein Kombi) war bei weitem kleiner als die vorhergehenden. Nun hieß es für uns wieder höhere Monatsraten zahlen. Albert war zuversichtlich. Er würde ja immer wieder kleine Nebenarbeiten haben, und es ging uns finanziell nicht gerade schlecht. Freilich war ich ja auch eine sehr gewissenhafte Hausfrau, die jeden Pfennig ein paarmal umdrehte. Albert entschied nach wie vor über unsere Lebensmittel- und sonstigen Einkäufe.
Nun sollte ich fahren lernen. Albert würde es mir beibringen. So gern ich es lernen wollte, konnte ich mich nicht für den Gedanken erwärmen, dass Albert mein Lehrer sein würde. Ich kannte ja seine Ungeduld. Doch fairerweise möchte ich hinzufügen, dass wohl die meisten Ehemänner auf diesem Gebiet nicht sehr geduldig sind. Albert war keine Ausnahme. Es wurde eine sehr nervöse und unproduktive Zeit.
Opa Potter hatte da mehr Erfolg. Er gab mir den Mut und das Vertrauen, das ich so nötig brauchte, und unterrichtete mich im Parallelparken. Ich bestand beide Teile der Prüfung und war nun stolze Besitzerin eines kalifornischen Führerscheins.
Walter war nun in dem Alter, wo er an allem interessiert war und alle Schubladen usw. untersuchen wollte. Er entdeckte ständig neue Betätigungen. Ich konnte mich diesem Kind mehr widmen, als es mir bei den Älteren möglich gewesen war. Das war für mich eine glückliche Zeit. Doch diese Zeit ging sehr schnell zu Ende.
Albert teilte mir mit, ich solle jetzt Geld verdienen. Er hatte großartige Anzeigen gelesen, wie viel man von zu Hause aus verdienen

könne. Sie hatten ihn völlig überzeugt. Wir schrieben auf eine, und ich wurde Vertreterin. Eine Firma aus einem östlichen Bundesstaat bot hohe Kommissionen. Man konnte sogar ein Auto gewinnen (na!). Die Erzeugnisse waren Unterwäsche und seidene Strumpfhosen (die noch ziemlich unbekannt waren).
Also begann ich meine neue „Karriere“, eine Haus-zu-Haus-Tätigkeit, und versuchte, Kunden zu gewinnen. Es ging so vor sich: Wenn die Kinder aus der Schule kamen, fuhr ich mit dem Bus nach Concord. Von verschiedenen Haltestellen aus ging ich in Wohngebiete. Kein guter Job. Die Leute waren oft unfreundlich, sie wollten nicht gestört werden. Das Gehen von Haus zu Haus fiel mir nicht gerade leicht. Oft war ich so müde, daß ich fast nicht wußte, wo ich war. Manchmal fand ich eine nette Dame des Hauses. Ich verkaufte aber sehr wenig. Der Nebenverdienst war kaum der Rede wert. Mein Englisch war auch nicht gut genug für solche Verkaufsgespräche, und ich mochte die Leute nicht bedrängen. Nun, man lernt aus der Erfahrung.
Albert war gar nicht zufrieden. Er hatte schon ein zweites Auto vor sich gesehen.
Natürlich mußte ich in der übrigen Zeit meine ganze Hausarbeit verrichten. Alle Mahlzeiten aus den Rohprodukten. Das Baby mußte noch versorgt werden. Albert erwartete nach wie vor, daß für sein leibliches Wohl gesorgt wurde, wenn er von der Arbeit kam. Eine Hand zu rühren, fiel ihm nicht im Traume ein.
Ich mußte auf andere Weise Geld verdienen. Ich fing an, für arbeitende Nachbarn zu bügeln. Das lief ganz gut. Ich bekam mein Geld, und Albert war zufrieden, daß er es dem seinigen hinzufügen konnte.
Unser Anbau machte kleine Fortschritte. Es gab mehr Platz. Die Mädchen und die Jungen hatten je ihre Schlafzimmer. Es gab mehr Badezimmer für die 7 Bewohner.
Nun begann Albert, mehr Werkzeuge zu kaufen. Er hatte immer viel gutes Werkzeug, aber er wollte immer noch mehr. Die geräu-

mige und rund zweieinhalb Meter hohe Werkstatt im Untergeschoß war ziemlich fertig. Weiter hinten war ein niedrigerer Lagerraum. Eine ideale Werkstatt

Es gab auch viel Gelände hinter dem Haus. Ich schlug vor, einen Garten anzulegen, doch Albert lehnte ab. Büsche und Blumen, eine Verschönerung - das sagte ihm nichts. Der vordere Garten hatte noch denselben Rasen wie bei unserem Einzug. Nach vielem Hin und Her gelang es mir, auf einer Seite ein paar Blumen zu retten. Albert fand neue Ideen. Er wollte mit einem Kollegen ein altes Haus in Oakland abreißen. Sie sollten alles alte Bauholz mitnehmen können, und was sonst brauchbar sein mochte. Die beiden arbeiteten dort jedes Wochenende, und das von Termiten befallene Holz konnte mit dem Firmenlastwagen abtransportiert werden. Während der Woche sollten die Buben und ich die Nägel und Schrauben herausziehen und das Holz aufschichten. Das haßten wir alle drei zutiefst, und wir konnten keinen rechten Sinn darin erblicken. Sonntag Abends fuhr Albert dann den Lastwagen nach Oakland zurück. Ich sollte ihm in unserem Auto folgen und ihn mit nach Hause bringen. Da ich noch immer wenig Erfahrung hatte - das Auto benutzte ja stets er -, war das nicht so einfach für mich. Er fuhr immer sehr schnell, und ich hatte grosse Schwierigkeiten - hauptsächlich bei starkem Regen -, ihn nicht zu verlieren. Es waren für mich Stunden der Qual.

Warum machte ich immer, was Albert von mir wollte? Die Antwort kann nur lauten: weil ich meinen Mann kannte. Ich war weder körperlich noch seelisch in der Lage, mich gegen ihn zu behaupten. Er war der Herr, sein Wort war Gesetz in der Familie. Niemals würde er Opposition zulassen. Um ein bisschen Frieden in der Familie zu erhalten, war es leichter, nachzugeben. Die Zeiten waren damals anders. Er würde nie die Freiheit, die die amerikanischen Frauen erworben hatten, anerkennen oder sie in irgendeiner Form für mich akzeptieren. Nicht alle deutschen Männer waren oder sind dieser Ansicht; doch für Albert und mich war von vornherein das Problem, dass wir von zwei entgegengesetzten Gegenden in Deutschland kamen. Der Norden und der Süden waren unterschiedliche Mentalitäten. Es sollten noch viele Jahre vergehen, bis ich endlich positive Veränderungen in meinem Leben herbeiführen konnte.

10. Kapitel
Einstieg in einen Beruf

Die Zeit ging weiter, und das Jahr 1964 begann. Der Winter war ziemlich mild, und schon früh hielt der Frühling seinen Einzug.
Eines Tages kam Albert von der Arbeit nach Hause und hatte Neuigkeiten. Die Gewerkschaft, zu der er gehörte, hatte bekanntgemacht, dass wahrscheinlich Streik ausgerufen würde, wenn die Arbeitgeber keinem besseren Vertrag zustimmen würden. Das war finanziell eine Gefahr und nicht unmöglich.
Albert aber hatte andere Gedanken. Er erklärte mir klipp und klar, dass es nun an der Zeit sei, dass ich eine Arbeit fände, damit ich Geld verdienen könnte. Wie und wo und ob überhaupt, war ihm völlig gleichgültig. Er sah nur schon die Dollarzeichen vor seinen Augen, die ihm dann winken würden.
Diese neue Entwicklung war total unmöglich. Nicht, dass ich nicht liebend gern eine Arbeit gehabt hätte, die mir Geld einbrachte; aber die Zumutung war absolut ohne realistische Grundlage. Wie konnte ich eine Arbeit finden ohne Vorkenntnisse, ohne Erfahrungen, ohne gutes Englisch, ohne Auto, ohne jede Unterstützung? Dazu kam natürlich das größte Problem: wie konnte ich die Zeit für eine volle Arbeit finden?. Meine Tage waren völlig ausgelastet mit viel zu vielen Anforderungen, für die ich schon verantwortlich war. Es baute sich vor meinen Augen eine unüberwindliche Mauer auf.
Ich war so zerfahren von zu vielen Sorgen, Not und Kummer durch das so total unvernünftige Verhalten und die Erwartungen meines Mannes, dass sich meine Gefühle in Zorn und Ärger und tiefe Verachtung verwandelten, so dass ich nur noch eines als sicher erkannte: ich musste irgend einen Ausweg finden. Von allem, was ich in meiner Ehe schon ertragen hatte, war diese neue Situation wohl die bizarrste.
Dieser starke Wille, der sich auf einmal in mir regte, und ein biss-

chen Hoffnung mussten mir helfen. Vielleicht würde mir eine Arbeit helfen, Änderungen zu finden oder zumindest einen Ausweg zu überdenken? So gewappnet mit starken Gefühlen und Hoffnung ging ich auf Arbeitsuche. Doch das war leichter gesagt als getan.

Ich fing an, die Annoncen zu prüfen, ich fragte Leute nach Möglichkeiten, ich begann jede kleinste Chance zu erforschen. Ich lernte, telefonisch nach Stellen zu suchen, ich ging von Pontius zu Pilatus, wie man so schön sagt. Ich versuchte, Interviews zu bekommen, und ging jeder noch so kleine Gelegenheit nach, mit Arbeitgebern in Kontakt zu kommen. Doch alles, aber auch alles war vergebens.

Die Fragen nach Erfahrungen, Berufsausbildungen usw. musste ich alle negativ beantworten. Mit fünf zum Teil noch kleinen Kindern zu Hause, ohne Auto - was hatte ich denn einem eventuellen Arbeitgeber wirklich zu bieten? Nur guten Willen, Vertrauen zu erwerben, den Mut zum Lernen. Das ist nicht genug, um eine Stellung zu finden.

Ich suchte wirklich Tag für Tag, Woche um Woche, die sich zu Monaten entwickelten. Ich wurde mutlos, und das kleine bisschen Selbstvertrauen, das sich hervorgewagt hatte, verschwand sehr schnell. Albert war ungeduldig und gab mir zu verstehen, ich müsste mich mehr bemühen. Er wollte seine gewohnte Behaglichkeit und seine gewohnte Ordnung nicht unterbrechen, doch Erfolge sollten sich seiner Ansicht nach endlich zeigen.

Wie es das Schicksal wollte, konnten die Arbeiter weiter arbeiten. Die Gewerkschaft hatte einen guten Vertrag errungen, und für die folgenden drei Jahre würde keine Veranlassung zu einem Streik bestehen. Gute Neuigkeiten, aber keine entscheidenden für mich. Ich suchte weiter.

Endlich, endlich wendete sich das Blatt, und eine Möglichkeit eröffnete sich. Durch den Deutschen Klub, der einige Jahre vorher von den Einwandern gegründet wurde, kamen wir in Kontakt mit einem Ehepaar, die beide in einem Krankenhaus arbeiteten - demselben, in dem Walter geboren war. Als diese Leute erfuhren, wie sehr ich Arbeit suchte, halfen sie mir mit Fürsprache bei ihren Vorgesetzten (das heißt: obwohl sie mich wenig kannten, bürgten für mich).

Niemals habe ich diesen Menschen vergessen, wie sie mir in einer Situation geholfen haben, die ungeheure und unabsehbare Folgen für mich haben sollte. Wieder einmal zeigte sich Gottes Allmacht. Ich wurde im Kaiser-Krankenhaus, Permanent Medical Group, eingestellt.

Ich konnte mein Glück kaum fassen, ich fühlte mich im siebenten Himmel. Endlich ein Durchbruch. Keinen Zweifel hegte ich, dass ich mich nicht einarbeiten könnte oder nicht zufrieden sein würde. Für mich gab es nur eines: ich musste diese Stellung für mich aufbauen und unbedingt erhalten. Es war eine ganz bescheidene Stellung im sogenannten Housekeeping Department. Jedenfalls war ich jetzt drin. Was dann auch von mir verlangt werden würde, solange es eine anständige und gesicherte Tätigkeit war, wollte ich unbedingt mein Bestes geben.

Ich wurde also Teil der arbeitenden Bevölkerung. Von 8 bis 17 Uhr. Die Tätigkeit entpuppte sich als recht angenehm und sauber. Ich sollte dafür sorgen, daß in den Untersuchungsräumen und den Zimmern der Ärzte die Nachtarbeiter gute Arbeit geleistet hatten. Ich mußte auch für Besprechungen und Konferenzen der Ärzte den Kaffee kochen und das Dazugehörige bereitstellen. Es wurde meine Aufgabe, in den Wartezimmern Pflanzen zu pflegen und die Zeitschriften wieder zu ordnen. Ich sollte auch sonst überall die Augen aufhalten und jederzeit zur Hand sein: Auskunft erteilen, wenn Patienten fragten, die nötigen Stellen mit Papierhandtüchern versorgen usw. Es ergab sich eine Menge kleinerer Angelegenheiten, die man unter Kontrolle halten musste.

Ich lernte schnell. Meine Vorgesetzte war Estelle, eine ältere Frau mit viel gesundem Menschenverstand, und sie gab mir die dringend nötigen Anleitungen. Ich arbeitete sehr gern mit ihr zusammen, und sie konnte mir viel helfen.

Mein Englisch verbesserte sich mehr und mehr, und ich traute mich nach und nach, mit Patienten zu sprechen und sie an die richtigen Stellen weiterzuleiten. Samstag und Sonntag waren frei. Für mich die ideale Stelle!

Die Sorge für meine Familie und die Erledigung all der häuslichen Pflichten war natürlich ein Problem für sich. Es mußte ja alles weitergehen, und so hatte ich, wie viele Frauen, in Wirklichkeit zwei Jobs. Walter kam mit vier Jahren in den Kindergarten. Ich fand eine Betreuung für ein paar Stunden am Tag, bis die anderen Kinder aus der Schule heimkamen. Mahlzeiten für alle bereitete ich am frühen Morgen vor, wenn alles noch schlief. Putzen, Waschen und anderes quetschte ich hinein, so gut ich konnte. Die Stunden für Schlaf wurden sehr gekürzt. Jeden Abend wusch ich meine Berufskleidung und putzte meine Schuhe. Ich hatte nur zwei Exemplare Berufskleidung, kam damit aber gut durch. Nach dem Abendessen machte ich mit den Kindern Schularbeiten. Auch jetzt spielte sich das Leben wieder ein.

Alle zwei Wochen war Zahltag. Das war für mich etwas völlig Neues. Am Freitagnachmittag war Albert pünktlich zur Stelle, um meinen Scheck an sich zu nehmen. Ich hatte weiterhin keinen Pfennig zur eigenen Verfügung. Mir einmal irgendeine Kleinigkeit zu leisten, kam mir überhaupt nicht in den Sinn.

Estelle, meine Vorgesetzte, war entsetzt, daß ich meinen kompletten Lohn ohne weiteres meinem Mann übergab. Für sie als Amerikanerin war so etwas völlig unverständlich. Sie sagte etwa: „Das ist dein Geld, und du hast einiges Anrecht darauf. Du solltest ein bißchen was zu sagen haben, wenn du mal einen Kaffee oder was Süßes haben möchtest. Wie kannst du dich nur mit so etwas abfinden?“ Das hörte ich wieder und wieder. Doch damals konnte ich nichts ändern. Albert betrachtete meinen Verdienst einfach als das Seinige. Schließlich war ich schon froh, daß ich überhaupt etwas dazuverdienen konnte.

Ich mochte meine Aufgaben und erfüllte sie befriedigend, doch in meinem Herzen wußte ich, daß ich da nicht stehen bleiben wollte. Ich mußte nur geduldig auf eine Gelegenheit warten. Ein Jahr später bot sie sich.

Wir waren in der Kaffeepause immer mit Olga zusammen, einer Sekretärin in der Pathologie. Eines Tages erwähnte sie, daß die medizinisch-technische Assistentin in der Histologie wegging und die Stelle wieder besetzt werden mußte. Natürlich kannte ich unsere Pathologin, Dr. R. F., weil wir die ganzen Abteilungskonferenzen organisiert hatten. Ich dachte viel über Olgas Mitteilung nach und beschloß dann, mich zu bewerben. Ich hatte nicht die geringste Vorstellung, was in einem Pathologielabor vor sich ging, aber das hielt mich nicht zurück.

Ich wandte mich an Dr. F. Wie vorauszusehen, war sie ziemlich überrascht und fragte mich, was ich für Erfahrungen auf medizinischem Gebiet hätte. Natürlich keine. Sie kannte aber meine Zuverlässigkeit und Gewissenhaftigkeit bei der Arbeit und wollte es sich überlegen. Sie kam auf meine Anfrage zurück mit dem Resultat, dass sie lieber eine gelernte Kraft einstellen würde.

Allerdings ließ sie die Entscheidung offen. Sollte sich in der vorgesehenen Zeit keine gelernte Kraft vorstellen, so würde sie mich als Anlernling einstellen und mir die Möglichkeit geben, das Nötige zu erlernen. Das fand ich durchaus fair.

Doch ein paar Tage vor Fristende bewarb sich eine medizinisch-technische Assistentin, die aus einem anderen Staat kam, und sie wurde eingestellt. Natürlich war ich enttäuscht, aber immerhin hatte ich etwas versucht. Barbara, die Neue, hatte alle Qualifikationen und kam aus einer bekannten Klinik in Denver (Colorado). Sie war jung und hatte die Idee gehabt, in Kalifornien könne das Leben interessanter sein als in Denver.

Nach einiger Zeit erzählte uns Olga, dass Dr. F. mit Barbara unzu-

frieden war. Sie sei unzuverlässig, komme unpünktlich zur Arbeit und sei auf ihrem Gebiet nicht sehr akkurat. Alles Sachen, die in der Pathologe schwerwiegende Gesichtspunkte waren. Noch bevor Barbaras Probezeit zu Ende ging, würde sie entlassen werden.
Eines Morgens, als ich für die Ärzte Kaffee bereitete, fragte mich Dr. F., ob ich noch interessiert sei, in die Pathologe überzuwechseln. Welche Frage! Und ob ich war! Ich war fest entschlossen. Man würde mich anlernen, und ich würde meine Arbeit nach besten Kräften machen. Das einzige Problem war die Arbeitszeit, die um 6 Uhr morgens begann. Das wäre für mich schwierig gewesen, mußte ich doch die Kinder rechtzeitig auf den Schulweg bringen. Dr. F. erlaubte mir, um 6:30 anzufangen, das machte es mir etwas leichter.
Zunächst hatte Albert nichts für den Gedanken meines Berufswechsels übrig. Doch als ihm klar wurde, daß ich wesentlich mehr verdienen würde, war er sehr dafür. Wenn man ihm eine finanzielle Aufbesserung anbieten konnte, war er sehr zugänglich.
So begann also meine Karriere in der Pathologie. Hatte ich schon vorher alle Hände voll zu tun gehabt, so war das noch gar nichts. Doch es war es mir wert. Barbara lernte mich zwei Wochen lang an, dann war ich auf mich gestellt. Es gab so viel zu lernen!
Ich hatte noch nie Gewebeschnitte und Präparate gesehen oder gewußt, wie man sie herstellt. Der starke Formalingeruch war sehr gewöhnungsbedürftig und machte mir am Anfang Atembeschwerden. Gewebeschnitte anzufertigen, sah einfacher aus, als es war. Es war eine der allerwichtigsten Techniken, die ich lernen musste. Es gab es keine Möglichkeit der Wiederholung, wenn die Schnitte nicht absolut akkurat waren. Man durfte sich keine Fehler erlauben.
Gewebeschnitte anfertigen ist eine Kunst, die man erlernen muss. Man muss die Gewebestückchen nach der Behandlung durch viele chemische Lösungen in ein Paraffinbett bringen und dann hauchdünne Schnitte machen, die auf dünne Glasplättchen übertragen

werden. Diese wurden dann gefärbt, und dann konnte der Pathologe die Zellen untersuchen.

Da ich in der Schule ganz gut in Chemie Bescheid gewußt hatte, konnte ich bald Färbelösungen ansetzen. Ich lernte auch viel, wenn ich unserer Pathologin Dr. F. bei der Bearbeitung des Gewebes assistierte, die für die histologische Weiteruntersuchung nötig war. Die Terminologie und Bezeichnungen waren mir alle neu, doch ganz langsam wurden sie mir vertraut. Ich wurde auch für das Inventar unseres Labors verantwortlich.

Es gab so unheimlich vieles zu lernen. Alles war eine völlig neue Welt für mich. Wenn ich mir die Mühe genommen hätte, mich zu fragen, wie ich mich dabei fühlte, hätte ich wohl gesagt: es ist hochinteressant und eine Herausforderung. Aber zum Nachdenken war überhaupt keine Zeit, ich hatte mehr als genug damit zu tun, mich in den neuen Beruf einzuarbeiten und hineinzufinden.

Es war sehr schwer, für Familie und Haushalt eine funktionierende Routine zu finden. Doch eines war mir absolut und unbedingt klar: ein Zurück in meine vorherige Tätigkeit oder ein Aufgeben kam für mich einfach nicht in Frage. Ich musste es schaffen.!

Der scheidenden Barbara war ich für ihre Instruktionen dankbar. Sie riet mir, mich weiter ausbilden zu lassen und möglichst bald einen Abschluß zu machen. In Kalifornien (und nur noch wenigen anderen Bundesstaaten) war damals in der Histologie noch keine Lizenz oder staatliche Erlaubnis nötig; doch Barbara schärfte mir ein, daß das bald anders werden würde.

Das hatte ich stets vor Augen, doch ich wußte nicht, was ich eigentlich studieren sollte. Doch Barbara hatte mein Selbstvertrauen und meine Selbstachtung unschätzbar gestärkt.

Dr. F. war mit meiner Arbeit zufrieden, doch für die Weiterbildung war sie keine große Hilfe. Sie meinte, irgendwie würde ich schon über die Runden kommen. Auf kurze Zeit wurde ich zur Weiterbildung in das histologisch-pathologische Labor im Kaiser-Krankenhaus in Oakland geschickt.

Heidi, eine Deutsche, war die leitende Assistentin. Sie war nett und gab mir wertvolle Hinweise. Doch im wesentlichen blieb ich auf mich selbst gestellt.

Das Leben zu Hause war nicht einfach. Walter war nicht gern so lange ohne seine Mutter. Die älteren Geschwister halfen, ihn morgens für den Schulbus fertig zu machen, aber sie hatten es auch nicht leicht. Ich mußte sie in vieler Hinsicht um mehr Hilfe bitten. Sie hatten kaum Zeit, draußen zu spielen, fernzusehen oder einfach mit Freunden zusammen zu sein. Ständig mußten sie bei irgend etwas helfen. Ich bereitete frühmorgens Essen vor und erledigte anderes spät abends. Ohne die Hilfe der Kinder wäre es nicht zu schaffen gewesen.

Albert nahm keine Verzögerung beim Abendessen und keine Schmälerung seines leiblichen Wohls hin. Nach wie vor kassierte er in der Klinik meinen Lohn. Über meine Gehaltserhöhung war er hocherfreut. Nach einem Vierteljahr bekam ich eine weitere Erhöhung und verdiente mehr als doppelt so viel wie in meiner vorhergehenden Stellung.

Estelle, meine frühere Vorgesetzte, die Pathologie-Sekretärin Olga und ich machten immer noch zusammen Mittagspause. Ich war froh und ein wenig stolz auf meine neue Tätigkeit, die ich auch ordentlich ausführte. Mit der Zeit lernte ich auch, während der Arbeit nicht an Familienpflichten zu denken. Ich konnte ja eh nichts machen.

Heute, nach mehr als 30 Jahren, ist mir unbegreiflich, warum ich derart lange brauchte, um auf dem Boden der Realität anzukommen. Mein starker Glaube an den gütigen Gott und die Hinnahme Seines Willens halfen mir durch diese und all die anderen schwierigen Zeiten in meinem Leben. Ich war schon sehr dankbar, daß ich ordentliche und gewissenhafte Kinder hatte.

Noch immer gab es viel Innenarbeit in unserem Haus. Das zusätzliche Einkommen half uns weiter. Langsam aber sicher ging der Anbau seiner hoffentlichen Vollendung entgegen.

Es wäre nun an der Zeit gewesen unseren Garten ein bisschen zu verschönern, doch davon wollte Albert nichts wissen. Wieder wurde es Sommer, und Hans und Sig wollten sich etwas Geld in den Ferien verdienen. So nahm Albert sie mit auf seine Arbeitsstelle. Die Buben waren schon ziemlich gut angelernt im Bauhandwerk u.ä., und sie machten ihre Sache gut.
Eines Tages hatte Albert einen Arbeitsunfall. Er verletzte seine Hand beim Holzzuschneiden und musste in ärztliche Behandlung. Das nun bedeutete, dass wir für Wochen ohne sein Einkommen sein würden. Schon drohte wieder Geldnot. Er würde in einiger Zeit Krankengeld bekommen, doch bis dahin mussten wir anderweitig zurechtkommen.
Obwohl ich versuchte ihn davon abzubringen, verlangte er das gesparte und das erarbeitete Geld von den Buben. Es war für Schulartikel und Schulkleidung und dergleichen gedacht. Ihr Vater versprach ihnen, das Geld zu vergüten, wenn er sein Krankengeld bekommen würde. Dieses Versprechen wurde freilich niemals eingelöst. Albert hatte wie immer mehr Schulden zu begleichen, als er Einkommen hatte. Verständlicherweise waren die Buben enttäuscht, und es gab Spannungen.
Als Alberts Hand geheilt war, ging er wieder zur Arbeit. Es war September, und die Kinder gingen wieder in die Schule.
Hans schloß im folgenden Sommer die Hochschule ab. Durch Verbindungen - Olgas Mann war Manager bei General Motors - hatte ich es so weit gebracht, daß Hans in ein vielseitiges Ausbildungsprogramm von GM aufgenommen werden konnte. Zu meiner Enttäuschung ging Hans nicht darauf ein, er wollte auch nicht nach Detroit. Albert war damit sehr zufrieden und wollte Hans in die Lehre nehmen. Ich dagegen wünschte ihm eine sicherere Stelle und allen Kinder bessere Chancen. Nach vielem Hin und Her ließ sich Hans auf einen Kompromiß ein. Er wollte am Diablo Valley College studieren und in Fremont bei GM am Band arbeiten.
Sig beendete die Hochschule ein Jahr später. Er wollte von Anfang

an aufs College und Elektronik und Computertechnik studieren. Kurz darauf übersiedelte er für sein Studium nach Chicago. Sig war das erste Kind, das von zu Hause wegging, und es war furchtbar leer ohne ihn. Hans war auch nicht mehr viel zu Hause, da er inzwischen auch eine feste Freundin hatte.

Albert traf noch immer alle finanziellen Entscheidungen, doch ich erledigte den Zahlungs- und Schriftverkehr. Wir mußten jetzt Sigs Studiengebühr und Unterkunft bezahlen. Glücklicherweise fand er sofort eine Teilzeitbeschäftigung. Hans kam selbst für sich auf. Irgendwie gelang es mir, alle fälligen Zahlungen auf dem laufenden zu bedienen.

Im Labor hatten wir eine neue Pathologin bekommen und ferner eine Hilfe für meine Arbeit. Ich bereitete mich nun auch für mein ASCP-Diplom (Amerikanische Gesellschaft klinischer Pathologen) vor. Überraschenderweise war Albert sehr dafür. Ich hatte aber keine Anleitung bekommen, welches Wissen ich mir aneignen sollte, und konzentrierte mich auf Gebiete, bei denen sich später zeigte, dass ich auf total verkehrtem Gleis lernte.

Unsere Chefpathologin Dr. F. wollte es mir ausreden. Sie meinte, ich brauche kein Diplom. Doch die neue Pathologin, Dr. M. C., war gegenteiliger Meinung. Ich war oft nahe daran, aufzugeben, weil ich nicht alle Anforderungen einschließlich der häuslichen bewältigen zu können glaubte. Doch ich blieb dann doch dabei. Wie ich dafür die Kraft fand, weiß nur der liebe Gott.

Dr. C. war ganz anders als Dr. F., sie war sich ihrer Diagnosen und Urteile meist sehr sicher. In kürzester Zeit hatte sie ihre Position gefestigt und sich bei allen Ärzten einen guten Ruf erworben. Sie stand fest hinter einer Diagnose und konnte ihre Auffassung immer untermauern. Sie war für unsere Abteilung ein unschätzbarer Gewinn.

Ich fühlte mich so frei, ihr Fragen zu stellen und vieles mit ihr zu diskutieren. Sie konnte mir mit wenigen, doch treffenden Worten oft mehr erklären als andere in zwei Stunden. Sie war eine blendende Lehrerin und konnte das Beste im Menschen aktivieren. Ich bewunderte und achtete sie sehr. Das war gut für mich. Doch es entwickelten sich Spannungen zwischen Dr. C. und Dr. F., was für die Angestellten nicht ohne Folgen blieb.

Die Chefin Dr. F. hatte nie eine so gute Beziehung zu den Ärzten gefunden wie Dr. C. Sie legte sich nie auf eine problematische Diagnose fest. Das war vielleicht nicht unklug, doch den Chirurgen war es gar nicht recht. Sie wollten Antworten, mit denen sie ihren Patienten weiterhelfen konnten, und keine Vagheiten.

In dieser Zeit versuchte ich, mich auf meine Prüfung vorzubereiten. Ich absolvierte den praktischen Teil, der in Chicago beurteilt werden sollte. Und ich bestand! Ich war sehr glücklich. Nach einem halben Jahr war dann der theoretische Teil fällig, der für mich schwieriger war. (Es gab nur zwei Prüfungstermine, im Frühjahr und im Herbst.) Vor diesem Teil der Prüfung musste ich ein Hochschuldiplom absolvieren, um für die Prüfungen qualifiziert zu sein. Doch ehe es so weit war, befiel mich eine gesundheitliche Krise.

Während meiner Tätigkeit in der Kaiser Permanent Medical Group in Walnut Creek hatte ich viele sympathische Ärzte und interessante Menschen kennengelernt und meine Schüchternheit etwas überwunden. Einer meiner sehr geachteten und geschätzten Ärzte war der Gynäkologe und Geburtshelfer bei der Geburt von Walter. Dieser Dr. R. D. kam öfters in unser Labor, um sich zu beraten. Für mich hatte er immer ein paar nette Worte und war immer freundlich. Er bemerkte als erster Veränderungen in meinem Gesundheitszustand. Ich hatte meine häufigen Schmerzen verborgen, um nicht meine Stelle zu verlieren. Dr. D. hatte sie aber verschiedentlich bemerkt und bestand auf einer Untersuchung. Er empfahl eine sofortige Totaloperation.

Das war eine unvorhergesehene Situation. Seit Walters Geburt hatte ich auf Empfehlung des Arztes die Verhütungs-Pille genommen. Er hatte mich eindringlich vor einer neuen Schwangerschaft gewarnt. Für diesen Rat und die vorgeschlagene und verschriebene Verhütungs-Medizin war ich wirklich sehr dankbar. Ich hatte geglaubt, seitdem hätte sich meine Gesundheit verbessert. Doch die Jahre harter Arbeit und mangelnden Achtens auf mich selbst hatten ihren Tribut gefordert. Jetzt mußte eine Entscheidung getroffen werden.

Albert war ungehalten und wollte einen Fehler bei dem Arzt finden. Er wollte und konnte nicht zugeben, daß sich viele meiner Probleme seinetwegen entwickelt hatten. Nun sollte ich operiert werden, und ich fürchtete mich. Die Operation war für Mitte Februar vorgesehen, etwa drei Wochen seit der Entscheidung. Ich beantragte Krankheitsurlaub. Vom Kaiser-Krankenhaus in Oakland kam eine Vertretung.

Albert arbeitete, wie das Wetter es erlaubte, und war oft ungeduldig. Etwa 10 Tage vor der Operation beschloß Albert, einen Freund und seine Familie zum Begräbnis von dessen Schwiegervater an die Ostküste Amerikas zu fahren. Ich kannte Alberts Freund und seine Familie, hatte aber selbst wenig Beziehung zu ihnen. Diese Familie war finanziell so gestellt, dass sie einen Flug in den Osten zu der Beerdigung ohne weiteres hätten ermöglichen können. Doch die Frau des Freundes (sie war mit M.S. belastet) wollte unbedingt mit dem Auto fahren, und da ihr Mann kein sicherer Fahrer war, hatte sich Albert erboten. Ich erfuhr diese Entscheidung von der Tochter beim Einkaufen für meinen Krankenhausaufenthalt. Als ich meinen Mann zur Rede stellte, war er sehr ungehalten. Er würde bis zur Operation zurück sein. Er holte sich auch keine Genehmigung von seinem Chef für die Dauer seiner Abwesenheit. Diese übereilte Entscheidung ohne Rücksprache mit seinem Chef in Oakland konnte unabsehbare Folgen haben; doch Albert fand, dass ich die Sache schon schaukeln würde. Das Ergebnis kümmerte ihn nicht im geringsten.

Es war mitten im Winter, und das Wetter in den Rocky Mountains und im Osten konnte leicht Probleme schaffen. Ich war in einer

Verfassung, die schlecht zu beschreiben ist. Zorn, Schmerz, Enttäuschung und Unverstand waren noch milde Gedanken. Ob er überhaupt zur Operation zurück sein würde, war sehr vom Wetter abhängig, doch natürlich war das kein Grund für Albert. Er unternahm eben diese Reise. Ich debattierte mit ihm, was das für Folgen für seine Arbeit haben könnte, doch auch dass hinderte ihn nicht. Mehr und mehr wurde mir klar, wie zerbrechlich meine Lebensgrundlagen waren. Auch die Kinder waren aufgestört, obwohl ich wie immer versuchte, die Sache herunterzuspielen. Doch jetzt waren sie so alt, daß sie mehr durchschauten, als ich für sie gewünscht hätte.

Albert war nach einer Woche am folgenden Sonntag zurück. Am Montagnachmittag nahm ich mein Köfferchen und meldete mich allein im Krankenhaus an. Die Operation sollte am Dienstag früh stattfinden.

Wieder war Gott auf seine geheimnisvolle Weise tätig. Zu meiner Überraschung wurde ich in ein Privatzimmer mit Bad gelegt, was mein Arzt verlangt hatte. Es hatte eine anheimelnde Atmosphäre mit Ruhe, bunten Gardinen und gewissem Komfort. Eine grosse Glastür führte hinaus in einen Garten, die ganze Umgebung wirkte beruhigend auf mich. Ich war dankbar, nicht mit mehreren Patientinnen zusammen zu liegen. Niemand sollte mich bedauern oder Fragen stellen. (Meistens wurden hier Patienten von Familienmitgliedern begleitet.)

Albert kam am Abend kurz vorbei, aber ich hatte schon Beruhigungsmittel bekommen und achtete nicht auf ihn. Ich erinnere mich, daß der Arzt kam und fragte, ob alles in Ordnung sei, und mir ein paar ermutigende Worte sagte. Ich legte alle meine Sorgen und Ängste vor dem Herrn nieder. Mehr Erinnerungen an diese Nacht und den folgenden Tag habe ich kaum.

Als ich erwachte, war ich wieder in meinem Zimmer, und die Operation war vorüber. Ich bekam ständig schmerzstillende Injektionen und war bald klar, bald wieder im Unterbewusstsein. In der

Nacht und am nächsten Tag blieb ich unter starken Betäubungsmitteln, und Besuch war verboten. Der Arzt sagte mir später, ich hätte wegen schwerer Blutarmut Transfusionen bekommen, und das war nicht die einzige Komplikation. Zum ersten Besuch, der Albert erlaubt war, erschien er mit der Familie seines Freundes.
Ich war völlig überwältigt, wie viele Kollegen, Schwestern und andere Bekannte aus der Klinik mich mit Blumen und Karten überschütteten und mich besuchten. Mein Zimmer war ein einziges Blumenmeer, und ich wurde von allen, meinem Arzt und dem Pflegepersonal ganz wundervoll gepflegt und verwöhnt. Der Arzt achtete darauf, daß ich nicht überfordert wurde. Später erfuhr ich, daß er Albert gebeten hatte, seine Besuche kurz zu halten, da ich Fieber bekam und leicht aus der Fassung geriet, wenn er auftauchte.
Auf Zuhause freute ich mich nicht. Doch der Tag kam, an dem mich Albert abholte. Die Kinder begrüßten mich freudig, und ich sie. Im Krankenhaus hatten sie mich nur kurz besucht. Meine sonstigen Gefühle sind nicht leicht zu beschreiben. Die vergangenen Wochen waren für mich ein Alptraum gewesen, und auf Albert war ich ernstlich böse. Ich empfand eine gefühlsmäßige Distanz zu ihm, die immer schwerer zu überbrücken war.
Doch sofort mußte ich mich wieder meinen häuslichen Pflichten stellen. Die Familie brauchte mich dringend. Für die eigenen Gefühle blieb wenig Zeit. Ich brauchte meine ganze Kraft, um jeden Tag zu bewältigen. Ich hatte nicht geahnt, wie schwach man nach einer Operation sein kann.
Nach einigen Wochen ging ich wieder zur Arbeit. Ich fühlte mich fast wie unter Freunden. Wie war ich verwöhnt worden, und ich hatte nicht gewußt, wie vielen Menschen ich nicht gleichgültig war oder wie viele mir viel bedeuteten.
Der normale Lebensrhythmus stellte sich wieder ein. Ich wurde von der ASCP zur Prüfung geladen, die in der Stanford University stattfinden sollte. Albert fuhr mich nach Palo Alto und wartete.

Ich fühlte mich in einer völlig unwirklichen Situation und wußte überhaupt nicht, was von mir erwartet wurde. Ich kannte niemanden von den Teilnehmern. Ich bekam eine Mappe mit Papieren, und sie kam mir eher wie ein Buch mit sieben Siegeln vor. Wir bekamen einen bestimmte Zeit für all die Tests, die wir beantworten mussten.

Ich war überhaupt nicht vorbereitet auf die Art, wie die amerikanischen Teste vor sich gingen. Wertvolle Zeit verlor ich mit Suchen in den Papieren. Bald wurde mir klar, daß ich auf verlorenem Posten stand. Meine englischen Schreibkenntnisse waren bei weitem nicht ausreichend, um die Fragen zu verstehen. Alles war völlig anders als wie bei einem deutschen Examen. Kurz, ich fiel durch.

Ich war sehr enttäuscht, mein ganzes Studieren und Lernen hatte zu nichts geführt. Ich hatte keine ordentlichen Anleitungen gehabt und mußte nun feststellen, daß ich auf total verkehrtem Gleis stand. Sollte ich es noch einmal versuchen?

Zu meiner großen Überraschung war Albert derjenige, der mir zuredete. Also entschloss ich mich und fing wieder mit dem Lernen an. Wenigstens hatte ich jetzt eine Ahnung, worum es ging und was auf mich zukam.

Den nächsten Prüfungstermin ein halbes Jahr später, wieder an der Stanford University, schaffte ich mit Bravour. Ich war froh und auch stolz, daß meine Anstrengungen und meine Hartnäckigkeit gefruchtet hatten. Albert freute sich über mein höheres Einkommen.

In der Pathologie gab es weiter Veränderungen. Es gab mehr Mitarbeiter und einen weiteren Arzt. Die Zytologie wurde in die histologische Abteilung einbezogen. Die Anforderungen an alle waren hoch, und die Arbeitslast wuchs. Wir kamen nicht alle gut miteinander aus. Es ergaben sich kleine Probleme, und dann größere. Unser Labor zog um in ein anderes Gebäude.

Auch zu Hause wurde es immer schwieriger. Ich glaube, damals ging mir ein Licht auf, was für ein Familienleben ich eigentlich hatte, und ich dachte über mein künftiges Leben nach. Erste konkrete Änderungsvorstellungen kristallisierten sich heraus, sehr vorläufig, aber nicht mehr zu übergehen.

Albert war mit seiner Arbeit unzufrieden und sprach über Veränderungen. Ich wußte, daß er dann schon einen Entschluß gefaßt hatte. So auch hier. Albert wollte seine Prüfung als Baumeister machen. Das war mir recht. Er hatte hier große Erfahrungen gesammelt und kannte sein Handwerk. Er ging zur Schule und bereitete sich auf die Prüfung vor. Er bestand sie und bekam die Lizenz. Ich freute mich für ihn. Ich ahnte kaum, daß dies die Stille vor dem Sturm war. Er wollte in seiner Firma nur noch die Kündigungsfrist einhalten. Er würde sich selbständig machen. Seine gutbezahlte, interessante und bisher befriedigende Arbeit war ihm nichts mehr wert.

Selbständig werden! Kein Geld auf der Bank, keine Kontakte, keine geschäftlichen Erfahrungen, eine ziemliche Schuldenlast - wie sollte das gut gehen? Doch das konnte und wollte er nicht begreifen.

Er nannte sein neues Unternehmen „California Construction Company“. Ein großer Name ohne gesichertes Fundament. Er bewarb sich um Aufträge und konnte auch einige davon fest machen und vertraglich absichern.

Der erste Auftrag lief an und brachte die erste Anzahlung des Bauherrn. Albert war überglücklich. Er sah schon den Riesengewinn, den dieser Job einbringen würde. Das Fundament sollte gelegt werden. Albert war in Hochstimmung. Meine Gedanken zu dem Ganzen waren natürlich nie beachtet worden. Meine Skepsis in finanzieller Hinsicht wuchs. Kein regelmäßiges Einkommen mehr - was würde die Zukunft bringen?

Sig studierte noch, und Gisela beendete das Mädchengymnasium. Jeden Monat hatten wir hohe Ausgaben, auch für das Auto und alles Mögliche. Nun kaufte Albert einen Lastwagen und viele neue Werkzeuge und Maschinen, die er jetzt brauchte und die zuvor von

seinem ehemaligen Arbeitgeber getragen wurden. Alles ging bei ihm nun auf Kredit.
Unsere Beziehung war nie einfach gewesen, doch jetzt stand eine neue Angst am Horizont. Wie würden wir das nur schaffen?
Der Winter war nicht mehr weit, und wir hatten davon gesprochen, Alberts Schwester Toni und ihre Familie in Kanada zu besuchen. Diese Reise hätte unter den gegebenen Umständen nicht stattfinden dürfen, doch wie immer war Albert anderer Meinung. Wir würden nach Kanada fahren! Was er dabei aufs Spiel setzte, wollte er nicht anerkennen. Er hatte einen zeitlich gebundenen Vertrag unterschrieben und angefangen, der bei allem guten Willen absolut vom winterlichen Wetter abhängig war. In einer solchen Situation musste jede gute Stunde zur Arbeit ausgenutzt werden. Jetzt konnte er nicht einfach auf und davon gehen wie bei seiner Reise in den Osten.
Konnte er noch immer nicht seine Verantwortung beurteilen oder akzeptieren? Doch wie immer, das alles war belanglos, und die Fahrt nach Kanada wurde angetreten. Toni, meine Schwägerin und ihre Familie freuten sich auf unseren Besuch.
Die Fahrt begann und musste nach Alberts Prinzip in Rekordzeit bewältigt werden. Für mich und die Kinder war die Reise schwierig, es wurde nur selten und kurz gerastet. Albert fuhr gern. Bei jedem Tanken konnte er die Weiterfahrt kaum erwarten. Wenn er müde wurde, musste ich fahren.
Wir kamen bei seiner Schwester einen ganzen Tag früher an, als sie uns erwartet hatten. Es war peinlich, da sie noch gar nicht mit den Vorbereitungen für unseren Besuch fertig waren.
Toni und ihr Mann Otto und Sohn Peter waren nette Leute, und ich mochte sie sehr. Ich hatte sie in Deutschland kennengelernt, ehe sie nach Kanada auswanderten. Die ersten paar Tage vergingen mit Gesprächen, Erinnerungen und Berichten, was sie in Kanada erlebt hatten.
Dann wurde Albert unruhig. Er begann sich über das Essen bei

seiner Schwester zu beklagen. Er war wie gewöhnlich ständig hungrig. Diese Leute hatten aber einen anderen Rhythmus, und meine Schwägerin versorgte ihre Familie nicht so, wie ich es tat. Das gefiel Albert gar nicht. Er wollte, wie immer, daß alles nach seiner Pfeife tanzte. Das war mir nicht neu, doch ich hatte Mühe, seine Einstellung und meine Reaktion vor Toni und Otto zu verbergen. Ich dachte, es sei mir gelungen, doch das stimmte nicht. Toni nahm mich beiseite und fragte: „Wie in aller Welt kannst du mit meinem Bruder auskommen? Er ist schrecklich!" Ihre Worte!
Zwei Tage später erhielten Toni und Otto ein Telegramm von meinem Bruder Gerd aus Deutschland: Tonis und Alberts Vater, mein Schwiegervater, war gestorben. Das machte uns alle sehr traurig, und ich dachte daran, daß wir ihn seit unserer Auswanderung nicht mit den Kindern hatten besuchen können. Seinen jüngsten Enkel, Walter, hatte er nie gesehen. Zum Begräbnis konnten wir nicht mehr kommen, wir schickten Blumen. Jeder von uns betrauerte den Verlust tief und auf seine eigene Weise.
Nach unserer Rückkehr aus Kanada stellte sich die Alltagsroutine wieder ein. Die Kinder gingen wieder in die Schule. Albert betrieb sein Geschäft, und ich ging wieder ins Labor. Alberts Auftraggeber drängte auf Fertigstellung. Über Alberts Kanada-Urlaub war er sehr ungehalten gewesen. Jetzt konnte jederzeit das Wetter umschlagen. Albert arbeitete die meiste Zeit allein, und der Bau kam nur langsam voran. Er hatte auch Schwierigkeiten mit der Lieferung des Bauholzes. Statt es auf einmal anfahren zu lassen, verbrachte er viel Zeit auf dem Weg zu und von der Sägemühle. Auch wurde ihm jetzt das Geld knapp, und die nächste Rate war erst beim Richtfest fällig. Ich konnte jetzt von Albert kaum Geld für Haushaltausgaben oder Rechnungen erwarten. Meine Befürchtungen schienen einzutreffen. Die nötigen Ausgaben waren kaum zu schaffen. Eine Weile versuchte ich mein Bestes, doch ich merkte schon, wie abhängig wir jetzt von der Erfüllung eines Auftrags mit vertraglichen Terminen waren.

Albert bekam dann eine weitere Rate. Doch er hatte jetzt schon große Probleme mit seinem Kunden, und fast jeden Tag gab es Klagen und Streit über die Sache überhaupt und Alberts Eigenwillen.

Der Auftrag war zu 75% fertig, da kam Albert eines Tages nach Hause und verkündete, er werde ihn nicht zu Ende führen. Er fühle sich ungerecht behandelt, und das müsse er sich nicht gefallen lassen. Natürlich hätte er nie zugegeben, daß der den Termin überschritten hatte und erheblich im Rückstand war. Da stand er also mit seiner sogenannten Firma, und nicht einmal seinen ersten Auftrag hatte er erledigt.

Wir konnten seine Ausgaben nicht mehr hereinholen und gingen wieder schwierigen Zeiten entgegen. Ich hatte zwar ein gutes und beständiges Einkommen, doch es reichte nicht für alle unsere Ausgaben. Doch das hatte Albert vorher nie gestört - warum dann jetzt? Er meinte, er würde weitere Aufträge bekommen und verdienen, und zwar das nächste Mal gut. Vorerst war er gern zu Hause und sah fern. Er genoß es, nun jederzeit essen und trinken zu können, wenn ihm danach zu Mute war, und prompt nahm er erheblich zu.

Unser Haus war immer noch nicht ganz fertig. Doch es jetzt fertig zu machen, kam ihm überhaupt nicht in den Sinn: wir hätten nicht das Geld. Besonders hätte ich wirklich nicht überrascht oder konsterniert zu sein brauchen. Ich kannte ihn ja lange und gut genug. Doch ich konnte unsere Lage einfach nicht in einem optimistischen Licht sehen.

Nach einiger Zeit bekam Albert tatsächlich einige kleine Aufträge, und die erledigte er ohne Probleme.

Um diese Zeit, Ende der 1960er Jahre, gab es die ersten Charterflüge nach Deutschland, besonders günstig bei World Airways. Man mußte lange vorher buchen. Die Sache wurde für uns immer verführerischer.

Unser Kredit war so gut wie ausgeschöpft, doch Albert meinte,

jetzt solle eben ich mich um einen Kredit bemühen. Die Versuchung zu einem Flug in die alte Heimat war groß und für die Kinder sehr wichtig. Nach langem Zögern wagte ich den Versuch, einen eigenen Kredit zu bekommen. Überraschenderweise erhielt ich ihn ohne weiteres; die Raten wurden von vornherein von meinem Gehalt abgezogen.
Von Herzen gern wollte ich meine Mutter und meinen Bruder wiedersehen. Sie sollten auch unsere Kinder sehen, vor allem Walter, den sie noch gar nicht kannten. Gerd und seine Frau Friedel hatten jetzt auch zwei Jungen (Bernd und Norbert). Es war also wirklich Zeit für ein Familientreffen.

Über Weihnachten 1972/73, nach 13 Jahren in den USA, flogen wir nach Deutschland. Unsere Gefühle waren schwer zu beschreiben. An erster Stelle stand natürlich meine große Freude, Mutti und Gerd mit seiner Familie zu sehen. Wir wohnten bei Gerd und Friedels Eltern, sie wohnten alle im selben Haus. Gerd und Friedel hatten es zum großen Teil von den Eltern übernommen und dazu angebaut. Friedels Eltern hatten nun ihre eigene Wohnung im zweiten Stockwerk. Mutti lebte immer noch in ihrer kleinen Wohnung, hatte aber mit der steilen Treppe große Schwierigkeiten. Sie war schon ein paarmal böse gefallen und hatte sich verletzt.
Bei diesem Besuch sahen wir auch Alberts Bruder mit Familie, die in einem anderen Ort wohnten. Albert und ich besuchten sein Elternhaus in Kitzingen, wo wir bis zur Auswanderung gewohnt hatten. Es war an andere Leute vermietet. Als wir durch das Haus gingen, kamen uns die Decken niedrig und die Räume unglaublich klein vor. Wir konnten uns kaum vorstellen, daß wir hier viele Jahre gelebt und vier Kinder aufgezogen hatten. Wir erkannten zum erstenmal überdeutlich, wie sehr wir uns in unserer neuen Heimat schon verändert und umgewöhnt hatten.
Die Preise in den Läden erschienen uns als exorbitant, und alles

wirkte altmodisch und behäbig auf uns. Wir trafen auch frühere Nachbarn und ein paar Freunde.

Das alles erschien uns damals als ganz unwirklich, doch das änderte sich später. Dieser erste Ausflug in unsere Vergangenheit machte uns einen tiefen Eindruck. Ich hatte unverhoffte Freude über einen Besuch meines Onkel Werner mit seiner Tochter Christiane. Sie wohnten in Viermünden an der Eder. Er hatte seine sehr schwere Verwundung überlebt, und er sowie viele andere Einwohner aus Kerkow hatten sich in der hessischen Gegend angesiedelt. Werner und seine Frau Mariechen hatten zu dieser Zeit zwei Kinder: Reinhard, der ältere, und Christiane, die ich jetzt kennen lernen durfte. Es war ein großes Glücksgefühl für mich.

Albert konnte oder wollte sich gar nicht mehr ohne weiteres auf Deutsch unterhalten. Den Einheimischen gefiel es nicht, daß er sich so wenig bemühte, Deutsch zu sprechen, konnten sie doch nur wenig oder gar kein Englisch. Doch an Albert prallte alles ab.

Gerd schlachtete ein Schwein, und darüber freute sich Albert ungemein. Er half liebend gern beim Wurstmachen, und jetzt konnte er viel essen und sich die ganzen guten alten deutschen Spezialitäten zu Gemüte führen.

Leider war das Wurstmachen Alberts einziger positiver Beitrag zu unserem ganzem Besuch. Sonst saß er immer nur herum und wartete darauf, bedient zu werden. Er war ein schwieriger Gast, und niemand konnte ihm etwas recht machen. Die Betten gefielen ihm nicht, und die Zimmer waren entweder zu kalt oder zu warm. Er war unzufrieden mit dem Wetter, weil es keinen Schnee gab, auf den wir wegen der Kinder gehofft hatten. Die Leute, die uns besuchten, waren nicht mehr die alten. Und so weiter, und so weiter, es nahm kein Ende.

Es war eine schwierige und recht unangenehme Weihnachtszeit. Ich brauchte meinen ganzen Takt und guten Willen, um Störungen auszubügeln, und ich versuchte, seine vielen höchst unfreundlichen Äußerungen vor meiner Familie zu verbergen. Wenn Gerd etwas

davon mitbekam, wurde er fuchsteufelswild. Schließlich taten er und seine Familie alles, um es uns für gemütlich und schön zu gestalten.
Zu Mutti freilich war Albert sehr nett und überzeugend. Er prahlte mit seinem eigenen Geschäft. Erika und Walter waren gern mit ihren Vettern zusammen und genossen den Besuch sehr. Erika mußte sich freilich erst daran gewöhnen, daß Fußgänger dort keinen Vorrang hatten. Die Autofahrer in Amerika halten wegen einem Fußgänger, was in Deutschland nicht der Fall war. Doch sie lernte schnell um und rettete sich dann wie jedermann auf den Gehsteig. An diese Lektion erinnerte sie sich noch lange. Ansonsten aber genoß sie ihren Deutschlandbesuch sehr. Sie mochte ihren Onkel Gerd sehr gern und verbrachte mit ihm so viel Zeit wie möglich.
Nur allzu bald ging unser Besuch zu Ende, und wir mußten Abschied nehmen. Gerd fuhr uns zum Frankfurter Flughafen, und wir flogen zurück.
Wie unterschieden sich doch diese Flüge von unserem ersten! Wieviel schneller verging die Flugzeit im Düsenflugzeug. Die Charterflüge wurden alle von DC-10-Maschinen ausgeführt und waren aufs äußerste ausgebucht. Albert fühlte sich in seinem Sitz nicht besonders wohl, da er schon einiges Übergewicht hatte. Und die Sitzreihen standen so eng wie möglich.
Während wir in Deutschland auf Schnee gehofft hatten, hatte es in San Francisco geschneit, was wirklich sehr ungewöhnlich war. Welche Ironie!

Unser Alltag hatte uns wieder. Doch jetzt dachte ich viel mehr und öfter an meine Familie in Deutschland zurück. Ich fragte mich, ob es nächsten Sommer wirklich mit dem besprochenen Besuch bei uns klappen würde. Kurz vor unserer Abreise hatte Albert sogar Bernd und Norbert finanzielle Hilfe versprochen. Ich konnte mir nicht vorstellen, woher er das nehmen wollte, hoffte aber das Beste.

Im Februar dieses Jahres 1973 war ich mit unserem Auto in einen schlimmen Unfall mit einem Lastwagen verwickelt. Ich erlitt schlimme Rücken- und Schulterverletzungen und war mehr als 3 Monate arbeitsunfähig.
Mir stand reichlich Krankheitsurlaub und Arbeitsunfähigkeits-Versicherung zu, doch das tägliche lange Zusammensein mit meinem Mann zu Hause ging mir auf die Nerven. Ich mußte zu Hause bleiben, und Albert wollte möglichst viel zu Hause sein. Meine Nerven lagen blank. Statt ausspannen und mich erholen zu können, wurde ich mit häuslichen Verpflichtungen eingedeckt.
Offen gesagt, ich erkannte zunehmend, wie unmöglich Albert und seine Anforderungen geworden waren. Vielleicht waren sie es auch schon immer, und ich hatte mich dem nur nicht bewusst gestellt.
Der Versicherungsplan der Klinik deckte meine Arztkosten, aber ich fand dort keinen guten Arzt für meinen Fall. Ich schien einfach nicht die richtige Hilfe zur Gesundung zu erhalten. Das lag gewiß zum Teil an meiner seelischen Anspannung. Doch ich mußte doch wieder gesund und arbeitsfähig werden!
Die Potters rieten uns zu einem Anwalt. Albert war einverstanden, und einer seiner Kunden vermittelte ihm einen aus San Francisco. Wir fuhren zu einem Termin, kamen aber eine Stunde zu spät, weil Albert das Büro nicht fand und natürlich niemanden fragen wollte. Kein guter Anfang, aber was konnte man daran ändern?
Der Anwalt war ein sympathischer Mann. Ich fühlte mich sofort bei ihm wohl. Er übernahm den Fall und erklärte uns unsere Rechte und Pflichten. Er drängte auch darauf, daß ich einen anderen Arzt konsultieren sollte, und sein Büro vermittelte ihn. Nach dreieinhalb Monaten ging ich endlich wieder zur Arbeit.
Albert hatte einige Aufträge, doch es gab keinen Zweifel, daß ich auch nur mit einigermaßen regelmäßigen Zuwendungen von ihm nicht rechnen konnte. Er investierte alle Gewinne in seine sogenannte Firma, für Maschinen und Werkzeuge. Unser Untergeschoß war jetzt seine Werkstatt. Er kaufte einen anderen Lastwagen, und

nun mußte ich mit unterschreiben. Welcher Segen, daß seine Frau ein regelmäßiges Einkommen hatte! Doch mit meiner Sichtweise und meinen Problemen wollte er nicht behelligt werden.

Gisela und ihr Verlobter Steve hatten beschlossen, in diesem Jahr zu heiraten. Als Albert von dem Hochzeitstermin erfuhr, teilte er mir klipp und klar mit, daß von ihm finanziell nichts zu erwarten sei. Das schockierte mich. Nach deutscher Sitte heiratete eine Tochter aus ihrem Elternhaus heraus, was bedeutete, daß ihre Eltern die finanziellen Lasten trugen. Gisela war seine ältere Tochter und sein erstes Kind, das heiratete. Und daran wollte er sich nicht beteiligen? Dafür war kein Geld da?

Tradition hin oder her, ich wollte für Gisela alles tun, was ich konnte. Wie aber konnte ich ihr und Steve mit meinen ganz beschränkten Mitteln einen nicht alltäglichen Hochzeitstag bereiten? Ein paar Leute müßten auf jeden Fall eingeladen werden. Steve war noch bei der Marine und in Alameda stationiert, und er wollte seine Eltern und seine Schwestern dabei haben. Ein Plan nach dem anderen wurde als zu teuer verworfen. Ich rief mehrere Lokale an und erkundigte mich nach den Kosten für einen Empfang. Enttäuschend; es fehlte uns eben hinten und vorne.

Mit einem anderen, zusätzlichen Kredit von meiner Bank konnte ich dann endlich etwas Brauchbares auf die Beine stellen. Es würde einen Empfang geben und anschließend ein Dinner mit allem drum und dran. Die Feier würde in einem guten Restaurant in Concord stattfinden. Ich wollte unbedingt meiner Tochter einen schöneren Hochzeitstag ermöglichen, als der unsrige gewesen war.

In meiner „freien“ Zeit sahen Gisela und ich uns nach einem Hochzeitskleid um, das sie bezahlen würde, ebenso wie die Blumen außer dem Hochzeitsstrauß, den Steve ihr kaufen wollte.

Gisela hatte während ihrer Berufsschule eine Nebenbeschäftigung angenommen, so dass sie etwas Geld hatte. Alle diese Traditionen und Gebräuche sind in Amerika anders als in Deutschland.

Albert war in der Zeit der Vorbereitungen sehr gereizt, weil er wohl oder übel einige Unbequemlichkeiten in Kauf nehmen musste. Es war für mich, gelinde gesagt, sehr schwierig, in der knappen Zeit alles Nötige über die Bühne zu bringen, zwischen Vollzeitarbeit und voller Hausarbeit. Es war beinahe unmöglich.

In mir kam immer mehr Ressentiment auf. Was war das für ein Vater? Nie hatte ihm seine Tochter Probleme gemacht. Ich verstand ihn einfach nicht.

Irgendwie aber kam ich durch, und Steve und Gisela hatten eine schöne Trauung in der Kirche. Seine Eltern und seine Schwestern flogen von Wisconsin her, und es gab weitere Gäste. Einige aus Steves Familie hatten sich lange nicht gesehen. Alles verlief nach Plan.

Albert - das war vorauszusehen - gab sich als der Held des Tages. Seine Tochter heiratete! Er sonnte sich in dem Ruhm.

Kurz darauf wurde Steve nach Alice (Texas) versetzt, und die Kinder übersiedelten dorthin.

Zu Hause wieder Normalität. Die Kinder verließen uns eines nach dem anderen. Hans stand auf eigenen Füßen, und Sig war nach dem College zur Luftwaffe gegangen. Jetzt waren nur noch Erika und Walter zu Hause. Erika mußte ihrem Vater oft bei der Arbeit helfen; Albert brauchte immer jemanden, der seinen Pudel machte. Sie war nicht sehr glücklich über die von ihrem Vaters ständig erwartete Hilfe. Mehr und mehr sonderte sie sich ab und ging ihre eigenen Wege. Es gab wenig, was oder wie ich die Situation hätte verbessern können. Anscheinend wollte niemand mehr zu Hause bleiben. Auch ich nicht mehr.

Alberts Geschäft kam langsam voran. Von Zeit zu Zeit gab es kleine Umbauaufträge. Doch ein Gewinn schien nie herauszuspringen, vor allem, weil Albert nie termingemäß fertig wurde. Er kalkulierte nie mögliche Komplikationen ein, etwa das Wetter oder Lieferschwierigkeiten beim Baumaterial, mit denen man einfach rechnen muß. Nachträglich erkennt sie der Kunde ungern an, sondern besteht auf dem Termin und bezahlt noch nicht alles. Der Unternehmer hat dann Material und Arbeit bezahlt, bekommt aber dafür noch kein Geld.

Albert war ein sehr guter Handwerker und kannte sich in seinem Beruf gut aus. Doch er hatte keine geschäftliche Erfahrung, da brauchte es andere Fähigkeiten. So wenig ich davon verstand, war mir doch klar, warum es nie besser wurde. Wenn ich ihn darauf ansprach, hörte ich immer nur: Du verstehst überhaupt nichts davon, du hast kein Vertrauen in meine Fähigkeiten, du siehst immer nur schwarz. Ich aber mußte mir den Kopf zerbrechen, wie wir das Haushaltgeld und die nächsten monatlichen Zahlungen aufbringen sollten. Und da sollte ich mich darauf verlassen, daß Alberts Geschäft florieren würde?

Vieles ging mir durch den Kopf, und ich begann unser Leben immer klarer und realistischer zu sehen. Ich gestand mir allmählich ein, daß ich in dieser Ehe versagt hatte. Ich sah endlich der Tatsache ins Gesicht, daß nie etwas besser werden würde, wenn alles so weiterging.

War das die Bilanz unserer vielen Ehejahre? War das Leben wirklich nur blindes Weitermachen?

11. Kapitel
Erster Anlauf zur Scheidung

Ich mußte mein Leben gründlich verändern. Doch wie stets spielte das Geld dabei eine Schlüsselrolle, und davon hatte ich einfach nicht genug. Ganz allmählich bekam ich das Gefühl, daß ich mich wehren müsse. Langsam dachte ich an Scheidung. Lange kam das nach unseren Sitten und Traditionen einfach nicht in Frage. Die Familie mußte zusammenhalten, was auch geschehen mochte oder wie unglücklich die Ehe auch sei. Scheidung galt als Schande und als ganz schlimm und schmachvoll für die Kinder. Ich betrachtete alle diese Gründe und mußte am Ende feststellen, daß mir keiner mehr etwas bedeutete.
Im Rückblick muß ich sagen, daß diese langsamen Veränderungen meiner Gedanken und Gefühle allmählich meinen Selbsterhaltungstrieb und meine darniederliegende Selbstachtung wiedererweckten. Hatte ich nicht schon viele scheinbar hoffnungslose Situationen gepackt und überwunden? Hatte ich nicht bewiesen, daß ich durch die Hölle und wieder zurück gehen konnte? Hatte ich nicht mit der Rettung meines Bruders während des Krieges und der Flucht von hinter dem Eisernen Vorhang schon vor vielen Jahren bewiesen, daß ich unter allen Umständen durchhalten konnte und wollte? Wo war meine Selbstachtung und meine Persönlichkeit inzwischen geblieben? Hatte ich wirklich meine Hoffnungen und Träume von einem besseren Leben völlig aufgegeben?
Trotzdem war ich noch weit von einer endgültigen Entscheidung entfernt.

Albert schien von meinen persönlichen Problemen und Sorgen nie etwas zu merken. Vielleicht war er sich auch so sicher, daß ich immer nur das Mäuschen spielen und nach seiner Pfeife tanzen würde.

Über Weihnachten waren alle Kinder außer Gisela da. Sig hatte Urlaub und war über meine schlechte Gesundheit erschüttert. Er kam mit einer großen Kiste - darin ein wunderschönes englisches Porzellanservice, auf das er gespart hatte. Als er die Kiste am Weihnachtsabend aufmachte, war ich tief gerührt und konnte die Tränen nicht zurückhalten. Dieses Geschirr benütze ich noch heute, nach so vielen Jahren.

Dieses Fest war kein harmonisches. Zu viele Sorgen waren sichtbar. Natürlich war es ein ganz großes Glück für mich, alle meine Lieben um mich zu haben, doch anderweitig war viel zu Stress.

Die Weihnachtsferien mit den Kindern vergingen nur allzu schnell. Hans kehrte in sein Haus in Truckee zurück, Sig nach Zweibrücken in Deutschland, wo er stationiert war. Erika wollte ihre Lehrzeit beim Friseur-College anfangen. Walter ging zur Schule; er war ein aufgeweckter Junge und einfach zu behandeln.

Mein Rechtsanwalt hielt mich auf dem Laufenden in Sachen meines Unfalls. In wenigen Monaten sollte diese Geschichte von der Versicherung entschieden werden. Albert hatte schon grosse Erwartungen für eine eventuelle Abfindung, die seinem Geschäft sehr zu gute kommen würde. Doch wieder hatte Gott andere Pläne für mich.

Der Februar kam, und es gab einen Faschingstanz im Deutschen Klub. Da Albert als zweiter Vorstand gewählt worden war, gingen wir zu diesem Tanz. Der deutsche Klub war mit der Hoffnung ins Leben gerufen worden, dass die deutsche Tradition und die deutschen Gebräuche sowie die deutsche Sprache nicht verloren gingen. Der Klub brauchte unsere finanzielle Unterstützung, um zu existieren.

Wir hatten einen günstigen Saal gemietet, es gab eine gute Kapelle und deutsches Essen. Die Leute kamen von nah und fern und wollten es sich wohl sein lassen.

Es war ein netter Abend, und ich fühlte mich beinahe ein bisschen gelöst. Albert war mit dem Ausschank von Bier beschäftigt. Die

Klubmitglieder mußten ordentlich mit anpacken, weil der Überschuß für den Klub lebenswichtig war.

Ich saß an einem Tisch. Die meisten tanzten vergnügt. Albert und ich hatten ein paarmal getanzt, aber im Grunde saß ich allein. Dann forderte mich eines unserer Mitglieder aus dem Klub auf. Es fragte nicht erst Albert, wir kannten uns ja alle gut und hatten alle Familien. Wir tanzten also. Wir plauderten und lachten ein bißchen, dann begleitete er mich zu meinem Tisch zurück.

Ich blickte auf Albert und sah schon, daß sich etwas zusammenbraute. Ich wurde noch ein paarmal aufgefordert, aber nun lehnte ich ab.

Zu Hause war Albert wütend wie noch nie. Wir hatten einen ganz schlimmen Streit. Ich war mir keiner Schuld bewusst und sah keinen Grund, mich zu entschuldigen. Nun verlor er völlig die Beherrschung. Ja, er wollte mich erwürgen. Ich habe das bisher keinem Menschen erzählt.

Doch als ich mich von dem Schrecken erholt hatte, wußte ich, daß ich jetzt eine Entscheidung treffen und in die Tat umsetzen mußte. Albert, eine spätere Entschuldigung und vielleicht auch etwas Reue, bedeuteten mir nichts mehr.

Ich dachte weiter darüber nach. Ein paar Tage später rief ich meinen Anwalt vom Labor aus an. Ich machte ohne Zögern einen Termin und fuhr nach San Francisco. Als ich die Situation meinem Anwalt Mr. R. M. beschrieben hatte, klärte er mich über meine Rechte auf und legte mir nachdrücklich nahe, nicht nach Hause zurückzukehren. Aber da war ja noch ein Kind. Ich hatte auch, wie man sagen könnte, etwas Angst vor meiner eigenen Courage bekommen. Und die finanzielle Situation mußte überdacht werden. Mr. M. verstand und bot an, an Albert einen Brief zu schreiben.

Irgendwie aber musste Albert wohl etwas gespürt haben, denn er hatte mich während meiner Abwesenheit vom Labor gesucht. Als ich nach Hause kam, wollte er wissen, wo ich gewesen sei. Ich sagte ihm kalt und sachlich, ich wolle mich scheiden lassen.

Erst konnte und wollte er es nicht glauben. Doch dann verlor er die Fassung und wollte alle Schuld meinem Gewissen aufbürden. Er bat, ja bettelte, ich möge es überdenken und ihm noch eine Chance geben.

Jeder, der eine schwierige Scheidung hinter sich hat, weiß, wovon ich rede. Ich hatte etwas Standfestigkeit gewonnen, aber für den letzten Schritt war ich seelisch und körperlich noch nicht gerüstet. Ich legte den Scheidungsantrag vorerst auf Eis.

Mein Anwalt war nicht erbaut, aber er wußte, daß es keinen Sinn hatte, mir zuzureden. Ich musste diese Entscheidung aus mir selber heraus treffen.

Also wieder das alte Leben. Eine Weile schien mir alles einfacher zu werden, und Albert versuchte auf seine Weise, die Scherben zu kitten.

Ein Grund für mein vorläufiges Arrangement mit Albert aber war auch, daß meine Familie in Deutschland uns diesen Sommer besuchen wollte. Unser 25. Hochzeitstag war im Juli. Albert hatte tatsächlich mit etwas Geld mitgeholfen, welches ich für Gerds Jungen abschickte.

Alle freuten sich darauf, und Mutti so sehr, daß ich froh war, die Scheidung vorerst verschoben zu haben. Wir holten sie am Flughafen von San Francisco ab. Ich war so glücklich, es war fast zuviel für mich.

Albert hatte die Hütte in Squaw Valley zur Verfügung gestellt bekommen. Alle waren von der großartigen Natur begeistert. Wir fuhren auch in den Yosemite-Nationalpark, nach Virginia City und anderen Sehenswürdigkeiten. Mutti war begeistert über den Besuch der Ponderosa Ranch aus der Fernsehserie „Bonanza“ in Tahoe. Sie wußte von der Serie und hätte das Gesehene fast für echt gehalten. Jedenfalls hatten meine Verwandten eine ereignisreiche und schöne Woche.

Doch dann drängte sich unsere „normale“ Wirklichkeit wieder

nach vorn. Albert bemühte sich nicht mehr, sein eigentliches Wesen zeigte sich wieder. Auf einmal beklagte er sich über die Kosten für Lebensmittel und Einladungen. Er nahm Gerd ein paarmal mit zur Arbeit. Gerd hatte meine Belastung gespürt und ließ sich nichts mehr vormachen. Er arbeitete bei Albert, um mich zu entlasten.
Es gab weitere Gäste. Steve, Giselas Mann, hatte seine Dienstzeit in Texas beendet. Sie wollten nun nach Wisconsin (Steves Heimatstaat) übersiedeln. Auf ihren Weg dorthin kamen sie erst zu uns nach Hause. Sie hatten inzwischen eine kleine Tochter, die Autumn genannt wurde. Unser erstes Enkelkind. Eines von Gottes Wundern! Ich freute mich überschwänglich, und das Baby war einfach süß.
Es kam der Tag unserer Silberhochzeit. Die Kinder und ich hatten, so gut es ging, eine Feier ausgerichtet. Gerd und Friedel schenkten uns ein wunderschönes Solinger Silberbesteck, wie es in Deutschland üblich war. Jeder wollte, daß es ein schöner und denkwürdiger Tag würde. Warum war mein Herz so schwer, warum konnte ich nicht Frieden und Glück finden?
Bald danach mußte meine Familie wieder nach Deutschland zurück, und Gisela, Steve und das Baby übersiedelten nach Wisconsin. Ich war sehr traurig, als alle weg waren, doch das Leben mußte weitergehen. Wieder der Alltag, wieder die gleichen Probleme und Hindernisse. Ich fand, ich könne so nicht mehr weitermachen.
Ich sagte Albert, ich würde nun die Scheidung einreichen. Wie vorauszusehen, gab es wieder bösen Streit, und wieder war es meine Schuld, weil ich egoistisch wäre und keine Geduld oder Verständnis für ihn hätte usw. usw. Doch diese Mal war ich entschlossen und innerlich bereit. Ich sah mich nach einer Wohnung um. Walter würde mitkommen und Erika bei ihrem Vater bleiben.
R. M., mein Anwalt, setzte das Verfahren in Gang. Inzwischen wußte ich, welche Entschädigung ich für den Unfall bekommen würde, und ich hatte nicht die Absicht, Albert das Geld zu geben, das in seinem Geschäft nur draufgehen würde. Ich brauchte es un-

bedingt, um für Walter und mich einen gewissen Rückhalt zu haben. Außerdem wollte Erika heiraten, und sie brauchte etwas Hilfe. Ich glaube, der schlimmste Moment war, als Albert klar wurde, daß er von der Entschädigung nichts bekommen würde. Es war ohnehin nicht viel, und nach den Anwalts- und Arztkosten war nur noch wenig übrig.

Walter und ich zogen in eine Mietwohnung. Er ging weiter in dieselbe Mittelschule, die er jetzt zu Fuß erreichen konnte. Nach viel Hin und Her und Streit mit Albert nahm ich einige wenige Möbelstücke mit. Für mehr konnte ich einfach nicht kämpfen.

Mein Anwalt versuchte nachdrücklich, mir Vernunft beizubringen, daß ich Albert nicht alles überließe. Aber ich wollte nur Frieden und Genesung. Schließlich wurde vereinbart, daß Albert das Haus auf zwei Jahre nutzen und dann mir entweder die Hälfte auszahlen oder nötigenfalls verkaufen würde.

Albert willigte ein, doch ich wußte, daß er das Haus dringend brauchte, es war wegen des Geldbedarfs für sein Geschäft schon bis an die Grenze belastet.

Er willigte auch ein, für Walter monatlich 150 Dollar Alimente zu bezahlen, was er insgesamt dreimal in den nächsten Jahren tat. Das bedeutete mir alles wenig, ich ahnte ja, wie es kommen würde.

Das Leben mit Walter in der Mietwohnung spielte sich ein. Ich fühlte mich wie im siebenten Himmel, weil es nicht mehr ständig Streit gab. Walter machte sich in der Schule sehr gut, und ich hatte noch meine Arbeit. Meine finanzielle Lage verbesserte sich, weil ich nichts mehr bezahlen mußte, was nicht mit mir zu tun hatte.

Doch dieser Friede sollte nicht lange bestehen. Albert tauchte ungebeten bei uns zu Hause auf, er habe das Recht, seinen Sohn zu sehen. Dann kam heraus, daß er dringend Geld brauchte, ich sollte aushelfen. Natürlich nur für kurze Zeit, und ich würde es bestimmt zurück bekommen. - Ja, wie oft hatte ich das gehört. Es geschah natürlich nie. Albert hatte zwar Arbeit, aber mit meinem Einkom-

men konnte er nicht mehr rechnen. Sein Lastwagen war kaputt, er brauchte einen neuen. Ich sollte mit unterschreiben.
Jedesmal, wenn er auftauchte, eine neue Krise.
Er machte mir Schuldgefühle, daß es grotesk war. Für lange Zeit weigerte ich mich, auszuhelfen. Aber er kannte mich natürlich, und auf die Dauer konnte ich nicht widerstehen. Und nach dem ersten Mal konnte ich mich auch wieder und wieder nicht mehr dem ständigen Druck und der neuen Belastung entziehen. Er brachte Walter Geschenke, die er sich nicht leisten konnte. Er wurde auch nachdenklich und rücksichtsvoll und versprach hoch und heilig, sein Leben zu ändern, wenn ich ihm nur die Chance gäbe, mich für die vielen schrecklichen Jahre zu entschädigen. So ging es ständig. Und zwar jahrelang. Er ließ mich nie in Ruhe. Ich muß gestehen, so unglaublich es klingen mag, daß ich mich immer noch für ihn verantwortlich fühlte.
Ich hatte einen langen Weg zurückgelegt und hatte ausbrechen wollen, doch mein Selbstvertrauen und meine Selbstachtung waren immer noch nicht stark genug, dieses sogenannte Verantwortungsgefühl total auszuschalten. Wenn man merkt, ein Mensch kann sich nicht sein eigenes Leben aufbauen, und man ständig mit diesem Schuldgefühl belastet wird, trifft man am Ende Entscheidungen, nur um das eigene Gewissen zu beruhigen.
Schließlich ließ ich mich überreden und war bereit, wieder zu ihm zu ziehen und ihm nochmals eine Chance zu geben. Albert war überglücklich. Er fing an, eine gewisse Ordnung zu schaffen. Er hatte während unserer Abwesenheit die Küche umgebaut, es gab neue Küchenschränke. Auch möchte ich sagen, dass er sich am Anfang wirklich Mühe gab.
Walter kam ganz gern in unser Haus zurück, er hatte ja in der Nachbarschaft Freunde. Seit ich angekündigt hatte, zurückzukommen, fühlte ich mich höchst unglücklich. Als wir dann wieder in unserem Haus einzogen, wusste ich in meinem Herzen, dass ich den größten Fehler in meinem Leben begangen hatte.

Erika und Mark hatten inzwischen geheiratet und hatten ein kleines Mädchen, welches Heidi genannt wurde. Sig war nach dem Dienst in der Luftwaffe bei Sandia Laboratory in Livermore eingestellt worden.

Es schien also wieder mein Schicksal zu sein, auf alle Rücksicht zu nehmen - außer auf mich. Ich erkannte, daß mein größter Fehler war (und noch ist), an einem einmal eingegangenen Engagement, oder besser gesagt, einer Verantwortung bedingungslos festzuhalten. Ich bestand lediglich darauf - und Albert war einverstanden -, daß wir nicht wieder heiraten würden und ich meine eigenen Finanzen behalten würde.

Ich sollte Albert in seinem Büro helfen, weil er behauptete, nie genug Zeit dafür zu haben. Dann würde sein Geschäft auch endlich auf einen grünen Zweig kommen. Ich fühlte mich also verpflichtet. Vielleicht würde es ja doch noch einmal besser. Ich war bezüglich seiner Selbständigkeit immer skeptisch gewesen; vielleicht war ich ja zum Teil an seinem Mißerfolg schuld...?

Ich machte mich mit der Büroarbeit vertraut. Ich verhandelte mit seinen Kunden und lernte Lohnabrechnung. Albert bekam jetzt ein paar gute Aufträge und brauchte sogar Hilfskräfte. Die Kunden reagierten positiv auf mich, und ich konnte einige ziemlich aussichtslose Situationen für Albert ausbügeln. Jetzt hatte ich also neben meiner eigenen Arbeit wieder eine große Zusatzbelastung.

Bei meiner Arbeit in der Kaiser-Klinik gab es Probleme mit einer neuen Assistentin. Vielleicht sollte ich auch sagen: ich hatte welche. Und unsere sympathische Abteilungssekretärin, mit der ich befreundet war, hatte auch Probleme mit den Mitarbeitern. Die Arbeitsatmosphäre in unserer Abteilung war nicht mehr gut. Es wurde mir klar, daß es Zeit wurde, mich zu verändern.

Ich, der ich immer nur sorgfältig überlegte Entscheidungen treffen mochte, kündigte, ehe ich eine neue Stelle hatte. Ein bedeutungsvoller Schritt. Die Abteilungssekretärin Ruth kündigte in der gleichen Woche.

Das schuf für die Pathologie-Abteilung großen Ärger. Plötzlich erkannte die Chefin, welcher Verlust die Abteilung getroffen hatte. Da sie nie gewillt oder fähig gewesen war, die Schwierigkeiten aus der Welt zu schaffen, stand sie nun vor einer gar nicht einfachen Situation.

Mit der Zeit enthüllte sich mir, warum sich bei mir die Veränderung ereignet hatte: ich wollte innerlich wachsen und auf ein anderes Niveau in meinem Leben kommen.

Gott handelt auf geheimnisvolle Weise! Wie oft hatte ich das in meinem Leben erfahren. Ein Jahr war ich arbeitslos und bekam Arbeitslosenunterstützung. Diese Zeit nutzte ich dazu, mein Wissen zu bereichern. Ich arbeitete im Contra Costa County Hospital in Martinez als Volontär im Labor. Das war für mich ungeheuer wertvoll. Ich konnte mir nun die Praxis und Theorie aneignen, die für mich mir sehr nötig war und bis jetzt gefehlt hatte.

Das klinische Labor ist auf andere Weise für die Patienten verantwortlich als das histo-pathologische. Ich durchlief alle Stationen bis auf die Blutbank. Diese erforderte eine besondere Lizenz, die ich nicht hatte.

Nachdem meine Motivation, Zuverlässigkeit und Gewissenhaftigkeit deutlich geworden war, wurde ich in den anderen klinischen Laborabteilungen eine wertvolle Hilfe. Mir wurden viele schwierige Aufgaben anvertraut. Die Laborarbeit in einem Kreiskrankenhaus, von der Phlebotomie bis zum Triage-Verfahren, brachte mich voran, wie es mir nirgends besser möglich gewesen wäre. Ich konnte in diesem Jahr so viele unersetzliche Erfahrungen sammeln, wie es mir auf andere Weise niemals möglich gewesen wäre.

Zu Hause gab es keine allzu großen Probleme. Ich arbeitete weiter im Büro, es kamen gute Aufträge. Leider blieb diese Situation nicht von langer Dauer. Albert fiel wieder in sein früheres Benehmen zurück. Er verlor sein Interesse an seinen Hühnern und Kaninchen, die er sich angeschafft hatte, und begann sie wieder zu ver-

nachlässigen. Die Tiere mussten versorgt werden - natürlich nahm ich mich ihrer an.
Kurz bevor meine Arbeitslosenunterstützung endete, wurde mir eine Stelle in der Histologie im Alta Bates Hospital in Berkeley angeboten. Dort arbeitete eine Deutsche, die davon gehört hatte, dass ich mich nach einer Position in der Histologie umsah. Man brauchte dringend eine weitere technische Assistentin. Als ich nach dem Einstellungsgespräch annahm, waren die Ärzte erleichtert. Die Bedingungen waren für mich günstig, das Gehalt gut, nur die Arbeitszeit war schwerer zu akzeptieren. Ich musste früh um 4 Uhr die Schicht beginnen und Samstags arbeiten. Für die Fahrt nach Berkeley brauchte ich 40-45 Minuten.
Ich war froh, wieder in meinem Beruf arbeiten zu können. Natürlich mußte ich mich auf einiges umstellen, aber die Arbeitsbedingungen waren für mich richtig entspannend. Die Ärzte bildeten eine gute Gruppe, und ich arbeitete sehr gut mit ihnen zusammen. Die Arbeitslast war schwer, doch das war mir nicht neu. Als meine Vorgesetzte Ingrid nach kurzer Zeit einen Monat Urlaub hatte, vertrat ich sie zufrieden stellend.
Die frühe Anfangszeit allerdings war für mich etwas schwierig. Ich mußte mich erst daran gewöhnen, mitten in der Nacht Auto zu fahren. Es gab für mich keinen Berufsverkehr, aber andere mögliche Gefahren. Ich fühlte mich auch nicht sicher, wenn ich in der Dunkelheit vom Parkhaus in die Klinik gehen mußte. Draußen hingen oft merkwürdige und manchmal gefährlich aussehende Typen herum. Doch wenn man eine Arbeit behalten möchte, paßt man sich an, was mir mit der Zeit auch leichter fiel. Ich arbeitete dort mehr als 7 Jahre, und die meisten waren gute Jahre.

Hans und Sig hatten beide geheiratet, und auch Walter hatte eine feste Beziehung. Gleich nach der Hochschule wollte er heiraten. Das war angeblich der Wille seiner beiden Eltern. Auch wollte er Zimmermann werden und bei seinem Vater arbeiten.

Eine Familiengründung aber braucht etwas finanzielle Sicherheit. Walters Entscheidungen gingen mir sehr gegen den Strich. Ich hatte gehofft, daß er aufs College gehen und auf einem anderen Gebiet arbeiten würde.
Seine künftige Frau brachte ein kleines Mädchen aus einer früheren Ehe mit, so daß Walter mit seinen 17 Jahren ziemlich viel Verantwortung auf sich nehmen würde. Aber Teenager hören selten auf die Stimme der Vernunft. Ich wurde überstimmt, und Albert war mehr als begeistert, daß Walter bei ihm arbeiten wollte.
Jetzt waren alle meine Kinder verheiratet, und wir hatten mehrere Enkel. Das häusliche Leben nahm neue Dimensionen an.
Finanziell kämpften wir weiter. Albert bezahlte die Raten für die Hypothek, ich alles übrige. Er hatte immer noch mehrere Aufträge am Laufen und mehrere Angestellte. Doch bei seinen Angeboten kalkulierte er nie die Steuern ein. Für die mußte vierteljährlich ein Schätzwert entrichtet werden, doch es war nie Geld dafür da. Er mußte Bußen bezahlen, die jeglichen Gewinn auffraßen.
Da jetzt Walter da war, ging Albert weniger auf die Bauplätze. Er fuhr immer noch zum Sägewerk, wann immer sich eine Gelegenheit bot. Und er kaufte immer noch gern Werkzeuge. Inzwischen hatte er eine Reihe großer Maschinen, von denen er manche gar nicht brauchte oder sie nie verwendete.
Zum Einkaufen bekam ich nie Geld von ihm, und ich bestritt auch sonst die Lebenshaltungskosten. Er aber war ständig hinter sogenannten Schnäppchen her - die wir in den nächsten 10-20 Jahren nie brauchen würden. Hier wollte er nie Vernunft annehmen.
Albert verfiel in die Gewohnheit, den Leuten Zahlungen zu versprechen, die er nur selten pünktlich leisten konnte. Mir fiel die Aufgabe zu, die Leute anzurufen, um Aufschub zu bitten und ihnen Zahlung zu versprechen. Doch immer wieder erfolgte sie nicht, und wie stand ich dann da als Lügnerin? So wollte ich nun wirklich nicht arbeiten.
Am Zahltag bekamen die Angestellten Schecks, Albert selbst aber

nicht. Er nahm, was er brauchte, einfach aus der Kasse. Und er hatte ein paar aufwendige Hobbies entwickelt. Nicht nur die Werkzeuge und Maschinen, jetzt sammelte er auch Münzen und war regelmäßiger Abnehmer. Ich wurde selbstverständlich nie gefragt. Es ging weiter abwärts mit uns.

Hans und seine Frau Jennifer-Katherine hatten eine Europareise gemacht. Auf dem Rückweg brachten sie Mutti mit. Mutti war in Deutschland in ein Altenheim gekommen. Sie konnte nicht mehr für ihre Wohnung und auch nicht mehr ganz für sich selbst sorgen. Sie war aber noch ziemlich unabhängig und machte möglichst viel selbst. In dem Altenheim fühlte sie sich naheliegenderweise nicht sehr wohl. Ich hoffte, daß sie eine Weile bei uns bleiben könne. Es hatte mir oft weh getan, und ich fühlte mich bedrückt, daß ich früher nicht mehr für sie hatte tun konnten. Jetzt konnte ich das vielleicht ein wenig wieder gutmachen. Doch es sollte, wie so oft, anders kommen.

Mutti konnte sich nicht an unser Haus und unsere Lebensweise gewöhnen. Ohne Englisch konnte sie nicht fernsehen, keine Zeitung lesen. Und die Nachbarn redeten hier nicht so miteinander wie in Deutschland. Unser Wetter vertrug sie gar nicht, vor allem die Hitze. Unser Essen schmeckte ihr nicht so recht, ich hatte einige Fertigprodukte (zeitbedingt) eingeführt. Am unangenehmsten war ihr, so lange allein zu sein, wenn ich bei der Arbeit war. Ich verstand sie zwar besser als je zuvor, aber Lösungen konnte ich keine anbieten. Ich hatte es gut mit ihr gemeint, als ich sie eingeladen hatte, aber das erwies sich jetzt als unrealistisch. Ältere Menschen sind nicht mehr so flexibel. Außerdem war ich seelisch unter Druck und wollte mich nicht ständig in Geduld mit ihr üben. Mutti merkte auch - so sehr ich es vor ihr zu verbergen suchte -, daß Albert und ich viele Probleme hatten, und das machte sie sehr unglücklich. Mutti konnte und wollte einfach nicht bleiben. Sie kehrte in ihre eigene kleine Welt in Deutschland zurück.

Jetzt stellten sich im Alta Bates Hospital größere Veränderungen ein. Die eigenen klinischen Laboratorien wurden privatisiert. Ein Jahr später war die Histologie und Zytologie an der Reihe, wo ich arbeitete. Auch ich war von dieser Veränderung betroffen. Mein Vertrag besagte, dass ich 10 Jahre in dem Krankenhaus arbeiten musste, um einen Rentenanspruch zu haben. Damals war ich sieben Jahre dort beschäftigt. Nun wurde mir diese Zeit nicht angerechnet, und ich verlor den Anspruch.

Für uns im Labor war es ein schwerer Schlag. Würden wir unsere Arbeitsplätze behalten? Schön, auch unsere Ärzte schlossen sich der Privatisierung an, doch sie hatten immer noch einen Vertrag mit dem Krankenhaus. Wie aber würden wir mit der Entscheidung betroffen werden? Das waren ängstliche Gedanken. Alta Bates war damals nur eine der ersten Kliniken von vielen, die diese Maßnahmen ergriffen, um sich mehr Einnahmen zu verschaffen und weiter existieren zu können. Andere folgten rasch.

Ingrid, meine Vorgesetze, ging in Ruhestand. Meine Ärztegruppe bot mir die Stelle als Laborleiterin an. Ich nahm sie an, und unser nun privates Labor zog in ein anderes Gebäude Ecke Shattuck Avenue und Dwight Way um.

Wieder zeigte sich mir mein Beruf von einer anderen Seite. Ich hatte noch nie ein neues Labor einzurichten gehabt, und ich mußte schnell lernen. Während des Umzugs mußten die umfangreichen täglichen Arbeiten und Anforderungen bewältigt wurden. Mark, ein junger Mann, den wir nach seinem Weggang aus der Marine angestellt hatten, war mir eine große Hilfe. Mit vereinten Kräften und viel gutem Willen schafften wir am ersten Tag nach dem Umzug eine Produktivität von etwa 90%. Das fanden unsere Ärzte geradezu unglaublich, aber es war so. Ich bin immer noch stolz darauf, welches Glück ich mit den alten und von mir vorgeschlagenen neuen Mitarbeitern hatte, und wie sie mich hundertprozentig unterstützten.

Ich leitete das Labor, aber es gab eine Geschäftsführerin für Verwaltung und Finanzen und den Verkehr mit den Kunden. Sie hieß

Joyce und erwies sich als tüchtig, und wir arbeiteten gut zusammen. Nach einiger Zeit teilte sich die Gruppe meiner Pathologen, was für mich so gut wie keine Folgen hatte. Ich blieb bei Dr. W. S. Er sagte mir, er würde in einiger Zeit neue Partner bekommen. Die Arbeitsbedingungen waren weiter gut, und es herrschte ein kameradschaftliches Verhältnis zwischen allen. Wir arbeiteten hart und machten viel Überstunden, doch das Labor florierte. Meine Mitarbeiter waren sehr zuverlässig, und wir arbeiteten wundervoll zusammen.

Albert war nicht erbaut, daß ich Überstunden machte, da das meine Zeit für sein Büro beschränkte.

Im folgenden Sommer reisten wir nach Deutschland. Albert und sein Bruder Hans wollten das Haus verkaufen, das sie von ihrem Vater geerbt hatten. Albert hatte Gerd gebeten, die Sache in die Hand zu nehmen, weil er Hans nicht über den Weg traute. Gerd willigte ein, und viele Monate lang verhandelte Gerd mit Interessenten. Das kostete ihn viel Zeit, und es entstanden ihm auch Kosten.

Im August hatte Gerd das Haus zu einem sehr anständigen Preis verkauft und allen Papierkram erledigt. Hans bekam seinen Anteil, und Gerd nahm den von Albert bis zu unserer Reise in Verwahrung. Mutti und meine Familie freuten sich sehr auf unser Kommen. Albert fühlte sich großartig. Er würde eine erkleckliche Summe bekommen, und das war ihm das Wichtigste.

Wir kauften Gerd eine gute Armbanduhr - das aber war auch alles, was er für seine ganzen Mühen und Ausgaben erhielt.

Als Albert das Geld hatte, wollte er keinen Pfennig mehr hergeben. Er fragte Gerd nicht einmal, wie hoch seine Ausgaben gewesen waren, geschweige denn, daß er ihm eine Kommission zugebilligt hätte, wie es bei einem Makler nötig gewesen wäre. Geld oder sonst etwas hätte Gerd für seine Hilfe freilich nicht angenommen. Aber ich fand, er hätte wenigstens seine Auslagen und den Verdienstausfall ersetzt bekommen sollen. Zum allermindesten hätte

Albert es ihm anbieten müssen. Doch das hatte Albert nicht im Sinn. Gleichzeitig nahm er die Gastfreundschaft meiner Familie für selbstverständlich. Er dachte nicht im Traume daran, sich auch nur in bescheidenem Maße für die Freundlichkeit, Fürsorge und Liebe erkenntlich zu zeigen, die meine Familie uns entgegenbrachte. Er schien völlig vergessen zu haben, wie sehr er sich über unsere Ausgaben beklagt hatte, als sie vor ein paar Jahren bei uns waren. Ich war höchst unglücklich über Alberts Haltung, konnte sie aber nicht ändern. Wieder war unser Besuch bei meiner Familie nicht harmonisch verlaufen. Wie traurig!

Zu Hause erwarteten Albert unerwartete Schwierigkeiten. Die Arbeit war nicht so vorangekommen, wie er gehofft hatte, es gab viele Verzögerungen und andere Probleme. Walter hatte sein Bestes getan, doch er konnte nicht alle lösen. Wieder hatten die Vertragsarbeiten Verluste gebracht. Für Albert war natürlich Walter an allem schuld. Er fand ja immer einen Sündenbock. Walter war höchst enttäuscht, hatte er doch hart gearbeitet und unter den gegebenen Umständen sein Bestes gegeben. Es war einfach nicht möglich, seinen Vater zufriedenzustellen.

Von dem Geld, das Albert in Deutschland erlöst hatte, sah ich nie einen Pfennig. Ich nehme an, daß unsere Kinder und ich einen Rechtsanspruch auf Anteile hatten, aber es hatte keinen Sinn, auch nur darüber nachzudenken. Albert tapezierte lediglich das Wohnzimmer und zog eine getäfelte Decke in einem Schlafzimmer ein.

Weiter ging das Leben. Durch den deutschen Klub kamen wir einigen der Familien näher. Albert wurde mehrere Male zum Vizepräsidenten gewählt. Das bedeutete nichts als viel Arbeit. Und da unser Haus groß genug war, hatten wir Vorratslagerraum für den Klub zur Verfügung gestellt. Das bedeutete, daß wir die Vorräte verwalten und zu allen Klubveranstaltungen transportieren mußten. Albert hatte die Aufgabe übernommen, doch ich mußte Buch führen und alles kontrollieren. Oft mußte ich vor einer Veranstaltung die Vorräte selbst ins Auto laden. Eigentlich hatte ich aber gar keine Zeit für alles.

Wir kamen mit einigen der Klubmitglieder gesellschaftlich zusammen, und manche wurden mir richtig sympathisch. Einladungen müssen erwidert werden. Ich war schon immer gern in Gesellschaft und hatte gerne Gäste um mich. Doch mit Albert gab es vor und nach jeder solchen Einladung Streit. Unsere wenigen Einladungen zum Abendessen bezahlte ich immer selbst. Trotzdem gab es Streit, ich gäbe viel zu viel für das Essen aus und böte zuviel Getränke an. Ich kümmere mich angeblich viel mehr um die Gäste als um ihn. Ich mache es den Gästen zu gemütlich, und sie fühlten sich zu wohl bei uns. Albert selbst versuchte sich natürlich nie als helfender Gastgeber.

Im Laufe der Zeit konnte ich nicht mehr verkennen, wie ähnlich Albert seiner Mutter geworden war. Oft und oft bereute ich, zu ihm zurückgekehrt zu sein. Doch immer wieder mußte ich feststellen, daß ich es einfach nicht fertigbrachte, mich einer Verantwortung, die ich mir zuschrieb, zu entziehen. Eine Verpflichtung, die man einmal eingegangen war, mußte immerdar eingehalten werden. Doch das sollte eigentlich keine Einbahnstraße sein. In meinem Falle freilich hatte es sich als Einbahnstraße und Sackgasse erwiesen.

Meine Gesundheit war nicht gut. Ich schlief jede Nacht nur wenige Stunden und hatte nach der Arbeit zu Hause viele Pflichten. Ich war verbittert, unzufrieden und voll Groll und tadelte mich selbst für meine Dummheit. Das förderte weder meine körperliche noch meine seelische Gesundheit.

Wenn eines der Kinder kam, war ich immer so erschöpft, daß ich ihre Gesellschaft wenig genießen konnte. Die Enkel brauchten viel Aufmerksamkeit, und ich konnte nicht viel Energie aufbieten. Albert fiel es nie ein, ihnen etwas zu essen oder zu trinken anzubieten. Er machte keinen Finger krumm, damit sie sich wohlfühlen sollten. Niemals wolle er sich mit seinen Enkelkindern beschäftigen. Alle häuslichen Arbeiten, und weitere, waren wieder meine Pflicht geworden, meine Verantwortung. Wie bequem kann doch das Leben für manche sein!

Dann hatten sich auch noch die Beziehungen zwischen Albert und Walter bei der Arbeit verschlechtert. Vor ein paar Jahren hatten Walter und Billie ein Haus gekauft. Sie hatten kein Geld für eine Anzahlung, und weder sie noch Albert waren besonders kreditwürdig. Walters Verdienst war nicht gleichmäßig, oft kam lange überhaupt kein Geld herein.

Albert meinte, die beiden sollten kaufen und nicht mieten, das sei hinausgeworfenes Geld, Hausbesitz aber realer Wert. Damit hatte er natürlich recht, aber ein eigenes Haus bedeutete auch viel Verantwortung, Kosten und Mühe, es zu unterhalten. Darüber diskutierten wir lange. Doch Albert entschied, daß Walter ein Haus kaufen solle, und am besten sollte ich angesichts meiner hohen Kreditwürdigkeit dafür mithaften oder das Haus auf meinen Namen kaufen. Basta! Das sei die beste und einfachste Lösung, und alle Hindernisse wären aus dem Wege.

Nach vielen ergebnislosen Streitereien unterschrieb ich schließlich als Mitschuldner unter der Bedingung, daß die Raten durch mich von Walters Lohnkonto abgebucht würden.

Walter war durchaus einverstanden, er würde sich nicht um pünktliche Zahlungen kümmern müssen. Das Haus war sehr schön und richtig für Walters Familie, und ich hoffte, daß sie es würden halten können. Alberts wirkliche Motive waren mir freilich nicht so recht klar. Als sie mir schließlich dämmerten, war es viel zu spät.

Diesen Sommer kamen Gerd und Friedel aus Deutschland. Sie wollten drei Wochen bleiben. Gerd sollte für Albert ein paar Gedächtnismedaillen der olympischen Spiele mitbringen, die gerade in Deutschland stattgefunden hatten. Ich riet Gerd ab, doch er tat es. Ich fürchtete, er würde die beträchtlichen Kosten von Albert nicht zurück bekommen - und so kam es dann auch.

Der Besuch war eine Katastrophe. Gerd und Friedel merkten schnell, wie es zwischen Albert und mir stand. Sie konnten nicht mehr andere Gegenden Kaliforniens besuchen, wie sie geplant hatten, sondern halfen mir finanziell bei den Ausgaben und dem Zeitaufwand für ihren Besuch. Es war mir schrecklich, das annehmen zu müssen, und ich hoffte zu Gott, daß ich es eines Tages würde gutmachen können. Die drei Wochen ihres Besuches waren sehr anstrengend. Albert machte - natürlich - keine Miene, Gerd die Medaillen zu bezahlen, und von mir wollte Gerd nichts dafür annehmen. Ehe sie abreisten, sagte mir Gerd, er und Friedel würden nie wieder auf Besuch kommen, solange ich mit Albert zusammen war.

Nach einiger Zeit in ihrem Haus entwickelten sich zwischen Walter und Billie Eheprobleme. Walter mochte nicht darüber sprechen, und ich war zu gehetzt und erschöpft, um sie zu erkennen. Billie meinte, Walter bringe nicht genug Geld nach Hause, weil ich die Raten für das Haus bei ihm abbuchte sowie die Raten für sein Auto. Doch ich bin sicher, daß es noch andere Probleme gab.

Es war jetzt für mich schwieriger, ihnen jeden Monat aus der Firmenkasse genug Geld zukommen zu lassen, und so manches Mal mußte ich mein eigenes heranziehen. Das kümmerte mich freilich wenig, ich wollte helfen, so gut ich konnte. Doch um Walters Eheproblemen entgegenzuwirken, ließ ich mich darauf ein, daß die beiden die Zahlungen selbst in die Hand nahmen.

Alberts Geschäft ging nie besonders gut, doch gelegentlich hatte er doch annehmbare Aufträge, die auch etwas hätten eintragen müssen. Doch er hatte es nie zu Rücklagen gebracht, um Zeiten schlechter Einnahmen zu überbrücken. Jetzt arbeiteten im wesentlichen nur Albert und Walter an den Aufträgen. Walter legte sich für die Firma sehr ins Zeug und machte mehr, als ihm zufiel, doch umso nachlässiger wurde Albert.

Albert war jetzt oft zu Hause, er fühle sich nicht gut. Es wurde Diabetes festgestellt, was auch mit seinem hohen Übergewicht zusammenhing. Er verlor das Interesse an vielem außer seiner Münzsammlung, in die er im Laufe der Jahre viel investierte. Ich fragte ihn nie nach dem Geld aus seinem deutschen Erbe - und ich hätte auch nie eine Antwort bekommen. In der Mehrzahl der Fälle mußte ich seine Rechnungen bezahlen. Ich nahm dafür persönlich einen Kredit nach dem anderen auf und hatte dadurch natürlich steigende Belastungen. Die finanzielle Lage geriet immer mehr außer Kontrolle.

Eines Tages stand Walter vor der Tür und fragte, ob er und sein Sohn Allen bei uns wohnen könnten. Er und Billie hatten sich getrennt. Natürlich konnte er! Wir hatten reichlich Platz. Doch was war mit dem Haus der beiden? Kein Wunder, daß sie im Rückstand waren, nicht zu reden von den Raten für das Auto.

Nach dem Einzug bei uns ging Walter wieder an die Arbeit. Albert meinte, jetzt könne er überhaupt zu Hause bleiben. Die finanzielle Situation wurde grotesk und fast unkontrollierbar. Zwei Leute mehr im Haus bedeutete mehr Essen und mehr Einkäufe. Auch Albert war mit seinen Raten für unser (schon durch ständige Steuerschulden überlastetes) Haus im Rückstand. Wie immer, war es meine Sache, das Geld beizubringen.

Einige Monate später hatte Mutti Geburtstag. Ursprünglich wollte ich dazu nach Deutschland, doch jetzt konnte ich es einfach nicht bezahlen. Unsere Tochter Gisela hatte mir gesagt, sie würde gern mit mir nach Deutschland reisen, das sie seit unserer Auswanderung nicht mehr gesehen hatte. Wenn das ins Wasser fiel, wäre es für sie eine große Enttäuschung gewesen.

Als ich das Gerd mitteilte, sagte er, wir sollten reisen, er würde bezahlen. Es war überhaupt Geld, das Mutti gespart hatte und das ich sowieso bekommen sollte. Ich nahm es an.

Gisela wollte von Wisconsin nach Kalifornien fliegen, von wo es nach Deutschland weitergehen sollte.

Auf einmal entschied Albert, dass er mitfliegen würde. Auch er wollte zu Muttis Geburtstag dabei sein. Ich versuchte, es ihm auszureden. Woher in aller Welt sollte sein Reisegeld kommen? Er beharrte. Und wenn er sich etwas in den Kopf gesetzt hatte, war nichts mehr zu ändern. Ich hatte es schon geahnt. Er war so eifersüchtig, daß er mich nicht allein reisen lassen wollte. Um weitere Unannehmlichkeiten und eine schwere Enttäuschung für Gisela und meine Familie in Deutschland zu vermeiden, nahm ich einen weiteren Kredit auf.

Gisela freute sich sehr. Daß sie dabei war, machte manches für mich leichter. Ich denke mir, daß diese Reise für meine Tochter sehr wichtig war. Sie mußte und wollte ihre Wurzeln aufsuchen. Sie hatte überhaupt kein Problem mit der Sprache, obwohl sie in Green Bay (Wisconsin) wenig Gelegenheit hatte, Deutsch zu sprechen. Nach ein paar Tagen in Deutschland war alles wieder da.

So feierten wir also Muttis Geburtstag. Wir verbrachten möglichst viel Zeit mit ihr. Gerd und Friedel tolerierten Albert und gaben sich großmütig um meinetwillen. Allerdings möchte ich hier sagen, dass Albert gut und geduldig zu Mutti war.

Wieder zu Hause, Gisela in Wisconsin. Der alte Stress. Walter und Allen weiter da. Keine Arbeit wegen Regen und Schlechtwetter.

Allen ging jetzt in Concord zur Schule, von der ich ihn jeden Tag auf dem Rückweg von der Arbeit abholte. Dort lernte er einen anderen kleinen Jungen namens Arndt kennen, dessen Eltern geschieden waren. Er lebte bei seinem Vater, einem Offizier der Marineinfanterie, die in der Concord Naval Weapons Station stationiert war. Diese befand sich in kurzer Entfernung von unserem Haus.

Allen und Arndt hatten viel Gemeinsames und wurden gute Freunde. Gelegentlich brachte ich Arndt von der Schule nach Hause. Arndt war manierlich und liebenswert. Oft sah ich, wie er Allen und mich beobachtete. Eines Tages sah er mich traurig an und fragte, ob ich auch seine Oma sein könnte. Ich war überrascht, aber gerührt. Ich hatte ihn nicht viel beachtet, außer daß er eben Allens Freund war. Nun hatte er sich den Weg zu meinem Herzen geöffnet.

Ich hatte damals aber wenig Liebe zu verschenken. Ich war überlastet, für viel zu viel verantwortlich und einem völligen seelischen und körperlichen Zusammenbruch nicht mehr fern. Und nun gab es auch noch Probleme bei der Arbeit.

Unsere Geschäftsführerin Joyce war entlassen und durch die Frau eines der Ärzte unserer Gruppe ersetzt worden. Das führte zu vielen Problemen. Bis dahin hatte ich freie Hand beim Einkauf unseres Laborbedarfs gehabt. Mein Chef wußte, daß er sich völlig auf mich verlassen konnte, um beste Qualität zum bestmöglichen Preis zu bekommen. Ich hatte ein großes Netz zuverlässiger Kontaktpersonen und Vertreter aufgebaut. Günstiger Preis bedeutete nicht unbedingt gute Qualität; doch ich hatte mich auch immer gewissenhaft an unser Budget gehalten. Das alles wurde mit der neuen Geschäftsführerin anders.

Mit jedem neuen Mitarbeiter ändert sich vieles. So auch in unserem Labor. Oft mußte ich, wenn ich gerade nach Hause wollte, bei einer soeben angesetzten Besprechung bleiben. Das war in vielen Betrieben so. Da meine Schicht um 4 Uhr morgens begann, konnte man mich leicht abfangen, wenn ich um 13.30 oder 14 Uhr gehen wollte.

Diese Besprechungen waren selten angenehm und meiner Meinung nach selten für meine Abteilung von Nutzen. Damals wie heute in vielen Firmen ging es in allererster Linie um Kostensenkung. Das bedeutete unglücklicherweise nur zu oft Senkung der Einkaufspreise und Abstriche an der Qualität. Wer streng management-orientiert ist, kann oder will nicht sehen, daß der Einkauf billigerer Produkte oder der Übergang zu neuen Lieferanten oft zu einer Kettenreaktion von Problemen bei unserem Arbeitsablauf führt. Wir legten Wert auf Qualität, um den Pathologen Qualitäts-Ergebnisse liefern zu können, die sich in einer besseren medizinischen Versorgung der Patienten niederschlugen. Ich hatte mich bereits umfassend um Kostensenkung ohne Qualitätseinbußen bemüht.

Die Grundsätze und Leitlinien der Firma änderten sich nun gründlich. Ich hatte wegen meiner ständigen häuslichen Konflikte nicht mehr die Geduld, mich auf sie einzulassen. Ich war völlig ausgelaugt, weil ich mich bei der Arbeit ständig mit Problemen auseinandersetzen mußte, um dann zu Hause mit Vorwürfen überschüttet zu werden, weil ich zu spät käme. Ich wurde zunehmend depressiv, und es kümmerte mich im wahrsten Sinne des Wortes nicht mehr, was um mich herum vorging. Ich funktionierte fast wie ein Roboter. Ich wußte, daß ich Geld verdienen und die ganzen häuslichen Pflichten wahrnehmen mußte. Irgendwie mußte es einfach weitergehen; doch es geschah so gut wie immer bloß automatisch, ohne Gedanken oder Gefühle. Ich hatte keine Hoffnung mehr, sah keinen Ausweg.

Gott wußte, daß ich mein Bestes versucht hatte. Doch nun mußte ich der Wahrheit ins Gesicht sehen, und die war, daß ich keinen Lebenswillen mehr hatte. Körperlich, geistig, gefühlsmäßig stand ich vor der Katastrophe. Am schrecklichsten war, daß mir nun alles egal war.

Wenn Albert früher wollte, daß ich ihm sein Bad einlasse oder ihm in seinem Lehnstuhl etwas zu trinken bringe oder seine geschäftlichen Anrufe beantworte oder die Tiere füttere (er hatte die Hühner und Kaninchen gewollt, aber im Handumdrehen mußte dann ich mich um sie kümmern) - da war ich aufgebracht und aus der Fassung und ärgerlich, daß er mir keine ruhige Minute gönnte. Jetzt aber spielte das alles keine Rolle, ich führte einfach das, was ich sollte, so gut ich konnte aus.

Dieses Leben wollte ich nicht mehr fortsetzen. Meine körperliche Verfassung verschlechterte sich rapide. Meine Brust verengte sich, und jeder Atemzug war ein Kampf. Mein Herz schmerzte furchtbar, und ich hatte wiederholt Anginaschmerzen, nach denen ich mich ausgelaugt und schwach fühlte. Mein Bewußtsein funktionierte nicht mehr normal. Ich war wie ein Zombie. Wie Gott mich überhaupt durch diese Zeit hindurchgebracht hat, wird mir immer rätselhaft bleiben. Und doch musste ich wieder einmal erkennen, wie Gottes Wege uns Menschen oft unverständlich sind.

12. Kapitel
Das Ende des Tunnels

Allens Freund Arndt war oft bei uns zu Hause. Er war liebenswert und wohlerzogen. Manchmal legte er seine kleinen Arme um mich und fragte mich, warum ich so traurig sei. Sein Vater Rick holte ihn dann nach dem Dienst bei uns ab. Eines Abends kam er herein und stellte sich vor. Er blieb ein Weilchen und trank eine Tasse Tee. Ich wußte, daß er froh darüber war, daß Arndt nach der Schule bei uns gut aufgehoben war. Rick fragte, ob er uns dafür etwas bezahlen könne. Ich lehnte natürlich ab; es ging mir ja nur um Arndts Wohl. Albert dagegen hätte es nur zu gern angenommen.
Nach diesem ersten Abend legte Rick stets Wert darauf, bei uns hereinzuschauen und uns zu danken, wenn er Arndt abholte. Es war schon immer meine Art, daß sich Gäste in unserem Hause wohlfühlen sollten, und bei Rick machte ich es natürlich nicht anders. Er blieb immer auf ein paar Minuten und fühlte sich ein wenig wie zu Hause. Gewöhnlich bot ich ihm eine Tasse Tee oder Kaffee an, die er gern annahm. Er unterhielt sich meist mit Albert, versuchte aber, auch mich einzubeziehen. Doch ich war dazu meist zu ausgelaugt und erschöpft.
Bald wurde Albert wieder unangenehm. Der Kaffee oder Tee mißfiel ihm. Ein paarmal brachte Rick etwas Gebäck mit. Ich sagte beiläufig „Danke“, doch Albert sah das anders. Er hatte den Eindruck, ich hätte bereits eine Affäre. Völlig lächerlich. Ich war ja gewissermaßen kaum noch lebendig und gewiß nicht auf so etwas eingestimmt.
Alberts Betrachtungsweise wäre fast lachhaft gewesen, aber sie war eben tieftraurig. Es war mir peinlich. Ich versuchte, Alberts Gedanken vor Rick zu verbergen. Natürlich mußte Rick gespürt haben, daß es Probleme gab. Doch aus mir unerklärlichen Gründen kam er weiter vorbei und trank seine Tasse Tee oder Kaffee. Er

versuchte immer, ein paar Worte aus mir herauszuholen. Ich reagierte kaum und nur, um Alberts Grobheit zu übertünchen; doch ich war viel zu schwach, und es fehlte der Nachdruck.

Meine Depression nahm ständig zu (wenn das noch möglich war!), und ich fühlte mich wie am Ertrinken. Ich hatte einfach keinen Willen und keine Kraft mehr, auszusteigen oder irgend etwas in meinem Leben zu ändern.

Albert hatte Hinweise auf mögliche Aufträge, doch er bemühte sich wenig, sich zu bewerben. Er war sehr zufrieden mit seinem Leben zu Hause, und daß für ihn gesorgt wurde. Walter bemühte sich sehr um kleine Aufträge hier und da, doch unter dem Einfluß seines Vaters durfte er sich keine feste Beschäftigung suchen. Er hatte es sogar ein paarmal ernsthaft versucht, doch sein Vater fand, er habe im Geschäft zu bleiben. Und solange Walter und Allen bei uns wohnen mußten, war Alberts Wort Gesetz.

Walters Geburtstag kam heran, und er fragte, ob er Arndt und Rick, mit dem sich eine Freundschaft entwickelt hatte, zu etwas Kaffee und Kuchen einladen könne. Wir feierten ein bißchen, und Rick und Arndt waren dabei. Die Buben, Arndt und Allen, fühlten sich wohl und spürten nichts von irgendwelchen Spannungen. Rick versuchte wieder, mich in das Gespräch hineinzuziehen, und Walter ebenso. So seltsam es mir vorkam, in mir schien eine Disziplin und Etikette tief verankert (war es vielleicht doch noch ein Funke Leben?), die mir Höflichkeit gebot und das Verbergen meiner Gefühle. Jedenfalls ging alles ziemlich reibungslos über die Bühne.

Einige Wochen nach Walters Geburtstag war Weihnachten. Die Abende wurden länger, und das Wetter war kalt und regnerisch. Trotz der fortbestehenden Spannungen fühlte ich mich in meinem Zuhause sicher. Rick musste wohl auch irgendwie diese heimische Atmosphäre so empfunden haben. Wenn er abends Arndt abholte, blieb er immer gern ein bißchen und unterhielt sich. Allmählich erkannte ich, wie Rick mich zu Reaktionen auf Alltägliches bringen wollte. Er sprach über seinen Dienst und zog mich ins Gespräch, ob ich wollte oder nicht, und ob Albert wollte oder nicht. Rick sprach auch über Musik, Kunst und vieles andere. Ganz, ganz langsam begann ich zu reagieren und wieder selbst zu denken. Ich hatte das Gefühl, allmählich aus einem Labyrinth herauszukommen, kannte aber den Weg nicht finden. Ich fühlte mich wie ein Kind, das laufen lernt und immer wieder hinfällt.

Ich kämpfte gegen diese Gefühle, daran erinnere ich mich. Erst wollte ich in Ruhe gelassen werden. Ich hatte nicht den Mut und die Kraft, es noch einmal zu versuchen; es lohnte sich nicht. Das Leben hatte für mich keinen Sinn und keinen Wert mehr. Doch Rick gab nicht auf. Durch seine Gegenwart zerrte er gewissermaßen an mir, trotz des dünnen „Danke" von mir und trotz Alberts Feindseligkeit. Er brachte es so weit, daß ich auf Fragen antwortete, daß ich zu dem, worüber er sprach, etwas sagte, und schließlich weckte er in mir wieder einen Lebenswillen.

Als wir späte r über diese Monate sprachen, sagte er mir, er habe nicht verstanden, warum er sich getrieben fühlte, mir helfen zu wollen, obwohl er das ganze Ausmaß meines Elends gar nicht kannte. Er habe nur einen unwiderstehlichen Drang in sich gespürt. Gottes Wege sind wirklich geheimnisvoll.

Die Weihnachtszeit war für uns nicht glücklich und harmonisch. Soweit die Kinder in der Nähe wohnten, kamen sie mit ihren Familien, und wir aßen am Heiligen Abend zusammen. Wie schmerzlich, daß ich kein Geschenk unter den bescheidenen Baum legen konnte. Unsere Enkel waren von ihren Eltern schon eingeweiht und versuchten, die Sache auf die leichte Schulter zu nehmen. Doch ich wußte, daß jedes Kind trotzdem auf ein kleines Wunder hoffte. Es war ja Weihnachten, und der Weihnachtsmann - an den sie noch glaubten - wußte ja, wo wir wohnten. So hofften sie.

Wie oft in meinem Leben mußte ich erfahren, wie sehr es schmerzt, den Lieben nichts zukommen lassen zu können! Man hat ja schon seine eigenen Probleme und Enttäuschungen, aber das ist noch viel, viel schlimmer. Ich konnte mich auch dem Gedanken nicht entziehen, daß unsere Situation ganz anders ausgesehen hätte, wenn Albert anders und ein besserer Vater gewesen wäre; doch ich versuchte, ihn zu unterdrücken, es hätte niemandem etwas genützt. Doch völlig ausblenden konnte ich ihn auch nicht.

Am Weihnachtsmorgen kamen Arndt und Rick vorbei und wünschten frohe Weihnachten. Der kleine Arndt hielt die Hände auf dem Rücken, als er hereinkam. Dann überreichte er mir einen Strauß weißer und roter Nelken: „Von mir und meinem Vati", sagte er. Ich werde nie vergessen, wie gerührt ich war. Albert natürlich war nicht angetan. Da wagte es doch jemand, mir Blumen zu schenken. Das stand doch nur ihm zu. So sprach er, und der Weihnachtstag hatte somit schon schlecht angefangen. Trotzdem hatte ich im Herzen ein kleines Glücksgefühl, und eine innere Stimme flüsterte mir zu: „Glaub an Wunder! Es ist Weihnachten!"

Silvester 1988 waren wir bei Freunden in Brentwood eingeladen, ungefähr 3/4 Stunde mit dem Auto von unserem Heim. Alle waren schon in Stimmung. Es gab schöne deutsche Musik, die ganze Atmosphäre war festlich. Ich fühlte mich ziemlich wacklig, versuchte aber, es zu verbergen. Albert tanzte ein paarmal mit mir. Ich mußte mich gewaltig zusammenreißen. Mir wurde übel vor Schwäche. Dadurch merkten unsere Freunde etwas und kümmerten sich fürsorglich um mich. Das war Albert nicht recht. Er warf mir vor, die Aufmerksamkeit auf mich lenken zu wollen, und wurde ziemlich wütend.

Als das neue Jahr eben begonnen hatte, fuhren wir nach Haus. Viel später erfuhr ich, daß einige unserer Freunde damals glaubten, sie würden mich nicht wiedersehen, so todkrank wirkte ich auf sie.

Das neue Jahr 1989 begann mit der Aussicht auf eine größeren Auftrag für die Männer, und Walter wollte ihn unbedingt an Land ziehen. Sein Vater aber wollte keinen großen Auftrag mehr. Doch Walter stellte ihm ein Ultimatum: Bewerbung und annehmen, oder er steigt aus und sucht sich eine feste Anstellung. Er und seine Frau wollten sich versöhnen und einen neuen Anfang versuchen, und da mußte etwas geschehen.

Nach vielen erhitzten Diskussionen stimmte Albert schließlich zu. Sie bekamen den Auftrag und unterschrieben den Vertrag. Er erstreckte sich über längere Zeit, und man würde etwas verdienen können.

Mir fiel ein Stein, ja ein Fels vom Herzen. Albert hatte stets gewußt, daß ich ihn in der Not nicht verlassen würde, und zählte darauf. Jetzt wurde es anders. Es war fast, als nähme mich der liebe Gott bei der Hand und sagte: „Komm mit, du mußt jetzt deinen eigenen Weg gehen. Du bist jetzt niemandem mehr verpflichtet. Du bist an einem Scheidewege angekommen. Folge mir."

Mein Gesundheitszustand erlaubte mir nicht, mich dem zu stellen. Ich glaubte, mir fehlten Mut und Kraft zu größeren Veränderungen in meinem Leben. Doch jetzt gab es einen Funken Hoffnung in meinem Herzen. Und er nahm zu. Plötzlich gingen mir alle möglichen Fragen und Pläne für meine Zukunft durch den Kopf. Konnte, wollte ich wirklich noch einmal eine Wendung wagen? Alles hinter mir lassen?

Allmählich freute ich mich sogar auf Besuche von Arndts Vater. Rick war so lebendig und fürsorglich auf mannigfache Art. Konnte ich vielleicht von daher Energie und Hoffnung gewinnen? Viel wollte ich ihn fragen, aber ich war noch viel zu weit davon entfernt. Ich durchforschte meine Seele und erkannte: wenn ich wirklich in meinem Leben etwas ändern wollte, dann jetzt - oder nie. Albert und Walter mit ihrem langfristigen Auftrag könnten ja vielleicht anfangen, für sich selbst zu sorgen. Hatte ich aber wirklich die innere Kraft und den Mut, ganz von vorn anzufangen und mich auf meine eigenen Füße zu stellen? Würde ich mich aus dem Morast befreien und ein neues Kapitel aufschlagen können? Diese Fragen ließen mich nicht mehr los.

Albert versuchte mehr denn je, mich unter seiner Fuchtel zu behalten, doch ich hatte nun schon einen festen inneren Widerstand aufgebaut. Er konnte mich jetzt nicht mehr herum kommandieren. Ich widersprach ihm und machte ihm klar, daß er sich jetzt selbst aufraffen müsste.

Ich bat um Gottes Leitung und ein Zeichen für die richtige Entscheidung. Doch so einfach war es natürlich nicht. Ehe man sein Leben radikal verändert, muß man sich gewiß sein und zu seiner Entscheidung stehen können. Ich konnte mir keinen weiteren Fehler leisten. Auch ist zuviel Gewissenhaftigkeit und Verantwortungsgefühl für andere nicht immer das Richtige. Ich mußte so viele Gesichtspunkte bedenken und bewerten.

Ich hatte gewaltige persönliche Schulden aufgenommen, um uns einigermaßen über Wasser zu halten. Wenn ich bei Albert blieb, würden sie nur noch größer werden. Konnte ich aber die Kraft aufbringen, mit diesem Schuldenberg allein neu anzufangen? Ich machte mir keine Illusionen, von zu Hause irgend etwas mitnehmen zu können.

Streitereien und Kämpfe konnte ich nicht mehr durchstehen. Ich wußte, daß ich gegen Albert nicht ankam, und daß er mir nichts überlassen würde. Noch einen Rechtsanwalt konnte ich mir nicht leisten.

Und würde ich meine Stelle behalten können? Eine sichere Stelle brauchte ich ja nötiger denn je. Da flüsterte mir eine innere Stimme zu: „Was würde aus dir, wenn du bei Albert bleibst und DAZU deine Stelle verlierst?“ Da erkannte ich, daß ich mich wirklich nur auf mich selbst verlassen konnte.

Heute, nach vielen Jahren, begreife ich immer noch nicht, wie sich schließlich alles fügte. Rick hatte dabei ohne Zweifel einen starken positiven Einfluß. Wir sprachen zwar nie über die Möglichkeit, daß ich wegginge, doch er muß gesehen haben, daß Veränderungen längst überfällig waren und ich im Begriff war, die ersten Schritte zu tun. In bescheidenem Maße, aber unaufhörlich stützte er mich.

Wenn Albert mir darüber Vorwürfe machte, kümmerte es mich nicht mehr.

Langsam, aber sicher gewann ich Klarheit. Ich sah mich nach einer erschwinglichen Wohnung um. Das war leichter gesagt als getan. Ich besichtigte ein paar, doch und im Verhältnis zu unserem Haus kamen sie mir wie Streichholzschachteln vor. Doch ich gewöhnte mich allmählich. Ich staunte und staunte, wie aus dem Hoffnungsfunken ein ernsthafter Blick in die Zukunft werden konnte. Und als ich mich endlich entschlossen hatte, fügte sich allmählich alles richtig zusammen. Ich war zwar immer noch sehr unsicher und wälzte das Für und Wider hin und her, und körperlich war ich noch nicht auf dem Damm. In meiner Brust brannte es oft, und ich konnte nicht atmen. Anginaschmerzen hatte ich fast täglich, und ich hatte große Angst. Ich konnte das mit niemandem besprechen und um Rat fragen. Doch ich trieb die praktischen Dinge meines Auszugs voran, und allmählich fügten sich die Dinge.

Ich nahm eine Wohnung etwas näher zu meinem Arbeitsplatz. Sie war klein und hatte nur ein Schlafzimmer, doch ich hoffte die Miete und Kaution dafür aufbringen zu können. Doch bis zu dem Tag, an dem ich tatsächlich einzog, war ich nicht ganz sicher, ob ich es tun würde.

Am Vorabend konnte ich ein paar Minuten mit Rick sprechen. Ich dankte ihm für alle seine Unterstützung. Er war über meine Entscheidung nicht besonders überrascht und sagte mir jede Hilfe zu. Ich war gerührt. Ich teilte es auch Walter mit, daß ich ausziehen würde, und er hatte mir dabei geholfen, etwas Kleidung ohne Alberts Wissen aus dem Hause zu holen. Walter war konsterniert und hatte Angst um mich, doch es war ihm klar, daß ich das Richtige tat. Er sagte zu, eine Weile Allen aus der Schule abzuholen.

Niemand sollte wissen, wo ich wohnen würde. Albert würde sich einstellen, und das fürchtete ich sehr. Ich brauchte unbedingt etwas Zeit und Raum für mich allein. Ich hatte die Miete bezahlt und war bereit zum Umzug, wußte aber immer noch nicht, ob ich mit allen Veränderungen fertig werden würde, und ob ich überhaupt einziehen würde.

Freitag, der 19. Februar 1989. Ich kam von der Arbeit nach Hause, und Albert empfing mich wie gewöhnlich mit einer Liste von Dingen, die ich zu erledigen hätte. Ich sagte ihm aber, wir müßten reden, und er setzte sich widerwillig. Ich möchte denken, er wußte im Grunde, daß sich etwas verändern würde, aber er wollte dem nicht ins Gesicht sehen. Ich teilte ihm meine Entscheidung mit, auszuziehen.

Es folgten ein paar fürchterliche Stunden an diesem Nachmittag, doch schließlich stieg ich in mein Auto und fuhr ab.

Allen und Arndt waren am Boden zerstört, und das schmerzte mich sehr. Warum bloß müssen Kinder immer wieder unter den Entscheidungen der Erwachsenen leiden? Ich versprach ihnen, sie auf die Dauer wieder von der Schule abzuholen. Ich versicherte ihnen, daß ich sie weiter lieb hatte und nicht aus ihrem Leben verschwinden würde

Ich kam in meiner unmöblierten Wohnung an und stand nun mitten in den leeren Räumen. Mein Herz war traurig, und ich war von allem, was geschehen war, tief erschüttert. Doch ich fühlte mich froh, das Schlimmste hinter mir zu haben. Jetzt war es an mir, neu anzufangen und nach vorn und nicht zurück zu blicken.

Ich schlief diese Nacht auf dem Boden. Am nächsten Tag, einem Samstag, mußte ich zur Arbeit. Als ich am Nachmittag zurückkam, hatte die Polizei gegenüber von meiner Wohnung ein Gebiet abgesperrt. Es war in der Nacht zuvor ein Mord geschehen. Das war ja kein besonders guter Anfang für mich in der neuen Wohnung! Doch ich bewältigte es innerlich.

An die Umgebung mit Büschen, Bäumen und Überdachungen für die Autos in meinem Wohnblock mußte ich mich erst gewöhnen; bei der Abfahrt zur Arbeit kurz nach 3 Uhr morgens war mir unheimlich zu Mute.

Ich sah mich nach - neuen oder gebrauchten - Möbeln und Haushaltgegenständen um. Ich mußte mich in meiner Wohnung zu Hause fühlen können, wenn ich wieder gesund werden und mich allem, was auf mich zukommen würde, gewachsen fühlen wollte. Ich mußte mir einen kleinen Ort des Friedens und Wohlbefindens schaffen, um mich erholen und an die Neugestaltung meines Lebens herangehen zu können. Wieder entdeckte ich, wie mir mein Gottesglaube in vielen Dingen den Weg zeigte.

Ich kaufte mir nach und nach ein paar Teller und Tassen und etwas Besteck. Eine Weile schlief ich noch auf dem Boden. Bei Möbeln schaute ich nach Billig- und Sonderangeboten. Als ich dann nach etlichen Wochen etwas kaufte, stand ich vor einem neuen Problem. Ich hatte einen billigen Tisch und ein paar Stühle gekauft. Die mußten erst noch zusammengebaut werden, ich wußte aber noch nicht, wie. Das Sofa hingegen konnte ich sofort benutzen und schlief nun darauf.

Was braucht man doch alles für ein neues Heim! Manchmal war ich entmutigt, aber nie lange. Zum erstenmal empfand ich Seelenfrieden und fühlte mich viel besser. Ich begann mich nach der Arbeit auf mein neues Zuhause zu freuen.

Eines Abends kamen die ersten Besucher: Walter und Rick hatten mich gefunden, wie sehr freute ich mich. Walter sagte mir, Albert suche mich. Zu Hause sei es die Hölle. Walter und seine Frau Billie wollten wieder zusammengehen und noch ein Weilchen im Hause wohnen, damit Albert nicht völlig allein sei.

Rick sagte mir, wie unglücklich die Jungen seien. Er bot mir auch Hilfe beim Zusammenbau der Möbel an. Im ganzen war es ein schöner Besuch, und weitere sollten folgen. Doch Walter meinte, er könne sich nicht so viel um mich kümmern, sonst würde Albert mich am Ende finden.

Ein paar Tage später kamen Rick und Arndt, und wir bauten den Tisch und die Stühle zusammen. Ich bewunderte, wie geduldig und zwanglos Vater und Sohn zusammenarbeiteten. So etwas kannte ich nicht. Wenn früher zu Hause etwas repariert oder zusammengebaut werden mußte, gab es immer viel Ärger und Ungemütlichkeit; Albert kannte keine Geduld.

Es begann eine heilsame Zeit für mich. Rick wurde ein enger Freund. Er stellte keine Ansprüche an mich und war immer gern bereit, zu helfen. Ich weiß nicht, ob ihm jemals klar war, welcher weite Weg noch vor mir lag, bis ich wieder zu meiner Mitte gefunden haben würde, auch mit seiner Hilfe und seinem Verständnis.

Eines Abends, Rick und Arndt waren gerade kurz da, tauchte Albert an meiner Eingangstür auf. Diesen Augenblick hatte ich gefürchtet, doch irgendwann mußte er ja kommen. Nun war Albert also da.

Ich dachte sofort, wie gut, daß ich jetzt nicht allein bin. Ich erspare mir die Einzelheiten der Begegnung, sie war höchst unangenehm. Von da an stellten sich bei mir wieder Alpträume ein. Auf Schritt und Tritt machte Albert mir wieder Probleme. Ich brauchte meine ganze Stärke und Willenskraft, um damit fertig zu werden. Albert ließ nichts unversucht, um mich umzustimmen. Er versuchte, mir soviel Schuld aufzuladen wie nur irgend möglich: Wie sehr hätte ich doch sein Leben ruiniert, wie sehr brauche er mich doch, ohne mich könne er einfach nicht leben, usw. usw. Als mich das nicht beeindruckte, wurde er zornig. Mehr als einmal bangte ich um meine Unversehrtheit.

Rick war eine große Stütze. Er redete mir auch zu, meinen Kindern und Freunden meinen Wohnort zu verraten, umso sicherer würde ich sein. Ich hatte Hemmungen, sah es aber ein. Rick erlebte viele unangenehme Augenblicke wegen Alberts Aktionen und Vorwürfen. Doch er blieb immer mein Freund und ein wichtiger Mensch in meinem Leben.

Damals hatte Rick selbst viele persönliche Probleme, und ich freute mich, jetzt auch ihm etwas Unterstützung zuwenden zu können. Seine ehemalige Frau wollte unbedingt wieder mit ihm neu beginnen. Rick vermißte seinen kleinen Sohn Ron, der bei der Mutter an der Ostküste lebte. Rick wollte auch wieder ein geordnetes Familienleben haben. Sie beschlossen einen Neuanfang in Kalifornien. Das war eine Weile in der Schwebe, und Rick war unsicher. Wir sprachen viel darüber, und Rick war froh über einen guten Zuhörer.

In meinem neuen Heim fühlte ich mich wie im Himmel, und mit meiner Umgebung hatte ich mich ausgesöhnt. Jetzt gab es ein paar Möbel. Meine Arbeit lief jetzt besser, ich war viel entspannter geworden. Meine Kinder und Freunde besuchten mich. Doch in vielem war ich noch zerbrechlich und unsicher. Ich hörte, was für ein katastrophales Bild Albert von meiner Trennung gemalt hatte, damit ich ja keine Freunde fände. Doch die Menschen, die wir kannten, zogen ihre eigenen Schlüsse und sagten mir deutlich genug, daß sie meine Freunde bleiben wollten.

Albert aber entfremdete sich auf diese Weise gerade von den Menschen, deren Freundschaft und Unterstützung er suchte.

Meine in jenen schrecklichen Tagen erprobten Freundschaften spielen immer noch eine feste Rolle in meinem Leben und haben mir viel gegeben, wofür ich Gott dankbar bin. Dank Rick wurde ein weiteres neues Kapitel in meinem Leben aufgeschlagen. Er gehörte dem Toastmasters Club an, von dem ich noch nie gehört hatte. Er nahm mich auf eine Zusammenkunft mit.

Zuerst fühlte ich mich fehl am Platze und fand es schlimm, wie die Leute die von einigen Mitgliedern gehaltenen Reden kritisierten. Ich dachte, ich würde nie fähig sein, vor einer Gruppe von Leuten eine Rede zu halten oder gar ihre Korrekturen und Urteile anzunehmen. Erst nach einiger Zeit erkannte ich den Wert dieser Veranstaltungen. Die Toastmasters wollen die Fähigkeit zu öffentlicher Rede und das Selbstvertrauen fördern. Durch Übung gewinnen die Mitglieder die Fähigkeit, vor jeder Menschengruppe aufzutreten und unter „Ernstfallbedingungen“ auf das unvorhersagbare Publikum einzugehen.

Ich werde nie vergessen, wie nervös ich war und welche Anstrengung es mich kostete, die sogenannte Eisbrecher-Rede zu halten. Wieder war mir Rick eine unschätzbare Hilfe. Ich übte und maß die Zeit und bereitete mich auf die große Katastrophe vor, in der es ja nur enden konnte. Doch wie anders sollte es kommen.

Vor den ganzen Leuten und fast wörtlich am ganzen Leibe zitternd fing ich an. Nach ein paar Minuten war die Nervosität vergessen. Ich spürte, wie die Zuhörer mir folgten. Ich war völlig überwältigt von der positiven Reaktion, die ich erntete. Natürlich gab es noch Verbesserungsbedarf, und ich brauchte noch viel mehr Selbstvertrauen. Doch ansonsten war es ein Erfolg. Ein Anfang war gemacht, und ich lernte schnell, weil ich die Wichtigkeit dieser Zusammenkünfte erkannte. Selbstbewusstsein und Erfolg wurden auf einmal wichtige Werkzeuge in meinem neuen Leben.

Viel wichtiger für mich aber wurde die Notwendigkeit, einen zweiten Job zu erwägen. Ich erkannte, dass ich angesichts der starken finanziellen Belastungen (die ich meist Alberts wegen auf mich genommen hatte) und meiner eigenen Lebenshaltungskosten nach einer Zusatztätigkeit umsehen mußte, die mit meiner Hauptbeschäftigung verträglich war. Ich hatte Glück und bekam eine Stelle als Verkäuferin in einem Kaufhaus in Concord, Sun Valley Mall.

Also noch etwas Neues. Ich war nicht ganz sicher, ob ich beides schaffen würde, ich war noch nicht wieder richtig gesund. Ich würde von 4 Uhr früh bis 13.30 arbeiten, eine Stunde für die Heimfahrt brauchen und dann an 4-5 Wochentagen von 16-20 Uhr verkaufen. Die Bezahlung war sehr niedrig, brachte aber gerade so viel ein, wie ich unbedingt brauchte.

Es wurde eine starke Belastung. Ich mußte Verkäuferin machen und Inventur lernen. Das Verkaufen ging überraschenderweise recht gut. Wie vor langer, langer Zeit im Geschäft meiner Großeltern in Deutschland hatte ich direkt mit Kunden zu tun. Ich machte es sehr gern. Ich bekam sogar kurz nach dem Anfang eine Gehaltserhöhung und war nun mit den ganztägig Beschäftigten gleichgestellt. Die Erhöhung war zwar kaum der Rede wert, doch ich wußte wenigstens, daß ich meine Sache gut machte.

Die beiden Tätigkeiten verlangten meine ganze Kraft, und oft hatte ich das Gefühl, ich besuchte nur meine Wohnung für einige Minuten und lebte gar nicht dort.

Inzwischen waren Ricks ehemalige Frau Cathy und ihr Sohn Ron in Kalifornien angekommen. Rick war nach Osten geflogen, und sie waren in einem Möbelwagen mit ihrem Mobiliar nach Kalifornien gefahren.

Ich traf die beiden und war recht enttäuscht. Cathy paßte in meinen Augen gar nicht zu Rick, doch wer war ich, um das zu beurteilen? Cathy war von Anfang an überheblich und anspruchsvoll. Statt sich ein bißchen um eine neue Grundlage mit Rick zu bemühen, benahm sie sich, als wäre ihr jeder etwas schuldig. Rick war ein warmer, fürsorglicher und sehr integerer Mensch, und es war mir ein Rätsel, wie er an sie geraten konnte; doch das war jetzt natürlich ohne Bedeutung. Um der Kinder willen wünschte ich den beiden Glück und betete dafür. Allen und Arndt, die so gute Freunde gewesen waren, entfremdeten sich damals durch diese neue Situation voneinander.

Albert versuchte immer einmal wieder, sich in mein Leben einzumischen. Er schien nicht mehr zu arbeiten. Dann zogen Walter, Billie, Kelly (Billies Tochter aus erster Ehe) und Allen weg. Wie traurig, daß niemand in unserem Hause Ruhe und Frieden finden konnte.

Jetzt lebte Albert in einem riesigen Haus allein und konnte nur noch sich selbst bemitleiden. Mit Walters Hilfe und nach viel Streit mit Albert konnte ich schließlich zwei Sessel aus dem Haus holen. Ein sehr bescheidener Teil der Möbel, die wir dort hatten und die im wesentlichen ich bezahlt hatte. Doch ich war froh über die Sessel, machten sie doch meine Wohnung wohnlicher.

Wieder Ferienzeit. Ich mußte im Kaufhaus länger arbeiten. Dies und die langen Fahrzeiten nach Berkeley und das Fahren bei Nacht begann an mir zu nagen. Wieder mußte ich meine ganze Kraft und Willensstärke aufbieten, um den Alltag zu bewältigen. Wenigstens hatte ich Seelenfrieden, und ich dankte dem lieben Gott, daß ich durchhalten konnte.

Ricks Familie sah ich wenig. Wenn wir doch einmal zusammen kamen, spürte ich viel Spannung und empfand die Beziehung nicht als glücklich. Die beiden Jungen waren ganz schön wild, und Rick hatte seine liebe Not mit ihnen. Cathy hatte nicht den besten Einfluß auf sie. Die zwanglose Freundschaft, die ich mit Rick und Arndt gehabt hatte, gehörte nun sicher der Vergangenheit an.

Einige Monate später lud mich meine Cousine Dorchen in Deutschland zum Geburtstag ihres Mannes Hans ein. Das sollte ein großes Familientreffen werden. Dorchen und Hans wollten mir den Flug bezahlen helfen. Ich nahm an und bekam Urlaub.

Es war ein wunderschöner und wirklich harmonischer Familienbesuch. Mutti sagte mir später, sie habe sich riesig darauf gefreut, aber in ihren Briefen nicht viel Aufhebens gemacht, damit ich mich nicht unter Druck fühlte. An Hansens Geburtstag sah ich viele alte Freunde und Bekannte. Ich fühlte mich zum ersten Mal nach sehr langer Zeit im Kreise meiner Familie vollkommen wohl und entspannt. Ich verbrachte viel intensive Zeit mit jedem. Es war im wahrsten Sinne des Wortes ein Familientreffen.

Bei vorherigen Besuchen war ich meistens nur mit Mutti, Gerd und Friedel und derer beiden Söhne Bernd und Norbert zusammen. Jetzt änderte sich das grundsätzlich. Die Beziehungen zu meinem Cousin Kurt und seiner Frau Irmgard wurden auf einmal harmonisch und wertvoll. Das bessere Vertrautwerden mit Kurts Tochter Marianne und ihrem Mann Willi sowie derer beiden Mädchen, Claudia und Andrea, war ein wundervolles Gefühl für mich.

Allen war klar, wie sehr ich mich seit der Trennung zum Besseren verändert hatte. Meine Angehörigen drängten mich sogar, nach Deutschland zurückzukehren. Das kam natürlich wegen meiner Kinder und Enkel nicht in Frage. Doch noch immer habe ich wundervolle Erinnerungen an diesen Besuch. Viel zu schnell ging er zu Ende.

Kurz nach meiner Rückkehr schrieb Hans, dass Dorchen an Darmkrebs schwer erkrankt sei. Es sah sehr böse für sie aus, die Ärzte hatten kaum Hoffnung. Nach einer sehr schweren Operation kam dann die furchtbare Gewissheit: der Krebs war zu weit fort geschritten, es gab keine Hoffnung. Dorchen musste schwer leiden, und Hans war total aus der Fassung gebracht. Er konnte mit dieser Situation nicht fertig werden. So traurig es auch für mich war, ich schrieb tröstende Briefe und versuchte ihm Mut zu machen. Ende des Jahre 1989 starb Dorchen dann nach schwerem, geduldig ertragenem Leiden. Es traf mich ebenfalls sehr schwer, war ich doch selbst noch bei weitem nicht in der Lage, einen neuen Schicksalsschlag zu verkraften. Doch wiederum gab Gott mir Kraft zum Durchhalten.

Ein Jahr später bot mir Hans die Heirat an. Ich konnte mich nicht dazu entschließen. Von meiner Seite hatte ich so eine Möglichkeit niemals in Betracht gezogen. Leider beeinflusste, wie vorauszusehen war, meine Absage unsere Freundschaft.

Im Spätjahr 1989 wurden wir von einem schweren Erdbeben heimgesucht. Viel Schaden gab es und viele Opfer. Die Bay Bridge, diese ungewöhnlich lange Brücke über die San Francsisco Bay war beschädigt. Viel war zerstört und brauchte lange Zeit zum Wiederaufbau. Vor allem aber ist man innerlich sehr beunruhigt und ängstlich, weil man nicht weiß, was noch nachkommen kann.

Nachdem ich aus Deutschland zurück war, sagte mir Rick, er und Cathy wollten sich nun doch endgültig trennen. Cathy hatte einen anderen Mann gefunden. Eine schwierige Zeit für die beiden, und Rick hatte erhebliche Mühe, die finanzielle Situation zu ordnen. Cathy hatte während ihrer so kurzen Zeit in Kalifornien unglaublich viel Geld ausgegeben, und zwar mit Ricks Kreditkarten - so etwas kennt man ja. In den nächsten Monaten sah ich sie selten. Schließlich mußte ich meine zweite Tätigkeit aufgeben. Ich konnte

gut 60 Arbeitsstunden in der Woche auf die Dauer einfach nicht schaffen, ich war nicht gesund genug. Obwohl ich mein Bestes versuchte, alle finanziellen Anforderungen zu erfüllen und nicht in Verzug zu geraten, wurde mir klar, dass ich auf die Dauer so nicht weiter machen konnte. Es wurde mir immer klarer, daß ich fast nur Zinsen und kaum Tilgung bezahlte und nach gegenwärtigem Stand nie alles hätte abtragen können.
Nach viel Nachdenken und Diskussion kam ich zu dem Schluß, daß ich die Privatinsolvenz ins Auge fassen müßte. Darüber mußte ich mich orientieren, doch ich schob es hinaus.
Daß ich meine Verpflichtungen nicht erfüllen konnte, war mir das Schlimmste von allem, was ich hinnehmen mußte. Ich brauchte lange, um mich damit abzufinden. Ich suchte nach irgend einer anderen Lösung, aber ich konnte einfach nicht mehr einsparen als bisher.
Endlich suchte ich Rechtshilfe und setzte das Verfahren in Gang. Ich fühlte mich miserabel und schämte mich sehr. Noch nie war ich jemandem auch nur einen Pfennig schuldig geblieben. Und jetzt war ich ohne eigenes Verschulden in diese Situation geraten und mußte sie ausbaden.
Wieviel Verbitterung kann ein Herz tragen? Doch die Zeit steht nie still. Ich mußte zum Gericht. Alle meine Schulden wurden annulliert. Natürlich würde ich für lange Jahre keinen Kredit mehr bekommen. Doch für mich hatte ich noch nie einen gebraucht und würde nie einen brauchen.
Damals wurden mir Ingrid und Harry sehr gute und verläßliche Freunde. Wir kannten uns schon seit Jahren aus dem deutschen Klub, hatten aber sonst keinen engeren Kontakt gehabt. Das änderte sich jetzt. Ingrid und Harry unterstützten mich sehr und nahmen mich häufig zu anderen Freunden mit, wozu es ohne sie nie gekommen wäre. Sie nahmen mich auf Ausflüge nach San Francisco und zu allen möglichen anderen Gelegenheiten mit. Ein „Nein“ akzeptierten sie einfach nicht. Beide wußten, wie schwer

es für mich immer noch war, wieder soziale Kontakte aufzubauen; oft war mir eher danach, mich vor anderen zu verkriechen. Durch Ingrid und Harrys warme und beständige Freundschaft und Unterstützung gewann ich Selbstvertrauen und verlor langsam meine Unsicherheit und Überempfindlichkeit.

Meine Arbeit in Berkeley verlief stetig, doch die Atmosphäre war nie wirklich gut. Ich hatte das Gefühl, mich dauernd auf einer dünnen Eisdecke zu bewegen. Der dritte Partner, der aufgenommen worden war, war auf seinem Gebiet anerkannt, doch er ließ viel zu wünschen übrig, wenn es um unsere Arbeit ging. Er wurde gleich Leiter der histologischen Abteilung. Ich war nicht gerade einer seiner begehrten Mitarbeiter, und zwar wegen meiner deutschen Herkunft. Trotzdem setzte ich bei der Arbeit weiter meine Fähigkeiten voll ein - jedenfalls im Augenblick.

In dieser unsicheren Zeit wurde mir auch die Freundschaft mit Dore besonders wertvoll. Sie arbeitete auf demselben Gebiet wie ich, und wir waren im Alta Bates Hospital kurze Zeit Kolleginnen gewesen. Wir hatten uns seit Jahren gekannt, und sie hatte mir meine jetzige Anstellung vermittelt. Dore litt unter fortschreitender multipler Sklerose und war arbeitsunfähig. Doch mit ihrem Fachwissen war sie eine wertvolle Quelle, und ich konnte mit ihr ohne weiteres Probleme und Vorfälle bei der Arbeit besprechen. Für sie war es wichtig, noch eine Verbindung zu jenem Teil ihres Lebens zu haben, an dem sie nicht mehr teilnehmen konnte. Sie erwies sich als eine treue und verständnisvolle Freundin. Heute, nach Jahren, sind ihr noch mehr Aktivitäten in der Außenwelt verschlossen, doch ich habe weiter die warme Freundschaft und Gastfreundschaft Dores und ihres Mannes Oscar genossen, sie regelmäßig besucht und fast jede Woche mit ihnen eine Mahlzeit geteilt. Sie hat mich oft ermutigt und mir guten Rat gegeben.

Langsam kam ich zu der Überzeugung, dass ich mir eine andere Stelle suchen sollte. Zuerst war es nicht leicht, auf die Sicherheit zu verzichten, die ich mir aufgebaut hatte, und Dore half mir bei der Einsicht, daß ich flexibel sein mußte. Wenn ich eines im Leben gelernt hatte, dann dies, daß es nicht gut ist, sich an eine zum Mißerfolg verurteilte Sache zu klammern. Ich war zu stolz, mich weiter einer Arbeitssituation auszusetzen, die langsam unhaltbar wurde. Unter anderem hatte ich wohl auch keine Lust mehr, für das Labor auf der einen Seite verantwortlich und auf der anderen Seite auf Schritt und Tritt eingeengt zu sein. Wieder einmal war ich an einem Scheideweg in meinem Leben angelangt, und es war für mich Zeit, etwas zu verändern.

Ich hatte in meinem Beruf im Laufe der Jahre mit vielen Leuten zu tun gehabt und sagte einigen, dass ich eine neue Stelle suche. Nach mehreren Wochen forderte mich einer meiner früheren Vertreter auf, mich mit dem Medical Center der University of California in San Francisco (UCSF) in Verbindung zu setzen. Ich bekam einen Vorstellungstermin und traf den Laborleiter, den Geschäftsführer und die Pathologen. Kurz darauf wurde mir die Position als Histology Technologist angeboten. Ich akzeptierte und kündigte in meinem Labor.

Der neue Arbeitsort war noch weiter von meiner Wohnung entfernt, doch mir eröffneten sich völlig neue Perspektiven und Erfahrungen. Ich war Arbeit in kleinen Gruppen gewohnt. Bei UCSF gab es 10 technische Assistentinnen im pathologischen und 4 in der immunologischen Abteilung, welche sich in denselben Räumen befand. Die Assistentinnen in unserem (dem pathologischen) Labor kamen damals aus 7 verschiedenen Ländern, und die Zusammenarbeit mit allen verlangte Takt und Anpassung und viel guten Willen. Die für gewöhnlich große tägliche Arbeitslast ließ wenig Zeit, um uns aufeinander einzustellen.

Statt mit dem Auto konnte ich jetzt mit der Bay Area Rapid Transit(BART)-Bahn von Pleasant Hill nach San Francisco fahren und dann mit der Straßenbahn oder dem Bus zu UCSF. Doch es dauerte jetzt länger als bisher. Anfangs hatte ich viel Fahrgeld zu

bezahlen, doch nach einiger Zeit erkannte ich die gegebenen Möglichkeiten, die Kosten um etwa 30% zu senken. Dabei hat mir Harry (der auch in der Stadt arbeitete) viel geraten und geholfen.
Mit der Zeit gewöhnte ich mich ein und konnte auch gut mit meinen Kolleginnen zusammenarbeiten. Unser Ärztenetz war bedeutend größer. Ich hatte mit vielen weiteren Pathologen und Chirurgen und Assistenzärztin zu tun. Einer meiner direkten Vorgesetzten war ein deutscher Professor, der aus Berlin kam und vor vielen Jahren nach USA ausgewandert war. Das war sofort eine Grundlage für gutes Verstehen. Es war schön, gelegentlich die Muttersprache benützen zu können. Im Laufe der Zeit erwies sich dieser Professor als eine starke und verläßlich Stütze für mich in meinem neuen Arbeitsbereich.
Später lernte ich seine Frau kennen, und auch zu ihr entwickelte sich ein angenehmes Verhältnis und eine gute Freundschaft, die mir bis heute teuer ist. Ich lernte auch mehrere andere sehr interessante Kolleginnen und Ärzte kennen, deren Freundschaft mir immer noch wertvoll ist.
Ich befand mich in einer dynamischen Arbeitswelt und sammelte immer neue Erfahrungen mit neuen Methoden. Ich war und bin Gott dankbar für diese so wertvolle und wichtige Veränderung in meinem Leben. Froh war ich, nur für meine eigenen täglichen Aufgaben verantwortlich zu sein. Ohne Leitungsfunktionen konnte ich mich auf die rein technischen Seiten konzentrieren. Ich fühlte mich ganz zu Hause in dieser anregenden Umgebung.
Gelegentlich besuchte mich Rick, und das war immer etwas Schönes. Unsere Freundschaft fand wieder die vertraute Verbundenheit. Cathy heiratete diesen anderen Mann. Sie hatte die beiden Jungen bei sich. Dann musste Rick für einen Lehrgang nach North Carolina, Camp Le Jeune. Bei seiner Rückkehr kam er zu mir und war eine total neuer Mensch. Er hatte eine Frau kennengelernt und sich total verliebt. Sie hieß Kris, und er konnte nicht genug von ihr erzählen. Beide hatten ernste Absichten, wie es schien. Sie kam

zum Erntedankfest zu Besuch. Nach kurzem Kennenlernen spürte ich, dass sie ein lieber Mensch war und unbedingt zu Rick passte. Ich wünschte ihnen Glück und Segen.
Rick hatte ebenfalls schwere Hürden bewältigt, und ich hoffte und wünschte für ihn das Allerbeste. Er verbrachte Weihnachten mit ihr und ihrer Familie an der Ostküste. Bald danach begann für ihn eine 12monatige Dienstzeit in Okinawa.
Ich vermißte ihn sehr, doch ein weiteres Kapitel meines Lebens war nun abgeschlossen. Bis heute weiß ich, daß ich meinen Neuanfang ohne Ricks fürsorgliche, selbstlose Freundschaft und Unterstützung kaum geschafft hätte.

13. Kapitel
Selbständigkeit

Ich war zufrieden mit meinem Zuhause und der Liebe meiner Kinder und Enkel, und ich hatte nette Freunde. Immer wieder bezogen mich Ingrid und Harry in alles mögliche ein. Die Arbeit lief gut, und ich hatte das Gefühl, in meinem jetzigen Leben in kurzer Zeit eine Menge geschafft zu haben.

Albert tauchte immer noch gelegentlich auf. Er war nahe daran, das Haus aufgeben zu müssen. Er war mit den Raten viele Monate im Rückstand, und die Bank wollte den Hypothekenvertrag für hinfällig erklären. Er bot das Haus zum Verkauf an. Ich mußte eingeschaltet werden, da wir nach Gesetz gemeinsame Eigentümer waren.

Für mich bedeutete die Sache wenig. Ich wußte, daß ich nicht viel, wenn überhaupt, zu erwarten hatte, da das Haus bis an die Grenze beliehen war und die Steuerbehörde ihren ersten Anspruch gelten machen würde.

Natürlich war es traurig nach der ganzen Arbeit und Fürsorge, die die Kinder und ich hineingesteckt hatten; doch ich wußte, daß ich allein das Haus unmöglich halten konnte oder wollte. Es hätte zuviel Arbeit und Geld gebraucht, um wieder instandgesetzt zu werden. Viel zu viel war vernachlässigt worden. Doch der Hauptgrund, warum ich mich nie danach drängte, die Raten zu übernehmen, war, daß ich keine Verbindung mit der Vergangenheit wollte. Ich hatte mir ein neues Leben geschaffen. Es enthielt große Chancen, und ich konnte jedenfalls hoffen, daß es in der richtigen Richtung verlief. Es gab für mich keine Rückwendung.

Kurz vor Ende der Verkaufsfrist meldete sich ein Interessent. Er erhielt das Haus zu einem Spottpreis. Zuletzt blieben uns 5000 Dollar. Albert brachte mir die Papiere zur Unterschrift. Ich fragte ihn, wie die Summe aufgeteilt werden sollte. Zunächst wollte er absolut nicht anerkennen, daß ich irgendeinen Anspruch hätte. Es wäre sein Geld - basta. Doch ich hatte meine Erfahrungen, und ich wußte, daß ich einen Anspruch hatte. Wir stritten sehr, aber ich gab nicht nach. Widerwillig sagte mir Albert 2000 Dollar zu. Wenig genug für ein Leben voll Arbeit, Mühsal und Not. Ich behielt 1000 Dollar und verteilte die andere Hälfte auf unsere 5 Kinder. Ein lächerlich geringes Erbe.

Albert zog in eine Wohnung. Er besuchte immer häufiger unsere Tochter Erika. Sie machte mich für sein Elend verantwortlich, und unsere Beziehungen wurden gespannt. Doch während sie mich immer mehr ablehnte, wurden meine Beziehungen zu den anderen Kindern enger und liebevoller. Mein ältester Sohn Hans war besonders fürsorglich und stets bereit, mir zu helfen und mich zu ermutigen.

Erika hingegen geriet in Schwierigkeiten bei der Bewältigung ihres Alltags. Albert war eine Last, sie hatte finanzielle und persönliche Probleme in ihrer eigenen Familie, und sie schien sich auf einer gefährlichen abschüssigen Bahn zu befinden. Doch sie machte deutlich, daß sie von mir keine Einmischung wünschte. Ich konnte kaum mehr tun als zu Gott zu beten, er möge seine Hand über Erika und ihre Familie halten.

Albert arbeitete gar nicht mehr. Er hatte gesundheitliche Probleme und brauchte ständig Medikamente. Er konnte dann als arbeitsunfähig in Frührente gehen und erhielt auch eine kleine Unterstützung vom Wohlfahrtsamt. Das war alles immer noch wenig, und Erika mußte ihm bei den Medikamenten finanziell unter die Arme greifen. Er hätte selbständig leben können, doch er hatte Interesse und Initiative verloren, ließ sich treiben und war von anderen abhängig. Hans und Walter besuchten ihn gelegentlich, aber das bedeutete ihm wenig. Albert wollte nur in Ruhe gelassen werden. Er war mit Gott und der Welt zerfallen.

Im Mai/Juni 1993 besuchte ich wieder Deutschland. Gerd hatte mir geschrieben, daß sich Muttis Gesundheit rasch verschlechterte. Trotzdem war es ein Schock, als ich sie dann sah. Sie war jetzt 90 und hatte die Alzheimersche Krankheit. Schrecklich. Sie erkannte mich nur manchmal. Es brach mir das Herz, wie diese Frau, die in ihrem Leben so viel Mut bewiesen und wie nur wenige Menschen mit ihrer Behinderung umgegangen war und stets auf Sauberkeit und ihre Erscheinung geachtet hatte, nun völlig auf andere angewiesen war. Sie hatte auch stark abgenommen. Es war deutlich, daß ihre Tage auf Erden gezählt waren. Ich verbrachte möglichst viel Zeit mit ihr.

Ich hatte Gerd gesagt, daß ich gern Berlin besuchen würde. Die Mauer gab es seit 1989 nicht mehr, und ich fand es wunderbar, daß Deutschland endlich wieder vereinigt war. Berlin hatte ich viele, viele Jahre nicht gesehen, und es drängte mich dahin. So fuhren Gerd, Friedel und ich mit dem Zug nach Berlin.

Was ich dort seelisch erlebte, kann ich nicht beschreiben. Wir gingen an den Ort unserer ehemaligen Wohnung. Mir war nicht klar gewesen, daß es nur zwei Straßen von der Mauer entfernt war. Die zerstörten Miethäuser waren wieder aufgebaut worden. Die alten Gebäude auf der anderen Straßenseite, an die wir uns erinnerten, waren noch vorhanden.

Die Erinnerungen aus der Kindheit überfielen Gerd und mich wie eine Lawine. Doch bald war uns klar, daß die Menschen, die wir gekannt hatten, fort waren; uns kannte niemand. Nach einigem Suchen fanden wir schließlich doch jemanden von früher. Wir unterhielten uns stundenlang mit ihm, und er erzählte uns, was in den vielen Jahren unserer Abwesenheit geschehen war - und was wir anders nie erfahren hätten. Dieser alte Mann war ein Schatz. Er war ein Beispiel dafür, wie man hinter dem Eisernen Vorhang existieren musste - ein Leben, das sich viele Menschen überhaupt nicht vorstellen konnten.

Gerd und ich waren in eine längst versunkene Welt eingetaucht. Unsere Schulen gab es noch. Unsere Kirche stand noch da, war aber sehr heruntergekommen. Der herrliche große Rudolfplatz und -park, der so dicht bei unserer Wohnung lag. war stark zum Unguten verändert worden.

Es war für uns eine aufwühlende Reise. Auch Friedel spürte es, obwohl sie nicht aus Berlin stammte. Ich erinnere mich an eine alte Frau, die vor dem S-Bahnhof saß und aus einem Eimer Maiglöckchen verkaufte - genau so, wie es früher gewesen war. Ich konnte nicht widerstehen, ein Sträußchen zu kaufen, und trug es den ganzen Tag durch die Stadt.

In den ganzen Jahren in Amerika hatte ich kein Heimweh nach Deutschland oder meiner Geburtsstadt Berlin gehabt. Nach meiner Rückkehr aber stellte es sich mit Macht ein. Vor der Abreise sagte ich mir, daß ich meine Mutter wahrscheinlich zum letzten Mal lebend gesehen hatte, und es wurde mir unendlich schwer, sie zu verlassen. Ich brauchte alle Willenskraft und Mut, um wieder in meinen Alltag zurückzukehren.

Zwei Monate später, am 23. Juli 1993, meldete mir Gerd Muttis Tod. Sie war während der Nacht sanft entschlafen. Tiefe, tiefe Trauer war in meinem Herzen.

Ich konnte nicht so schnell wieder zurück nach Deutschland und musste der Beerdigung fernbleiben. Doch wenigstens konnten mein Sohn Sig mit seiner Frau Laurie mit den Kindern hinfahren. Sig war von seiner Firma hier in USA für drei weitere Jahre nach Wien verpflichtet worden.

Ich beschloss meine Kinder in Green Bay (Wisconsin) zu besuchen. Es wurde ein wunderbarer Besuch voller Liebe und Harmonie. Das Zusammensein mit den Enkelkindern war sehr wertvoll und wichtig für beide Seiten.

Einen Tag nach meiner Rückkehr rief mich mein Sohn Hans im Labor an und teilte mir mit, dass Albert in der Nacht an einem Herzinfarkt gestorben war. Die Familie wußte, daß Erika ihren Vater (mit gutem Grund) in ein Pflegeheim gebracht hatte. Ich hatte mit Hans darüber gesprochen, wie ich Albert finanziell unterstüt-

zen könnte, ohne daß er es erfuhr. Für das Pflegeheim war Alberts gesamtes kleines Einkommen nötig, und es wäre mir unerträglich gewesen, wenn er keinen eigenen Pfennig gehabt hätte. Hans sollte als Zwischenstelle fungieren. Gott aber in seiner Weisheit entschied anders. Albert brauchte nun von niemandem mehr Hilfe.
Erika war feindselig, und die Vorbereitung des Begräbnisses war mit Problemen verbunden. Doch alle Kinder und die meisten Enkel kamen. Ich war Albert dankbar, daß sich nun alles geregelt hatte. Viele Jahre hatte ich nicht alle meine Kinder und Enkel beisammen gesehen. So traurig der Anlaß war, so brachte er doch die Kinder einander näher, und die Enkel lernten einander besser kennen. Nur Erika nahm sich aus. Sie war mit Gott und der Welt zerfallen und wollte von ihrer Familie nichts wissen. Ich glaube, sie war sich selbst der schlimmste Feind. Sie ließ keine Liebe von der Familie in ihr Leben hinein, nur einen Besuch von Gisela akzeptierte sie.

Dann wieder Monate Alltag. Die Arbeit forderte viel Gewissenhaftigkeit, Kraft und Stärke. Es waren viele anstrengende Stunden, die ich zu den Bahnfahrten brauchte, und meine Tage waren voll ausgefüllt.
Vieles war in diesem Jahr geschehen, mein Herz war traurig. Der Pfarrer unserer methodistischen Kirche erwies sich als verständnisvoller Freund und Quelle der Kraft. Auch die Zeit heilte bei mir in gewissem Maße die Wunden. Allmählich fand ich wieder inneren Frieden.
Ein neuer Mensch kam in mein Leben. Ich kannte George flüchtig vom Deutschen Klub her. Er hatte ebenfalls eine Scheidung hinter sich. Wir kamen in Verbindung und wurden langsam Freunde. Er war ein verantwortungsbewusster und verlässlicher Mann. Wir verbrachten viele angenehme gemeinsame Stunden im Gespräch. Doch mit der Zeit gab er mir zu verstehen, daß er in unserer Beziehung mehr suchte, als ich ihm geben mochte. Er war für mich ein guter Freund, aber nicht mehr.

Ich fragte mich, warum ich nicht zu einer neuen Beziehung bereit war, in der ich ganz bestimmt weniger finanzielle Probleme gehabt und höchstwahrscheinlich eine gewisse Sicherheit in meinem Leben gefunden hätte. Doch mein Herz wußte die Antwort: ich liebte diesen Mann nicht.

Einige andere Veränderungen ergaben sich. Meine Arbeitszeit wurde anders eingeteilt. Jetzt mußte ich von 7 Uhr früh bis 16.30 Uhr arbeiten und konnte somit nicht mehr die Fahrgemeinschaft von Orinda aus benutzen, die mir allerhand Geld erspart hatte. Ich musste früher anfangen und mich auf regelmäßige und pünktliche Bahnfahrten umstellen. Der Vorteil dabei war, dass ich zu so früher Stunde immer einen Parkplatz in der BART-Garage finden konnte.

Ich lernte unterwegs neue Gesichter und Menschen kennen. Ich staunte, wie sich zwischen ziemlich Fremden, die eine Weile im selben BART-Zug fuhren, eine gewisse Kameradschaftlichkeit entwickelte. Namen spielten keine Rolle, aber man begrüßte sich freundlich. Bald hatte sich bei mir eine neue Routine ausgebildet. Ich fuhr immer im gleichen Abteil (und wenn möglich auf dem gleichen Sitzplatz). Ich fand es interessant, meine Mitfahrer zu beobachten und mir meine Gedanken zu machen. Manche waren mürrisch früh am Morgen, andere freundlicher. Nach einiger Zeit bemerkte ich, daß mehrere andere auch bei UCSF arbeiteten und gewöhnlich alle denselben Straßenbahnanschluß zur Universität benutzten. Gelegentlich fielen ein paar Worte oder mindestens ein Lächeln. Ich fühlte mich zugehörig.

In der ersten Hälfte 1994 hatte ich inneren Frieden und genoß die Kameradschaft und Unterstützung einer Gruppe treuer und verläßlicher Freunde. Ich hatte die Liebe meiner Kinder und Enkel und dachte oft, welcher Segen sich in meinem Leben ausgebreitet hatte. Auch die Arbeit lief gut. Ich hörte nie auf, Gott für alle Veränderungen, die ich durchlaufen hatte, und das lebenswerte Leben zu danken.

Wieder ging ein Jahr zu Ende, und ich hatte große Sorgen wegen meiner Tochter Erika gehabt. Sie hatte eine sehr schwierige Zeit durchgemacht, und es war äußerst schwierig, eine Möglichkeit zu finden, ihr zu helfen. Sie hatte viel Not und Kummer erlebt und entwickelte ungeheuren Mut, als sie sich den Rückweg in ein produktives und positives Leben erkämpfte. Ich betete ständig für sie und ihre Familie, und nach einiger Zeit gab Gott ihrem Leben eine Wendung.

Ich bin immer noch froh darüber, daß ich sie nie aufgegeben habe, sondern immer versucht habe, in Bereitschaft zu stehen, bis sie bereit war, sich in ihrer Not mir zu öffnen. Das brauchte eine lange Zeit, doch diese trug schließlich Früchte. Erika und ich stehen jetzt gut zueinander, und ich bin glücklich, daß meine Liebe zu ihr stark genug war, um ihr durch diese schwierige Zeit durchzuhelfen. Erika heiratete wieder, und ihr neuer Mann Jerry wurde Teil unserer Familie.

Wie sehr hatte sich meine Familie vergrößert. Hans, der Älteste, hatte zwei Kinder, Christopher und Lisa; Sigfried hatte vier, Katharina, Jennifer, Nathan und Christian; Gisela hatte drei Mädels, Autumn, Marika und Britta; Erika hatte Heidi, Erik, Joseph und Erika-Joliese; und Walter hatte Kellie, Allen und Taylor. Es gab sogar schon einige Urenkelchen. Wie reich war mein Leben geworden. Sicher, sie waren alle über ganz Amerika verteilt, doch sie gehörten zu mir.

Der Anfang des Jahres 1995 brachte den Beginn eines Neuen Kapitels in meinem Leben mit sich. Im vergangenen Jahr war so viel geschehen, daß ich mich darauf freute, endlich meinen sauer verdienten Seelenfrieden zu finden. Einige Monate später wurde ich von zwei Forschungsmedizinern angesprochen, ob ich daran interessiert wäre, für sie bei einer bedeutenden Forschungsarbeit mitzumachen. Ich war sehr überrascht, und nach einigen Erwägungen sagte ich zu. Ich konnte den zusätzlichen Lohn gut gebrauchen und würde mir alle Mühe geben, mich in dieses neue, mir dahin unbekannte Gebiet gut einzuarbeiten.

Einer der Ärzte war ein Deutscher und die andere eine Spanierin, mit der ich schon des öfteren gesprochen und für die ich auch etliche Untersuchungen zur Zufriedenheit bearbeitet hatte, daher kannte sie meine Arbeitsweise und akkurate Behandlung.

Die Forschungsabteilung war ein Teil unseres Medical Center, sodass ich am Campus bleiben konnte. Die Frage ergab sich nun, wie ich bezahlt werden konnte, da ich ja in der Pathologischen Abteilung voll angestellt war. Es gab viel Hin und Her, welches mich weniger berührte, da ich wusste: wenn sie mich unbedingt wollten, würden sie einen Weg finden. Und so kam es dann auch zu einer Einigung zwischen den beiden Gruppen. Unsere Abteilung würde mir die Arbeitsstunden in der Forschung als Überstunden anrechnen, und die Abteilung Forschung würde meiner Abteilung die Ausgaben vergüten.

So also begann meine zusätzliche Arbeit in der Forschung. Ein total neues, aber sehr intensives und interessantes Gebiet. Es wurde entschieden, dass ich nach meiner regulären Arbeitszeit jeden Tag 4-5 Stunden in der Forschungsabteilung arbeiten würde. Das wurden nun lange Tage, und ich fragte mich im Geheimen, ob ich die Kraft haben würde, durchzuhalten, bis dieses Projekt abgeschlossen war. 60 Stunden die Woche plus die langen Bahnfahrten waren nicht leicht zu verkraften. Doch wie auch immer, ich hatte zugesagt und würde nun auch meine Verantwortung voll akzeptieren.

Diese neue Tätigkeit hat mir einen ungeheuren Einblick in Möglichkeiten und Erfahrungen und Versuche in der Forschung gegeben und meine Kenntnisse auf ein viel höheres Niveau gebracht. Nicht umsonst fühlte ich mich manchmal wie ein Schwamm, der nicht genug in sich aufnehmen konnte. Es gab immer wieder Neues und Interessantes zu lernen. Doch wichtiger war wohl, dass ich die Kraft und Energie in mir fand, diese neuen Möglichkeiten und Erfahrungen zu erkennen und für mich auszuwerten.

Bei meiner täglichen Fahrt zur Arbeit mit BART hatte jemand meine besondere Aufmerksamkeit erregt. Dieser Mann parkte gewöhnlich sein Auto gegenüber von meinem. Ich hatte bemerkt, wie attraktiv er war, und er verhielt sich zwanglos und freundlich. Er war groß, blond und sah gut aus. Er hieß Olaf. Es dauerte nicht lange, bis wir uns morgens kurz begrüßten, doch erst nach einigen Monaten begannen wir länger miteinander zu sprechen. Es entwickelte sich dann eine zwanglose Kameradschaft. Wir begannen uns füreinander zu interessieren, und mir wurde es wichtig, ihn morgens zu sehen. Wir gingen gewöhnlich vom Parkplatz zum Bahnsteig, und dann trennten sich unsere Wege, weil wir auf der BART-Station in San Francisco auf verschiedenen Rolltreppen weitergingen.

Eines Tages erwähnte Olaf, daß die Rolltreppe an der Station in San Francisco, die seinem BART-Abteil am nächsten war, repariert würde. Von nun an fuhren wir im selben Abteil. Das war der eigentliche Anfang unserer Freundschaft. Wir begannen tiefer über vieles zu reden, doch es gab auch ruhige Zeiten, in denen er an seinem Laptop arbeitete, oder er musste internationale Gespräche erledigen, bevor er seinen eigentlichen Arbeitstag begann.

Uns beiden wurden diese gemeinsamen Fahrten wertvoll. Nach drei Monaten war die Rolltreppe repariert, doch dann begannen Arbeiten an der anderen (meiner) Rolltreppe. Also nahm ich jetzt einen anderen BART-Wagen, und wir konnten weiter am Morgen Zeit gemeinsam verbringen. Gelegentlich, aber sehr selten sah ich Olaf auch auf dem Heimweg. Eine Freundschaft, die für uns beide ungeheuer wichtig werden sollte, war geboren.

Ich genoss diese Freundschaft mehr und mehr. Olaf war eine sehr lebensbejahende Persönlichkeit. Er leitete eine wichtige Position im Management bei einer großen Firma. Sein großes Wissen und seine Erfahrung war für mich eine Quelle nicht versiegender Kraft und Stärke. Ich hatte einen Menschen gefunden, mit dem ich über so vieles sprechen konnte und der an meiner Arbeit und meinem

Leben genau so Anteil nahm wie ich an seinem. Ein Partner also, wie man ihn sich nicht besser wünschen konnte.

Im Herbst 1995 sollte meine Arbeit im Forschungslabor enden. Eines Morgen in dieser Zeit teilt mit Olaf mit, daß er eine Geschäftsreise nach Australien und Jakarta unternehmen müsse. Das war ein Schlag für mich, ich war richtig traurig. Olaf wiederum freute sich darauf, er reiste gern, und Reisen war ein wichtiger Teil seiner Berufstätigkeit. Er würde mindestens drei Wochen weg sein. Doch er versprach, Verbindung zu halten, was mich etwas tröstete, als er dann abreiste.

Nun mußte ich also morgens ohne ihn fahren. Es gab keine Gespräche mehr, die den Tag aufhellten, und man suchte sich nicht mehr an der BART-Station. Ich wußte, daß er in der Gegend eine Familie hatte, doch das war bei unserer Freundschaft nie von Bedeutung gewesen. Während er weg war, dachte ich ständig an ihn und fragte mich, ob er wirklich Verbindung halten wollte. Eine große Einsamkeit befiel mich. Wochen vergingen ohne eine Nachricht von Olaf.

Doch eines Morgens war er wieder da, früher als ich erwartet hatte. Ich war unbeschreiblich glücklich, und ich merkte, daß er es genau so war. Er hatte mehrere Fax-Nachrichten für mich aufgesetzt, konnte sie aber nicht abschicken. Ich hätte sie nur während der Arbeit empfangen können, und ich hatte ihm versehentlich eine falsche Nummer angegeben. Er gab mir die Abzüge aus verschiedenen Hotels, die er nicht abschicken konnte. Ich war so erleichtert, nur weil er wieder da war! Meine ganzen Zweifel und Ängste waren wie weggeblasen.

Olaf sagte mir, er habe seine Reise nach Möglichkeit beschleunigt, um ein oder zwei Tage eher nach Hause zu kommen. Ich war zutiefst glücklich, daß er wieder da war. Wir nahmen unsere täglichen Fahrten und unsere gemeinsame Zeit wieder auf. Er hatte viel zu erzählen, und ich durchlebte die Reise noch einmal mit ihm. Er

hatte ein paar Bilder gemacht, aber wenig freie Zeit gehabt. Jetzt freute ich mich wieder besonders auf jeden neuen Morgen.
Unerwartet wurde mir blitzartig klar, wie wichtig dieser Mann für mich geworden war. Ich hatte eine Liebe durch ihn gefunden, die völlig aussichtslos war. Eine Liebe aus lauter falschen Gründen und gegen jede Vernunft. Dem wollte ich nicht ins Auge sehen, doch mit jedem Tag wurden meine Gefühle deutlicher und stärker. Mein Herz hatte gesprochen. Nichts in meinem Leben hatte mich auf so etwas vorbereitet. Ich ging wie auf Wolken.
Andererseits konnte ich Olaf niemals enthüllen, was ich für ihn empfand. Er hatte mir nie den geringsten Grund zu der Annahme gegeben, daß an unserer Freundschaft mehr sei als das Zutageliegende. Wollte ich diese Freundschaft erhalten, so mußte ich ihm meine Gefühle verbergen.
Zu Weihnachten tauschten wir kleine Geschenke aus. Sein Betrieb schloß immer zwischen Weihnachten und Neujahr, so daß ich ihn wieder einige Wochen nicht sehen würde. Ich vermißte ihn sehr, hoffte aber ebenso bestimmt, daß ich früher oder später mit dieser Liebe fertig werden würde und mich von ihm lösen könnte.
Entgegen aller Vernunft aber erkannte ich schnell, das diese Gefühle für mich überwältigend waren, und nichts hatte mich auf diese Tiefe vorbereitet. Als ich ihn dann im neuen Jahr wiedersah, hatten sie sich nicht verändert. Und ich wußte, daß auch er wieder glücklich war, mich zu sehen.
Eines Morgens kurz nach Neujahr war er sehr nervös, als wir uns an der BART-Station trafen. Noch ehe wir im Zug waren, teilte er mir böse Neuigkeiten mit. Seine Firma in einem anderen Bundesstaat hatte ihn in sein Heimatbüro zurückbeordert. Sein Projekt von vier Jahren in Kalifornien war ziemlich vollendet. Ich konnte es nicht glauben. Mein Herz wollte und konnte es einfach nicht akzeptieren. Wenn Olaf meine Gefühle noch nicht gekannt hatte, so dürften sie ihm jetzt klar geworden sein. Doch es war mir auch

klar, wie schwer es ihm fallen würde, diese Wendung der Dinge zu akzeptieren.

Er würde San Francisco erst zum 1. März verlassen. Jetzt veränderte sich unsere Beziehung grundlegend. Jede gemeinsame Minute wurde von unschätzbarem Wert für uns. Auf seiner Arbeitsstelle und mit seiner Familie und all den anderen Vorbereitungen bezüglich diesen Wechsels hatte Olaf jetzt viel zu tun, und trotzdem gab es Zeit für uns. Er flog einige Male an seinen nächsten Wohnort, vor allem, um seine Familie unterzubringen. Sie würden ein Haus bauen lassen. Er hatte ein Grundstück gefunden, und der Bau sollte beginnen, sobald es das Wetter erlaubte. Olaf würde zuerst zurückkehren und seine neue Arbeitsstelle antreten. Die Familie würde folgen, wenn das Haus fertig war.

Meine Gefühle in dieser Zeit sind schwer zu beschreiben. Mir schmerzte das Herz stärker, als ich es je für möglich gehalten hätte. Während die Tage vergingen, merkte ich, wie tief es auch Olaf belastete. Wir versuchten beide so wenig wie möglich Zeit zum Nachdenken zu haben, doch unsere Gedanken waren ständig verflochten. Ich erkannte und lernte vieles in diesen wenigen Wochen, die uns blieben.

Alles wurde jetzt anders. Er fand Gelegenheiten, wie wir Zeit miteinander verbringen konnten. Einige Male konnten wir gemeinsam zum Essen gehen. Wir hatten noch nie zusammen gegessen, doch jetzt sollte es ein Abschiedsessen geben. Er ging mit mir zu Hyatt Regency, einem sehr eleganten Hotel in San Francisco. Wir versuchten beide, uns an dem Essen zu freuen, doch das war natürlich unmöglich.

Schließlich kam unser letzter Morgen. Es war schrecklich. Er versprach mich anzurufen, sobald er zu Hause wäre. In San Francisco ging er mit mir zur Haltestelle der Strassenbahn, aber ich erinnere mich mit dem besten Willen an nichts. Ich bemühte mich nach Kräften, mein „good-bye“ so ungezwungen wie möglich klingen zu lassen, aber ohne Zweifel gelang das nicht besonders gut. Mein

Herz wollte diesen Abschied absolut nicht akzeptieren, ich musste die Tränen verbergen bis ich allein sein würde. Würde es je ein Wiedersehen für uns geben?

Zwei meiner Kolleginnen, mit denen ich meistens in der Strassenbahn zusammen traf, nahmen mich in ihre Mitte. Sie hatten den Abschied erkannt, und auf ihre freundschaftliche Weise halfen sie mir mit oberflächlichem Gespräch über die schlimmsten Momente hinweg.
Ich wußte, daß Olaf noch einige Tage in der Gegend sein und dann zu seinem neuen Wohnort fahren würde. Am Sonntagmorgen nach unserem Abschied rief er mich an. Er war wohlbehalten angekommen und wohnte die ersten paar Tage bei Freunden. Bald würde er in eine Mietwohnung seiner Firma ziehen.
Die anschließende Zeit war eine Folter für mich. Jeden Morgen mußte ich meine ganze Willenskraft aufbringen, um mit dem Zug nach San Francisco zu fahren. Ich hatte nie gedacht, daß ich jemanden so vermissen könnte. Alles erinnerte mich an Olaf. Am schlimmsten war es, wenn ich gelegentlich einen seiner Kollegen traf, denen er mich vorgestellt hatte.
In den folgenden Wochen entwickelte sich eine gute Freundschaft mit den beiden genannten Kolleginnen, mit denen ich immer zur Universität fuhr. Wir hatten täglich über Harmlosigkeiten geredet, doch jetzt erwiesen sie sich als gute und treue Freundinnen. Sie fragten mich nichts, verwickelten mich aber ständig in ihre leichte Unterhaltung. Olaf wurde nie erwähnt, und über ihn sprach ich auch mit niemanden, mit dem ich sonst befreundet war. Ich hatte noch nie mit jemandem über meine innersten Gefühle oder Gedanken sprechen können, und so auch jetzt nicht.
Irgendwie und hoffentlich irgendwann musste und würde ich mit dieser Situation allein fertig werden. Wochen vergingen ohne Nachricht von ihm. Obwohl er mich gewarnt hatte, dass die ganze Umstellung auf den zu dem neuen Arbeitsbereich, dazu der Be-

ginn des Hausbaues, die erste Zeit voll ausfüllen würde, hoffte ich jeden Tag auf ein kleines Lebenszeichen. Würde unsere Freundschaft weiterhin bestehen? Fragen, auf die es keine Antwort gab. Ich wusste, dass es aus wichtigen Gründen, die auch ich anerkannte, keine Scheidung für ihn geben konnte. Doch dann kam der Tag, an dem ich endlich von ihm hörte. Was für ein großes Glücksgefühl das für mich war. Oh, ja, unsere Freundschaft war nicht verloren, sie hatte nur andere Perspektiven angenommen.
In der folgenden Zeit wurde die Freundschaft mit meinen beiden Kolleginnen wertvoller, und wir beschlossen, in Zukunft hin und wieder gesellschaftlich zusammenzukommen. Also machte ich den Anfang und lud sie beide zu einem Lunch (warmes Mittagessen) in meinem Heim ein. In letzter Minute musste Karin absagen, und so waren Naomi und ich allein. Es wurde eine vertraute Unterhaltung, viel mehr auf unser persönliches Leben gerichtet wie je zuvor. Da Naomi jüdischer Abstammung war, war sie begreiflicherweise sehr daran interessiert, wie das Leben in Deutschland unter Hitlers Diktatur war. Es ist ein großer Unterschied, zwischen dem, ein Mensch aus seinem Erleben beschreiben kann, und den historischen Büchern, die oft die Tatsachen verändern.
So also kam unser Gespräch auf meine Zeit als Kind, die Besetzung durch die Rote Armee und das Leben hinter dem Eisernen Vorhang. Es war für Naomi eine völlig neue Version des Geschehens, und sie war tief beeindruckt. Es folgten kleine Einblicke in mein Leben bis zur Gegenwart u.a. Ich war sehr überrascht, wie leicht es mir fiel, mit Naomi über so vieles zu sprechen. Sie hat ein sehr feines Einfühlungsvermögen mit viel Takt und Verständnis. Unter anderem erwähnte ich wohl auch, dass ich irgendwie immer bedauerte, dass meinen Kindern so vieles von meiner eigenen Familie und Herkunft versagt war. Es war ja gegebene Tatsache, dass Albert es nie zu gelassen hatte, über meine Vergangenheit oder Familienverhältnisse zu sprechen. Kurz und gut, es war ein ereig-

nisreicher Nachmittag für Naomi und mich. Und doch hatte ich keine Ahnung, was dieser Nachmittag auslösen würde.
Am selben Abend rief mich Naomi an, und zu meiner großen Überraschung fragte sie mich, ob ich nicht ernstlich meine Lebensgeschichte aufschreiben wollte. Sie war medizinische Übersetzerin und sagte, wenn es mir angenehm sein würde, auf Band zu diktieren, würde sie den Text schreiben. Wenn ich aber auf Englisch schreiben wollte, würde sie ebenso gerne die Redaktion übernehmen. Ich war sprachlos über dieses großzügige Angebot und wußte gar nicht, was ich sagen sollte. Ich sagte ihr, ich brauche ein bißchen Zeit, um zu überlegen.
Das tat ich denn auch. Naomi drängte nie auf eine Antwort und fragte mich nicht einmal, was ich dachte oder fühlte. Sie ließ mir vollauf genug Zeit, um zu einer Entscheidung zu kommen. Wochenlang wälzte ich das Für und Wider und überlegte mögliche Konsequenzen. Würde ich wirklich mein Innerstes vor einem einigermaßen fremden Menschen ausbreiten wollen? Würde ich überhaupt alle schauerlichen Begebenheiten und Zeitläufte wieder durchleben und auch noch beschreiben können? Da war eine gewaltige Kluft zwischen dem Gedanken, meine Geschichte meinen Kindern zugänglich zu machen, und seiner wirklichen Ausführung.
Eines Morgens fragte ich Naomi, warum sie mir eigentlich das Angebot gemacht habe, und was sie als Gegenleistung erwarte. Die Arbeitszeit hätte ich ihr nie bezahlen können. Sie lächelte und sagte mir, als Abkömmling russischer und deutscher Juden, und nach dem Krieg in Amerika geboren, würde sie durch die Gelegenheit reichlich entschädigt, eine wertvolle Lektion in Geschichte aus einem Blickwinkel zu bekommen, der in den USA kaum bekannt sei. Ich sagte ihr, ich würde weiter darüber nachdenken. Vorerst blieb alles offen.
Im Juni 1996 ging ich in Frührente. Die Bedingungen waren gut, und ich nahm ein Angebot an, nach Bedarf Teilzeitarbeit zu lei-

sten, wenn ich von meiner nächsten Reise nach Deutschland zurück sein würde.

Auf dieser Reise wollte ich etwas länger als gewöhnlich in Deutschland bleiben, weil ich der Möglichkeit nachgehen wollte, dort wieder endgültig hinzuziehen. Ich wußte, daß sich in Deutschland in den vielen Jahren seit meinem letzten Aufenthalt vieles geändert hatte. Mir war aber auch klar, daß ein Urlaub etwas anderes war als wirklich dort zu leben.

Meine Familie in Deutschland freute sich sehr über meinen mehrmonatigen Besuch. Ich war hauptsächlich bei Gerd und Friedel, besuchte aber auch andere Verwandte. Gerd, Friedel und ich unternahmen einige Touren und Busfahrten. Es war eine schöne und herzerwärmende Zeit. Viele Erinnerungen wurden wachgerufen, und in vieler Hinsicht konnte ich die Wurzeln meines Leben finden, die ich suchte. Doch in anderer Hinsicht kam ich auch zu der Erkenntnis, dass es kein Zurück für mich gab. Ich hatte mich zutiefst auf Amerika eingestellt. Es gab einen schweren Abschied, doch wie immer blieb die Hoffnung auf kommende Besuche.

Ein paar Tage nach meiner Rückkehr in die USA wurde ich in einen schweren Verkehrsunfall verwickelt. Mein gerade abgezahltes Auto wurde von einem Lastwagen gerammt und erlitt Totalschaden. Ich hatte das Glück, mit einem Hals- und Rückentrauma davonzukommen. Am schlimmsten aber war, daß ich ein neues Auto kaufen mußte. Meine Freundin Renée, die bei einem Autohandel gearbeitet hatte, half mir, ein passendes zu finden. Also wieder Abzahlungsraten. Ich erhielt zwar eine Entschädigung von der Versicherung, doch für ein neues Auto reichte es nicht. Also hieß es wieder, so viel wie möglich dazuzuverdienen.

Sobald es mir gesundheitlich möglich war ging ich zurück zur Universität und war froh, daß ich das Angebot einer Teilzeitbeschäftigung angenommen hatte.

Während dieser ganzen Zeit stand ich weiter mit Olaf in Verbindung. Das war mir sehr wichtig, und Olaf war mir in Gedanken stets nahe. Ein neues Weihnachtsfest nahte. Kurz vor dem Fest teilte mir Olaf mit, daß er mehrere Monate im Ausland arbeiten würde. Die Verbindung zwischen uns würde schwieriger werden. Zum erstenmal erwähnte er e-mail. Das schien mir eine gute Idee zu sein. Wir fingen damit nach den Feiertagen an. Da ich noch keinen eigenen PC hatte, benützte ich zunächst den meines Sohnes Hans. Ein paar Monate später, Anfang 1997, kaufte ich mir selbst einen. Er war gebraucht und ein älteres Modell, gab mir aber die Gelegenheit, eine für mich völlig neue Technologie zu erlernen. Und es gab so viel zu lernen! Vorher hatte ich mich nicht besonders für Computer interessiert, doch jetzt war ich sehr froh über meine eigene e-mail.

Seltsamerweise wurde diese Zeit, die Olaf im Ausland war viel vertrauter und wichtiger für uns, als ich es erst erwartet hatte.

In den ganzen letzten Monaten hatte ich freundschaftlichen Kontakt mit Naomi und Karin gehalten. Immer mehr dachte ich über das Schreiben meiner Geschichte und Naomis großzügiges Angebot nach. Da ich jetzt einen PC hatte (den ich später durch einen neueren ersetzte), erschien mir das Unternehmen als eher durchführbar. Ich zweifelte aber immer noch an meine Fähigkeit und meinem Mut, es in die Tat umzusetzen. Die Wiedererweckung versunkener Erinnerungen an mein fast unglaubliches früheres Leben und die vielen Notjahre danach würden ungeheuer viel Willenskraft und Energie verlangen.

Naomi und ich hatten mehrere intensive Gespräche darüber. Sie ermutigte und unterstützte mich unverbrüchlich, und schließlich fing ich wirklich an. Zunächst war ich sehr im Zweifel nicht nur über meine Aufgabe, sondern auch wie sich Naomis Überarbeitung auswirken würde. Doch als ich die ersten überarbeiteten Seiten bekommen hatte, wußte ich, daß wir sehr gut zusammenarbeiten würden. Naomi fragte mich auch, ob John, ihr Partner, das Manuskript bei seiner Entstehung lesen dürfe, so daß er auch noch

etwas beitragen könne. Ich war einverstanden und sehr froh über die Reaktionen eines Dritten.
Die Niederschrift dauerte lange und erfuhr viele lange Unterbrechungen auf beiden Seiten. Die Konfrontation mit meiner lange versunkenen Vergangenheit war schmerzhaft, und ich begann wieder unter Alpträumen zu leiden. Doch ich gab nicht auf. Mit der Zeit entfaltete das Schreiben eine heilsame Wirkung auf mich.
Im Juni 1998 übersiedelten Naomi und John nach Mendocino County. Wir arbeiteten auch von dort aus weiter und es war und ist für mich immer ein Geschenk, wenn ich sie dort besuchen kann.
Die Nordküste von Kalifornien, siehe Mendocino, ist wunderschön und erholsam. Dort beendeten wir dieses Manuskript im Jahre 2000, welches nun fertig war für einen Verleger (sollte sich das jemals ermöglichen lassen.) Ein Vermächtnis für meine Kinder mit ihren Familien sowie meine eigene Familie in Deutschland war geboren. Sollte es je zu einem eventuellen Druck kommen, würde ich dieses nur mit voller Zustimmung meiner Kinder in Betracht ziehen. Es war ihr Vermächtnis, und sie sollten die Entscheidung darüber haben.

Nachwort
Juli 2008

Ich habe jetzt einen Lebensabschnitt erreicht, in dem ich mich sehr zufrieden und glücklich fühle. Die Verbindung zu meinen Kindern und ihren Familien und Angehörigen ist sehr eng geworden. Für mich ist e-mail eine große Hilfe, um in ständigem Kontakt zu bleiben. Die Beziehungen mit all meinen Lieben in Deutschland ist von ungeheure Wichtigkeit für mich, und die gegenseitigen Besuche sind wertvoll und herzerwärmend.
Ich habe eine sehr liebe, solidarische und beständige Gruppe von Freunden und fühle mich komfortabel und geborgen in meinem Heim. Was ich für so lange Zeit entbehrt habe, schenkt mir das Leben jetzt. Nie hätte ich geglaubt, dass sich mein Leben so positiv verändern könnte.
Endlich konnte ich in früher Jugend erhoffte Ideen in die Tat umsetzen. Einer meiner größten Wünsche, das Reisen in fremde Länder, wurde nach und nach Wirklichkeit. Und wie viele fremde Länder habe ich wirklich bereist und kennen gelernt! Ich habe so viele schöne Orte gesehen, wundervolle Landschaften gefunden, Abenteuer erlebt, habe so viel Neues in mir aufspeichern können, viel mehr als ich je in meinen kühnsten Träumen erhoffen konnte. Neue, interessante Menschen haben meinen Weg gekreuzt. Andere Sitten und Gebräuche, andere Traditionen wurden mir vertraut, und immer wieder gab es Neues zu lernen und zu erleben. Wie sehr hatte ich mich danach gesehnt. Nun ist vieles Wirklichkeit geworden durch Gottes gütige Allmacht.
Eines aber hat sich in dieser ganzen Zeit nicht geändert. Die Liebe zu Olaf, die mir in meinem späteren Leben geschenkt wurde, hat sich in eine tiefe und wertvolle Freundschaft verwandelt. Eine regelmäßige Korrespondenz durch e-mail, Telefon, und ja auch ein

Wiedersehen von Zeit zu Zeit - dass alles hält unser Leben verflochten. Das alles wird mein Herz für immer aufbewahren.
Ich möchte diesem Nachwort noch etwas Wichtiges hinzufügen. Ende des Jahres 2007 wurde es meinen Verwandten in Deutschland möglich, eine Übersetzung ins Deutsche zu erwägen. Diese Übersetzung wurde dann im Jahr 2008 Wirklichkeit durch meine Cousine Christiane und die grosse Einfühlungskraft und professionelle Hilfe von Dr. Hermann Vetter sowie seiner Gefährtin Frau von Cranach, die gebürtig ist aus der Gegend meiner Familie aus Kerkow, Kreis Soldin. Mein tiefer und aufrichtiger Dank geht zu ihnen.
Ich bin allen meinen lieben Verwandten in Deutschland zutiefst dankbar, dass sie diese Übersetzung für mich sowie die Familie als Vermächtnis in jeder Hinsicht möglich machten. Ich nenne keine Namen, Ihr alle wisst es, und Ihr wisst auch, dass mein Herz Euch das niemals vergessen wird.
Ich bin dem gütigen Gott dankbar, daß er mich so viele Seiner Segnungen hat genießen lassen. In meinem Leben hat es viele Veränderungen gegeben, und es mußten viele Hindernisse und Hürden überwunden werden. Die Kreuzwege oder Warnungen, die mir das Leben bot, habe ich oft nicht erkannt oder begriffen. Geht man den verkehrten Weg, so muss man oft sehr schmerzhaft dafür bezahlen. Eines aber weiß ich ganz sicher und ohne Zweifel, dass man niemals sein Gottvertrauen verlieren darf. Nur mit Gottes Hilfe können Wunder geschehen - so wie sie mir beschert wurden.
Ich weiß nicht, was die Zukunft bringen wird, aber eines weiß ich: daß das Leben weiterhin lebenswert ist. Jeder Tag bringt neue Erwartungen, neue Entscheidungen, neue Probleme, ja - und unbedingt neue Hoffnungen.